证据法学论丛

民事证据法的启蒙

ENLIGHTENMENT OF CIVIL EVIDENCE LAW

房保国 ◎ 著

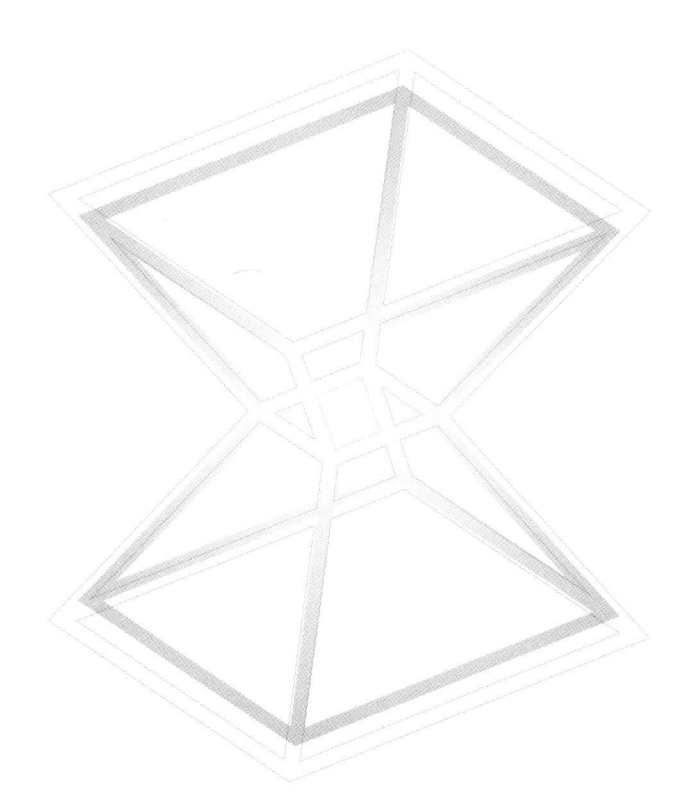

中国政法大学出版社

2025·北京

声　明　1. 版权所有，侵权必究。

　　　　2. 如有缺页、倒装问题，由出版社负责退换。

图书在版编目（CIP）数据

民事证据法的启蒙 / 房保国著. -- 北京 : 中国政法大学出版社, 2025. 5. -- ISBN 978-7-5764-2091-3
Ⅰ. D925.113.1
中国国家版本馆 CIP 数据核字第 20258L3G42 号

出 版 者	中国政法大学出版社	
地　　址	北京市海淀区西土城路 25 号	
邮寄地址	北京 100088 信箱 8034 分箱　邮编 100088	
网　　址	http://www.cuplpress.com（网络实名：中国政法大学出版社）	
电　　话	010-58908437（编辑部）58908334（邮购部）	
承　　印	固安华明印业有限公司	
开　　本	880mm×1230mm　1/32	
印　　张	13	
字　　数	300 千字	
版　　次	2025 年 5 月第 1 版	
印　　次	2025 年 5 月第 1 次印刷	
定　　价	59.00 元	

总 序
Introduction

证据是实现司法公正的基石,证据裁判主义是现代诉讼的基本原则。在刑事诉讼、民事诉讼和行政诉讼中,事实问题与法律问题是诉讼的核心问题,而事实的认定则要靠证据来实现。可以说,在诉讼中,除法律问题外,证据的收集、审查和运用对案件结果的判定起着根本性的作用。

证据研究不仅要关注物证、书证、人证等证据种类的运用,更要分析证明责任、证明对象、证明标准和证明过程等证据规则的适用。当前证据法学在我国逐步成为显学,关于证据立法的呼声日趋高昂,人们日益认识到证据法学研究的重要性。然而在总体上看,证据法学在我国还是一门新兴的学科,在理论上还很不成熟、不完善,甚至有些基本问题还没有达成共识,更未能形成科学的理论体系。

证据法学相对于诉讼法学而言具有独立性,它属于证据科学的重要分支,而证据科学(Evidence Science)是综合运用自然科学和社会科学方法,研究证据采集、鉴定技术以及案件事实认定和法律适用之一般规律的科学理论和方法体系,是近年来国内发展最快的交叉学科之一。[1]证据科学是法庭科学（Forensic Science）和证据法学（Evidence Law）的统一。其中,法庭科学是综合运用物理学、化学、医学、生物学等自然科学的原理和技术方法,研究证据采集、鉴定之一般规律的科学理论和技术方法体系;而证据法学是专门研究如何运用证据认定案件事实的法律规范的法学学科体系。

如何构建一个科学的证据法学理论体系,如何为证据法学学科的进一步发展夯实理论基础,并为司法实务活动提供理论指导,是本论丛的设立初衷。虽然此前中国政法大学出版社先后推出了"证据科学文库"（中国政法大学张保生教授主持）和"证据法文库"（中国人民大学何家弘教授主持）,但是本"证据法学论丛"另辟蹊径,更加关注实证分析,强调证据实务问题的研究,努力形成证据法学研究中的"实践学派"[2],以期促进我国证据法学学科事业的繁荣昌盛。

房保国

2011年5月4日于中国政法大学

---

[1] 中国政法大学证据科学教育部重点实验室是专门从事证据科学研究的科研机构,具有科研、教学与鉴定三位一体和重视实践探索的特点,其主要特色是文理交叉、理工渗透、综合集成、研用一体。

[2] 关于证据法学研究中的"实践学派",中国政法大学张保生教授主持的教育部人文社会科学重大攻关项目"证据科学的理论体系与运用",在全国七所法院实施证据规则试点,并起草《人民法院统一证据规定》司法解释建议稿,进行了初步的探索。

序 言
Preface

"辨证据真伪、铸法治基石",是中国政法大学证据科学研究院的院训。在法学教育的广阔天地里,证据法如同一座灯塔,指引着学子们探索诉讼的奥秘,追寻正义的足迹。然而,证据法之深奥、规则之繁复,常令初学者望而却步,即便是对法律有一定了解的读者,也易在纷繁复杂的证据规则中迷失方向,亟需一本能够引领他们入门、启迪他们思考的书籍。

书名"民事证据法的启蒙",寓意深远。它不仅意味着对民事证据法知识的普及与启蒙,更代表着对民事证据研究的一次全新探索与入门引导。本书不拘泥于传统的学术框架,而是紧扣实践脉搏,针对民事诉讼中证据运用的热点、难点问题,进行了深入浅出的剖析与解答。

本书的撰写,秉持三个要求:一是通俗易懂,力求用平实的语言阐述深奥的证据法原理,让每一个读者都能轻松读懂。二是结合实务,通过对大量真实案例的分析,将理论与实践紧密结合,让读者在案例中领悟证据法的精髓。司法案例既是过去的经验,也是现在的尺子,对于推进法律统一适用、促进公平正义具有重要意义,通过案例更加容易理解证据规则。三是针对热点,聚焦民事证据领域中的热点问题,进行深入剖析,并提出独到见解,为读者提供有价值的参考与启示。[1]

在内容编排上,本书既涵盖了证据法的基本理论,例如,经验法则、司法认知、推定、裁判的效力、自认、举证期限、证据交换、交叉询问、诚信原则、证明责任、证明标准等,又深入探讨了民事证据在实务中的具体应用,例如,常见的离婚案件、交通事故案件、民间借贷纠纷中的证据规则等。这种理论与实践相结合的写作方式,使得本书既具有学术价值,又具有实用性。

本书对实践中容易混淆的问题进行了澄清,例如,用"众所周知的事实"替代了外国的司法认知概念等,避免了全盘照搬外国证据法知识而可能导致的理解困惑。这种立足本土、注重实践的研究方法,使得本书更加贴近我国民事诉讼的实际需求。

"路漫漫其修远兮,吾将上下而求索。"尤为值得一提的是,本书在阐述证据法规则时,力求语言通俗易懂,避免艰涩深奥的术语,以及空洞的论述和枯燥的说教,在每章的首尾引用了名言、写了诗词,让读者在轻松愉快的阅读中掌握证据法的精髓。

---

[1] 笔者定位的写作原则是:一定要结合案例,不要故弄玄虚;一定要解决问题,不要为写作而写;一定要简明扼要,不要烦琐复杂,将简单问题复杂化;一定要通俗易懂,不要自说自话;一定要接地气,不要无病呻吟。也就是:实例结合,忌玄虚;解决问题,忌空谈;简明扼要,忌繁复;通俗易懂,忌晦涩;平实语言,忌艰深;要接地气,忌呻吟;有理有据,忌臆断;客观公正,忌偏见;紧跟时代,忌脱节;持续精进,忌停滞。

"学海本无涯，尽从勤里得。"学习证据法并非一蹴而就，而需要学生们付出艰辛的努力，进行持续的钻研。近几年，作者给本科生开设了民事证据法的选修课，希望这本书能够成为他们学习路上的良师益友。通过对这本书的学习，学生们将能够更全面掌握民事证据法的基本原理与实务操作，为未来的法律职业生涯奠定坚实的基础。

愿本书能够成为学习民事证据法的启蒙之作，引领学生走进这片充满挑战与机遇的法学天地，在证据法的海洋中遨游！

目录

总　序... 001
序　言... 003

一、经验法则的迷思... 001
（一）问题的提出——彭宇案... 001
（二）什么是经验法则... 004
（三）经验法则在民事诉讼中的运用... 014
（四）经验法则在适用中的问题及克服方法... 019

二、什么是"众所周知的事实"... 024
（一）问题的提出——天下乌鸦都是黑的吗？... 024
（二）"众所周知的事实"如何界定... 028
（三）"众所周知的事实"认定存在的问题... 032
（四）"众所周知的事实"和司法认知的关系... 037

三、推定之光... 045
（一）相关概念辨析... 045

（二）常见的推定有哪些… 054

　　（三）推定的适用和反驳… 060

四、民刑交叉案件的审理… 067

　　（一）一房两卖，利用民事与刑事程序维权… 067

　　（二）民刑交叉案件的实体界定… 070

　　（三）民刑交叉案件的审理顺序… 073

　　（四）民刑证据的互认… 086

　　（五）民刑裁判事实认定的相互效力… 087

　　（六）从民刑交叉到民刑协同… 097

五、自认事实：无需多言的"确凿"… 099

　　（一）自认的条件… 099

　　（二）自认的种类… 106

　　（三）自认的限制… 124

　　（四）自认能否反悔… 141

　　（五）自认规则存在的问题… 145

六、逾期的证据是否有效… 157

　　（一）从证据"随时提出主义"到"适时提出主义"… 157

　　（二）举证期限如何确定… 160

　　（三）逾期举证有何后果… 166

　　（四）举证期限能否延长… 174

　　（五）何时重新指定举证期限… 180

　　（六）举证期限适用中有何问题… 191

七、证据是否需要披露…202

（一）证据交换时间如何确定…203

（二）证据交换的程序…206

（三）如何看待庭前会议…217

（四）证据交换适用中存在哪些问题…221

八、证明责任如何分配…228

（一）什么是证明责任…228

（二）如何理解"谁主张、谁举证"…232

（三）要件事实如何证明…239

（四）如何理解证明责任倒置…252

（五）证明责任适用中存在哪些问题…261

九、证明标准如何把握…272

（一）什么是证明标准…272

（二）什么是"高度可能性"…275

（三）什么是"排除合理怀疑"…285

（四）证明标准在适用中的问题…296

十、如何运用证据打赢离婚案件…310

（一）离婚案件中的证据有什么特殊性…310

（二）如何在离婚案件中有效运用证据…320

（三）如何证明夫妻感情破裂…324

十一、如何运用证据打赢交通事故案件…346

（一）交通事故案件的证据有何特殊性…347

（二）如何在交通事故案件中有效运用证据…351

(三) 如何看待道路交通事故责任认定书…356

(四) 道路交通事故责任认定书在刑事诉讼中的效力…364

十二、民间借贷中的证据规则…373

(一) 民间借贷证据的特殊性…373

(二) 民间借贷诉讼证据的具体类型…376

(三) 民间借贷诉讼证明责任分配…378

参考书目…405

一、经验法则的迷思

深嵌于个案的具体事实,无法脱离具体个案而独立存在。

——题记

(一) 问题的提出——彭宇案

2006年11月20日清晨,一起引人注目的民事纠纷案件在南京水西门广场公交车站上演。64岁的徐老太太在赶乘公交车时意外摔倒,造成了骨折,她指控刚下车的年轻男子彭宇为撞倒她的人,而彭宇对此坚决否认。

事件发生在当天上午9点30分左右,徐老太太在赶乘公交车时与彭宇发生了接触并跌倒受伤。彭宇随即扶起老人,并与随后赶到的家属一同将徐老太太送往医院,其间还垫付了200多元医疗费用。然而,双方是否真正发生碰撞,成为后续争议的核心。

徐老太太坚称彭宇是撞倒她的人,并向法院提起诉讼,要求赔偿13万余元。彭宇则坚称自己是无辜的,他回忆说,当时有三辆公交车同时到站,徐老太太急于赶乘第三辆车,而他从第二辆车的后门下车。他表示:"我刚下车,就看到老太太倒在地上,立刻上前扶她,随后还有另一位中年人也过来帮忙。老太太当时还连声道谢,但后来情况完全变了。"

此案在南京市鼓楼区人民法院进行了近一年的审理。2007年9月4日,法院一审宣判,指出案件存在两大争议点:一是双方是否发生了碰撞，二是应赔偿的损失数额。法院认为，在此事故中，双方均无明显过错，基于公平原则，判决彭宇承担40%的损失，即45 876.6元。

对于这一判决，徐老太太的代理律师表示满意，但认为赔偿比例略低于预期，而彭宇则对判决结果表示不服。在二审即将开庭之际，双方达成了庭前和解协议：彭宇一次性支付徐老太太1万元补偿金，双方均不得在媒体上公开此案相关信息，同时撤销原一审判决。

这起案件之所以在公众舆论中引发广泛讨论，甚至被认为是"好人被冤枉"的典型案例，主要有几个关键原因：

原因1	彭宇案的关键事实是"二人是否相撞"，但恰恰是在这个最重要的关节点上，警方丢失了事发时对双方的询问笔录，缺少了原始的直接证据支撑，判决结果因此受到舆论质疑，旁听公开审理的一些媒体也逐渐倾向于"彭宇是做好事被诬陷"。
原因2	法官在一审判决中对原、被告相撞事实认定的一些推理分析，偏离了主流价值观，引发舆论哗然和公众批评，导致社会舆论普遍不认同一审判决结果。
原因3	在南京市中级人民法院二审开庭前，彭宇与徐老太太达成庭前和解协议，双方对此均表示满意。但依据当事人要求，在和解协议中增设了"双方均不得在媒体（电视、电台、报纸、刊物、网络等）上就本案披露相关信息和发表相关言论"的保密条款，从而使彭宇案的真相未能及时让公众知晓，经数年发酵，逐步演化为社会"道德滑坡"的"反面典型"。

该案将经验法则推到了民众的视野之中，一审判决中多次使用了"常理""日常生活经验""社会情理"这样的概念。例如，一审判决指出："根据被告自认，其是第一个下车之人，从

常理分析，其与原告相撞的可能性较大。如果被告是见义勇为做好事，更符合实际的做法应是抓住撞倒原告的人，而不仅仅是好心相扶；如果被告是做好事，根据社会情理，在原告的家人到达后，其完全可以言明事实经过并让原告的家人将原告送往医院，然后自行离开，但被告未作此等选择，其行为显然与情理相悖。"该判决还指出："被告在事发当天给付原告二百多元钱款且一直未要求原告返还。原、被告一致认可上述给付钱款的事实，但关于给付原因陈述不一：原告认为是先行垫付的赔偿款，被告认为是借款。根据日常生活经验，原、被告素不认识，一般不会贸然借款，即便如被告所称为借款，在有承担事故责任之虞时，也应请公交站台上无利害关系的其他人证明，或者向原告亲属说明情况后索取借条（或说明）等书面材料。但是被告在本案中并未存在上述情况，而且在原告家属陪同前往医院的情况下，由其借款给原告的可能性不大；而如果撞伤他人，则最符合情理的做法是先行垫付款项。被告证人证明原、被告双方到派出所处理本次事故，从该事实也可以推定原告当时即以为是被被告撞倒而非被他人撞倒，在此情况下被告予以借款更不可能。综合以上事实及分析，可以认定该钱款并非借款，而应为赔偿款。"

可以说，彭宇案一审判决在证据评价和事实认定上并无明显错误，但在运用生活经验推理时可能存在偏差，这也是导致案件引发争议的重要原因之一。一审法院虽然基于证据和当庭质证基本认定了不利于彭宇的事实，但在运用"经验法则"进行事实推定时，可能过于主观地引入了"人性恶"的假设，这不仅冒犯了公众的道德信仰，也违背了证据原理。而二审法院在已经掌握关键证据的情况下，选择促成和解而非公开审判，也使得案件真相未能完全公之于众。2012年1月，时任南京市委常委、市委政法委书记的刘志伟在接受记者专访时指出:"对于调解结果,彭宇也表示,在 2006 年 11 月发生的意外中,徐寿兰确实与其发生了碰撞。事后经法院调解,他对结果表示满意。"

(二) 什么是经验法则

经验法则,是指人们从生活经验中归纳获得的关于事物因果关系或属性状态的法则或知识。经验法则既包括一般人日常生活所归纳的常识,也包括某些专门性的知识,如科学、技术、艺术、商贸等方面的知识等。[1]

经验法则作为人们认知世界的一种工具,并非事实的直接呈现,而是对事物状态和性质的归纳与总结。它深植于人们的意识之中,是通过对个别事件的反复观察与体验,逐渐抽象而成的对事物普遍规律的认识。然而,这种认识仅代表了一种经验性的理解,并不等同于事物客观存在的全部真相或绝对规律。尽管如此,经验法则依然因其能够大致反映事物的常态和性质,而在很大程度上被视作推断和认定事实的合理依据。

经验法则并非某个人的独有经验,而是众多个体经验的汇聚与升华。它超越了单一个体的局限,成为一种社会共识,为大众所普遍理解和接受。在这个意义上,我们通常所说的"常理"也不过是经验法则的一种表现形式。由于经验法则代表了人们对事物的普遍认知,在大多数情况下,它无需额外证明即可作为判断未知事物的基础。实际上,在我们的日常生活中,无论是审理案件还是处理日常事务,都离不开经验法则的指引。在常规情境下,这些基于常识的经验法则因其普遍性和自明性,很少会引发争议。然而,在特定情境下,尤其是当法官在案件审理中运用经验法则进行事实推定时,可能会与当事人的认知

---

[1] 张卫平:《认识经验法则》,载《清华法学》2008 年第 6 期。

产生分歧。这时,经验法则本身的合理性便可能成为争议的焦点。

在概念上,学者特文宁说,经验法则是一个"容纳了具有良好理由的信息、深思熟虑的模式、逸闻趣事的记忆、影响、故事、神话、愿望、陈腔滥调、思考和偏见等诸多内容的复杂的大杂烩"。[1]有学者根据《最高人民法院关于民事诉讼证据的若干规定》(以下简称《民事诉讼证据规定》)的规定,直接把经验法则的具体表现形式分为五大类,即"自然法则或自然规律"、"逻辑(推理)法则"、"道德法则、商业交易习惯"、"日常生活经验法则"和"专门科学领域中的法则"。[2]也有学者认为,经验法则既包括各种科学上、技术上的定则,也包括基于日常生活阅历所得的人情物理。如自然法则、理论法则、数学原理、社会上的道义、条理惯例、交易习惯等,以及有关学术、艺术、技术、工商业等社会活动的一切法则,均属经验法则。[3]上述观点显然将经验法则的内涵扩大化了。

人们往往将经验、常识、自然规律、公理、科学定理以及逻辑法则等视作经验法则的同义词,这种等同视之的做法,实际上是对经验法则本质的一种误解。同时,将推定、司法认知与经验法则混为一谈,更是加深了这种误解,不仅模糊了经验法则的界限,也导致在证据法领域中对经验法则的应用出现了偏差。

---

[1] William Twining, "Civilians Don't Try: A Comment on Mirjan Damaška's 'Rational and Rational Proof Revisited'", (1997) 5 *Cardozo J. of International & Comparative Law* 69 at fn 6, 1997.

[2] 张卫平:《认识经验法则》,载《清华法学》2008年第6期。

[3] 曾华松:《经验法则在经济诉讼上之运用》,载《法学丛刊》1996年第161期。

1. 日常生活经验等同于经验法则吗？

日常生活经验是我们每个人在日常生活中，通过感觉器官直接接触客观事物，从而获得的对事物现象和外部联系的认识。经验法则是从大量的日常生活经验中抽象出来的具有普遍性和规律性的知识，它不仅仅是基于个人的感受，而是被广泛认可，能够作为判断证据和事实的依据。

然而，在实务中，很容易把这两者混淆。有些人错误地认为，日常生活经验就是经验法则，或者把经验法则看作日常生活经验在司法领域的具体运用。但它们是有区别的：日常生活经验是具体的、个别的，而经验法则则是抽象的、普遍的。不是所有的日常生活经验都能成为经验法则，只有那些经过验证、被广泛认可的经验，才有可能上升为经验法则。[1]具体而言，日常生活经验和经验法则的区别主要在于：

（1）抽象性：日常生活经验更具体、更直接，是人们在同客观事物直接接触的过程中通过感觉器官获得的对客观事物的现象和外部联系的认识。经验法则是从日常生活经验中抽象出来的普遍性认识，它具有"法则"的属性，是对日常生活经验进行概括和提炼的结果。

（2）普遍性：日常生活经验可能因人而异，不同的人有不同的日常生活经验，它们不一定具有普遍性。经验法则具有普遍性，它反映了事物之间的"常态联系"，是在相当范围内被人们普遍承认的命题。这种普遍性使经验法则能够作为证据与事实判断的大前提，普遍适用于一般的判断场景。

（3）高度盖然性：盖然性特征是经验法则的核心价值所在，这种基于大量实践总结出来的规律，能够帮助法官在纷繁复杂

---

[1] 张中：《论经验法则的认识误区与实践困境》，载《证据科学》2011年第2期。

的案件事实中迅速找到线索，形成初步判断。那些盖然性程度较低、个人主观意识强烈的认识，更多地依赖于个人的经验、直觉或偏好，缺乏科学性和严谨性，不宜作为司法裁判的依据。当然，盖然性特征也决定了经验法则并非绝对可靠。当面对具体案件时，法官必须结合案情实际，对经验法则进行细致的考量和分析。一旦有相反的证据或情况出现，法官应勇于跳出经验法则的框架，以更加客观、全面的视角审视案件，确保裁判结果的公正性和准确性。

我们以具体的例子来体现二者的区别。首先，日常生活经验的例子：①"我昨天在超市买了苹果，花了10块钱"。这是我个人昨天的购物经历，属于日常生活经验。它只对我个人有意义，不一定能推广到其他人或其他时间。②"我觉得这家餐厅的菜很好吃"。这也是我的个人感受，属于日常生活经验，不同的人可能对同一家餐厅的菜有不同的评价。

其次，经验法则的例子：①"水往低处流"。这是一个被普遍认可的自然规律，属于经验法则。无论在哪里，只要没有外力干预，水都会自然地流向低处。②"一般情况下，人们不会无缘无故地撒谎"。这也是一个经验法则。在大多数情况下，人们会倾向于说真话，除非有特别的动机或原因。

所以，日常生活经验是我们每个人在生活中遇到的具体事情或感受，而经验法则是那种普遍性的、大家都认可的知识或规律。

另外，经验法则在日常生活中有着广泛的应用，它们虽然不是客观存在的事实，但基于长期的经验积累和总结，具有一定的普遍性和指导性，对人们的生活和决策有重要影响。例如：

(1) 健康养生习惯

例子：人们普遍认为早晨起床后喝一杯温水有助于清理

肠胃。

分析：这是基于长期生活经验总结出的健康养生法则，虽然并非科学事实，但被广泛接受和遵循。

（2）社交礼仪规范

例子：在公共场合保持安静，不干扰他人。

分析：这是基于社会共识和人际交往经验形成的礼仪法则，虽然并非法律事实，但有助于维护社会秩序和人际关系。

（3）购物消费习惯

例子：购物前做好购物计划，不盲目消费。

分析：这是基于个人或群体购物经验总结出的消费法则，虽然并非绝对事实，但有助于避免不必要的消费损失。

（4）交通出行规则

例子：出行前了解交通状况，选择合适的交通工具。

分析：这是基于交通出行经验总结出的行为法则，虽然并非交通法规的强制规定，但有助于保障出行顺利和安全。

（5）职场工作原则

例子：提前做好工作计划，合理安排时间。

分析：这是基于职场工作经验总结出的管理法则，虽然并非公司规章制度的强制要求，但有助于提高工作效率，促进职业发展。

（6）教育学习方法

例子：制定学习计划，按时完成学习任务。

分析：这是基于学习经验总结出的教育法则，虽然并非教育法规的强制规定，但有助于提升学习效果，促进个人成长。

当然，违背经验法则的日常行为也有很多，例如：

（1）熬夜晚睡：大家都知道，充足的睡眠对身体健康非常重要,但是有些人经常熬夜晚睡,这就违背了"早睡早起身体好"的经验法则,长期下去可能会对身体造成不良影响。

(2) 暴饮暴食:饮食规律是保持身体健康的重要一环,但是有些人控制不住自己的食欲,经常暴饮暴食,这样就违背了"饮食适量,定时定量"的经验法则,容易对消化系统造成负担。

(3) 不运动或过度运动:适量的运动对身体健康有益,但是有些人要么长期不运动,要么突然过度运动,这样就违背了"适量运动,循序渐进"的经验法则,可能会对身体造成伤害。

(4) 忽略个人卫生:保持个人卫生是预防疾病的重要措施,但是有些人不太注意个人卫生,比如不经常洗手、不换洗衣物等,这样就违背了"讲卫生,防疾病"的经验法则,容易增加生病的风险。

(5) 情绪管理不当:情绪管理也是保持身心健康的重要方式,但是有些人经常情绪失控,比如经常发脾气、焦虑不安等,这样就违背了"情绪稳定,心态平和"的经验法则,可能会对身心健康造成不良影响。

2. 司法认知等同于经验法则吗?

司法认知是指法院在审理过程中,对于某些无需证明即可认定为真实的事实或法律,直接以裁定的形式确认其真实性,并将其作为判决的依据。它是提高诉讼效率的一种诉讼证明方式,可以减轻当事人不必要的诉讼证明与辩论负担。司法认知的主体限于法院,客体是特定的事实或法律,这些事实或法律通常是众所周知的、无需证明的,或者经过内部审查程序,具有较高真实性和可信性的。

司法认知的事实主要包括:①众所周知的事实,如某地区发生了一起重大交通事故,该事故在当地广为流传,几乎无人不知。在相关诉讼中，法院可以直接认定该事故的发生，无需当事人提供额外证据。②自然科学定律，如万有引力定律、勾股定理等经过科学研究证明的自然科学原理，法院在审理案件时可以直接适用，无需当事人证明其真实性。③国家机关公报的事实，如政府发布的统计数据、公告等，这些事实经过内部审查程序，具有较高的真实性和可信性，法院可以直接予以确认。④法律规定，即对于明确的法律规定，法院可以直接适用，无需当事人举证证明其存在或有效。例如，在合同纠纷中，法院可以直接根据《中华人民共和国民法典》（以下简称《民法典》）关于合同的规定来判断合同的效力。

与司法认知不同，经验法则并不直接确认事实，而是作为判断证据可信度和事实可能性的依据。法官在运用经验法则时，也需要结合具体证据和案件情况，通过逻辑推理来认定案件事实。造成经验法则与司法认知混淆的原因之一，可能是对两者概念的理解模糊。有些人错误地将"众所周知的事实"等同于经验法则，或者认为经验法则就是司法认知的一种形式。实际上，这两者虽然都涉及对事实的认定，但它们的本质和运作机制截然不同。

司法认知和经验法则的界限在于：①事实认定方式不同。司法认知是直接确认事实，而经验法则则是通过逻辑推理来推定事实。②适用范围不同。司法认知主要适用于众所周知或显而易见的事实，而经验法则则更广泛地应用于对证据的评价和对事实的认定中。

当然，司法认知和经验法则在民事诉讼中也会相互补充，共同构成法官判断证据和事实真实性的重要依据。二者在诉讼中的相互补充体现在以下几个方面：

（1）事实认定的互补：当待证事实属于众所周知、无需证明的范围时，司法认知可以直接确认该事实的真实性，无需当事人举证。在某些情况下，直接证据可能无法完全证明待证事实，此时经验法则可以帮助法官通过间接证据和逻辑推理来推定事实。

（2）证据评价的辅助：司法认知可以作为评价证据的一种特殊方式，即对某些特定事实，法院可以直接确认其真实性，从而减轻当事人的举证负担。当然，在评价证据的证明力时，经验法则可以作为法官判断证据可信度和合理性的重要依据。

（3）提高诉讼效率：通过司法认知确认无需证明的事实，可以减少不必要的举证和质证环节，提高诉讼效率。经验法则的运用则可以帮助法官在证据不足或模糊的情况下做出合理的判断，避免诉讼程序的过分拖延。

3. 推定（尤其是事实上的推定）等同于经验法则吗？

在法律上，推定是指由法律规定或由法院按照经验法则，从已知的前提事实推断未知的结果事实存在，并允许当事人举证推翻的一种证明法则。具体来说：①前提事实，即据以作出推断的事实，为基础事实；②推定事实，即根据前提事实推断出的事实，为结果事实。

推定本身并非证据，而是一种证明法则，它主要用于在直接证据不足或难以获取的情况下，通过已知事实推断未知事实，以辅助法院认定事实。同时，推定结论一般允许当事人举证推翻。推定分为事实推定和法律推定。事实推定是指，以已知某一或某些事实为前提，通过经验法则推论未知事实存在与否。事实推定的一个特点是以已知事实推定未知事实的中介或桥梁是经验法则。与此不同，法律推定则无需以经验法则为推定的中介或桥梁，而是在法律明确规定的条件下直接确定未知事实存在与否（当然，法律在作出如此规定时也会考虑经验法则，但这是立法者的事情，与法官没有关系）。[1]

事实推定作为一种重要的证明手段，扮演着连接已知事实与未知事实的桥梁角色。特别是当直接证据缺失或难以获取时，事实推定便成为法官认定事实的重要途径。而从证明的角度来看，事实推定可以被视为间接证明的一种特殊形式，当它将经验法则作为中介来进行推定证明时，这种特性尤为明显。法官运用经验法则，可以在已知的间接事实与待证事实之间建立起逻辑上的联系，从而推导出待证事实存在与否。而经验法则的盖然性程度，即其反映事物之间联系和因果关系的准确性和可靠性，直接决定了间接事实的推定力大小。

在实践中，人们经常将推定，尤其是事实上的推定，和经验法则混淆。

（1）推定的例子

在刑事诉讼中，如果控方能够证明公职被告人在案发时持有大量来源不明的现金，且被告人无法合理解释这些现金的来源，法官可以根据经验法则，即一般情况下普通人不会持有大量无法说明来源的现金，来推定这些现金可能是非法所得。

（2）经验法则的例子

在民事诉讼中，如果一方当事人提供了银行转账记录作为证据，证明其向另一方支付了款项，而另一方没有提供相反证据反驳，法官可以根据日常生活经验法则，即一般情况下银行转账记录能够真实反映资金流动情况，来认定款项已经支付的事实。

在上述推定的例子中，法官认定事实的逻辑是，证明了基础事实（公职人员、大量现金、无法说明合法来源）得出结论

---

[1] 张卫平：《认识经验法则》，载《清华法学》2008年第6期。

事实（现金系非法所得），其中间的逻辑链条就是经验法则（一名公职人员家里有大量现金，又无法说明合法来源，很可能是非法的）；而在经验法则的例子中，法官认定事实的逻辑是，银行转账记录一般能证明付款的事实，从而直接认定款项已经支付。

尽管经验法则与推定在诉讼中都有助于事实的认定，且都涉及对常识或经验的运用，但它们之间存在着明显的差异。经验法则是一种更为广泛和基础的概念，它涵盖了人们对事物普遍规律的认识，是推理和判断的基础。推定则是一种具体的证明方法，它依赖于特定的已知事实和证据，通过常识或经验的辅助，来推断出未知事实。例如，在诉讼中，如果被告销毁了关键证据，法官可能会根据经验法则推断出该证据对被告不利。事实推定就像是法官在证据不足的情况下，借助经验法则这座桥梁，去探寻真相的一种努力。

造成经验法则与推定混淆的原因之一，可能是对它们在实际应用中的相似性缺乏清晰的认识。例如，在事实推定的场合，已知的基础事实往往是根据经验或常识得出的。这种相似性使得人们容易将推定视为经验法则的一种表现形式，或者将经验法则直接等同于推定。然而，这种理解是片面的。推定虽然涉及对经验或常识的运用，但它本身并不等同于经验法则。推定是一种具体的证明方法，而经验法则是推理和判断的基础。

另外，我们还应该认识到，虽然推定涉及对经验或常识的运用，但这并不意味着推定就是经验法则的简单应用。推定需要结合具体的已知事实和证据，通过常识或经验的辅助，进行合理的推断，而经验法则则是一种更为广泛和基础的概念，它涵盖了人们对事物普遍规律的认识，是推理和判断的基础。[1]

---

[1] 张中：《论经验法则的认识误区与实践困境》，载《证据科学》2011年第2期。

(三) 经验法则在民事诉讼中的运用

经验法则在民事诉讼中有着广泛的应用，例如：

例1：房屋漏水纠纷案

在这个案例中，房屋漏水的侵权行为并未持续到诉讼阶段，导致无法通过司法鉴定程序确定具体的漏水原因。面对这样的困境，法官运用了日常的经验法则来查明案件事实，并最终确定了责任主体。法官根据生活常识和房屋漏水的普遍规律，通过逻辑推理和证据分析，推断出了漏水的原因和责任方。这个案例充分展示了经验法则在解决复杂、难以直接证明的案件事实时的重要作用。

例2：欠条金额争议案

在这个案例中，一张欠条上的金额写成了"1.800元"，但双方对金额的实际意义产生了争议。一方认为金额应为1.8元，而另一方则主张是1800元。法院在审理过程中，运用了经验法则来判断这一争议。法官根据日常生活经验和商业交易习惯，认为欠款1.8元通常不会出具书面欠条，且"1.800元"的书写方式更符合1800元的表达习惯。因此，法院最终认定欠条上的金额应为1800元。这个案例体现了经验法则在解决数字表达歧义和交易习惯争议中的重要作用。

例3：相邻关系纠纷案

在这个案例中，被告擅自改变厨房位置并将油烟管接入非专用排烟的通风管内，导致油烟弥漫至原告家中。原告因此向法院提起诉讼，要求被告恢复厨房原状并赔偿损失。法院在审理过程中，通过现场勘验和实验的方式验证了油烟弥漫的事实，并结合日常生活经验法则认定了被告行为的不当性。法官根据经验法则判断，非专用排烟的通风管无法承受厨房油烟的排放压力，容易导致安全隐患和环境污染。因此，法院最终支持了原告的诉讼请求。这个案例展示了经验法则在解决相邻关系纠纷和环境保护问题中的重要作用。

例4：交通事故人身损害赔偿纠纷案

在这个案例中，原告因交通事故受伤并主张误工损失。然而，原告仅提供了单位开具的月工资证明，而未能提供劳动合同和工资发放记录等直接证据。法院在审理过程中，运用了经验法则来判断原告误工损失的真实性。法官根据当地同行业平均收入水平和原告的工作性质，结合日常生活经验法则推断出原告合理的误工损失，并根据推断结果确定了赔偿金额。这个案例体现了经验法则在解决证据不足和赔偿标准争议中的重要作用。

例5：火灾保险金案

在这个案例中，虽然没有直接证据证明是被保险人故意放火而骗取保险金，但法官可以根据火灾的发生是人为的、门窗锁闭且钥匙在被保险人手中、被保险人负债累累濒临破产、缔结保险合同在火灾发生前不久等间接事实和经验法则来推定火灾原因。这个案例体现了经验法则在复杂案件中的推定作用。

例6：民间借贷纠纷案［江苏省苏州市中级人民法院（2019）苏05民终934号］

江苏省苏州市中级人民法院认为，当事人对自己提出诉讼请求所依据的事实或反驳对方诉讼请求所依据的事实，应当提供证据加以证明，未能提供证据或证据不足以证明其事实主张的，由负有举证证明责任的当事人承担不利的后果。蔡某主张涉案微信号的使用者是许某，许某虽不予认可，但蔡某在二审中当场播放涉案微信的微信语音后，许某确认部分声音是其声音，故一审法院根据日常生活经验认定该微信号使用者为许某，二审法院亦予以确认。

这些实例都展示了经验法则在法律诉讼中的广泛应用和重要作用，它不仅能够帮助法官在证据不足或模糊的情况下作出合理的判断，还能够提高诉讼效率、维护司法公正和权威。

下面重点分析最高人民法院案例库中的"车某玲诉朱某芳相邻关系纠纷案"，该案的入库主旨就是"合理运用日常生活经验法则查明案件事实"。[1]

【基本案情】

原告车某玲诉称：朱某芳拆除其房屋的承重墙，擅自改变厨房位置，穿墙凿洞打通电梯风井的墙体，用来排放其厨房油烟，污染整个楼层，损害原告身体健康。故请求判令朱某芳将1103房承重墙恢复原来的样貌，将厨房恢复到原来的位置，将风井墙壁上所凿洞口封住填平。

被告朱某芳辩称：其未拆除承重墙。油烟不会对车某玲产生任何影响，油烟通风口在走廊，双方都是锁门的，油烟不可能会跑进室内。

法院经审理查明：车某玲居住的1203房与朱某芳居住的1103房为同一建筑内上下相邻的房屋。朱某芳改变1103房屋内格局，将原来的厨房变更用途，在靠近入户门的客厅部分划出大概3平方米的空间作为厨房，厨房的油烟管是靠入户门位置通向电梯旁的通风管。根据平面图可见，朱某芳拆除的墙体不属于承重墙。

广东省广州市越秀区人民法院于2021年12月27日作出（2021）粤0104民初44725号民事判决：驳回原告车某玲的全部诉讼请求。一审宣判后，车某玲以朱某芳改变厨房位置，排

---

[1] 最高人民法院入库编号2024-18-2-053-001，关键词为民事、相邻关系、日常生活经验法则、相邻损害事实、现场勘验。

放油烟导致车某玲熏呛等众多损害为由，提起上诉，并申请对其遭受油烟熏呛的情况进行现场勘验和对成因进行鉴定。广东省广州市中级人民法院组织双方当事人现场勘验，在1103房现有厨房现场炒辣椒并打开油烟机。片刻之后，在1203房对应1103房厨房的房间内可以闻到炒辣椒的油烟味。广州市中级人民法院于2022年4月12日作出（2022）粤01民终1669号民事判决：被告朱某芳于判决生效之日起三十日内将1103房的厨房恢复到原来的位置，并将通风管墙壁上凿的洞封住填平；驳回原告车某玲的其他诉讼请求。

【裁判理由】

法院生效裁判认为：朱某芳改变厨房位置虽然方便了自己，但是应当以不影响相邻方生活为前提。朱某芳改变厨房位置后，将厨房油烟管接入电梯旁的通风管内，根据二审现场勘验结果可知，1103房厨房所产生的油烟可以弥漫至1203房的房间内，足以对车某玲的生活造成影响，降低其居住品质。朱某芳擅自改变厨房位置并将油烟管接入非专用排烟的通风管内，有一定的安全隐患，且该行为损害了相邻方车某玲的合法权益，车某玲诉请要求朱某芳将厨房恢复到原来位置以及将通风管墙壁上凿的洞封住填平，依据充分，予以支持。鉴于朱某芳拆除的不是承重墙，车某玲要求恢复承重墙的依据不足，不予支持。现有证据足以证明车某玲遭受油烟熏呛与朱某芳改建厨房等行为存在关联，无需启动鉴定程序。故二审法院依法作出如上改判。

【裁判要旨】

当事人对相邻损害事实及发生原因难以自行举证证明的，人民法院可以通过现场勘验、实验等方式固定证据。根据日常生活经验法则可以查明案件事实的，无需启动鉴定程序。

【关联索引】

《中华人民共和国民法典》第 288 条

《最高人民法院关于适用〈中华人民共和国民事诉讼法〉的解释》（法释〔2015〕5 号，2022 年修正）第 105 条、第 124 条

一审：广东省广州市越秀区人民法院（2021）粤 0104 民初 44725 号民事判决（2021 年 12 月 27 日）

二审：广东省广州市中级人民法院（2022）粤 01 民终 1669 号民事判决（2022 年 4 月 12 日）

在当前的司法实践中，借助鉴定手段解决事实认定中的专门性问题已成为常态。然而，应当警惕一些通过现有证据的举证质证即可得出合理结论的问题，被过度标签化为必须依赖鉴定才能查明的专门性问题，从而导致案件审理过程的人为复杂化。

特别是相邻关系纠纷，其往往贴近日常生活，若不适当地启动司法鉴定程序，不仅可能增加当事人的诉讼负担，还可能激化矛盾。因此，人民法院在审理此类案件时，应更加注重通过现场勘验来固定证据，并合理运用日常生活经验法则来查明案件事实。这种方式不仅更为经济、高效，也更贴近实际，有助于实质性化解矛盾纠纷，避免程序空转。

（1）现场勘验：固定证据的重要手段。民事诉讼法明确将勘验笔录规定为证据形式之一。在诉讼过程中，法官为了查明案件事实，可以对与案件争议有关的现场、物品或物体进行查验、拍照、测量，并将查验情况和结果制成笔录。这种勘验笔录的制作，既可以是基于当事人的申请，也可以是法院依职权进行。在相邻关系纠纷中，部分相邻损害事实具有特殊性，难以通过常规的录音、录像等方式固定证据和还原事实。此时，现场勘验就显得尤为重要。通过亲临现场感受，法官可以更加

直观地了解案件情况，从而作出准确的判断。

（2）经验法则：查明相邻损害事实的首选。在相邻关系纠纷中，许多相邻损害事实是当事人可以直接感受到的，其发生原因也往往不需要高深的专业知识即可作出判断。在这种情况下，应当优先运用日常生活经验法则来查明相邻损害事实。只有根据日常生活经验法则难以查明时，才考虑启动司法鉴定程序。这种做法不仅符合民事证据的高度盖然性证明标准，也符合人民群众的直观认知。

总之，法律的适用离不开具体、生动的实践活动。法官在审查判断证据时，应充分考虑案件的实际情况和当事人的诉讼能力，合理运用各种证明手段和方法。在相邻关系纠纷等贴近日常生活的案件中，更应注重现场勘验和日常生活经验法则的运用，以更加经济、高效、接地气的方式实质性化解矛盾纠纷。[1]

（四）经验法则在适用中的问题及克服方法

在司法实践中，经验法则的运用主要存在两个方面的问题。

第一，不敢适用经验法则。经验法则，尤其是那些经过反复检验，具有高度盖然性的法则，是法官在长期审判实践中积累下来的宝贵财富，它们基于大量的实践案例和统计分析，具有极高的可靠性和稳定性。在案件审理过程中，当某些事实无法直接通过证据证明时，经验法则便成为法官进行事实推定的有力依据。这种推定虽然无法达到百分之百的准确，但在大多数情况下，它能够帮助法官接近案件的真实情况，从而作出更为合理的裁判。

以"新房死尸案"为例，这是一起典型的因忽视经验法则

---

[1] 刘欢：《从法官现场炒辣椒谈日常生活经验法则的运用》，载《人民法院报》2024年10月17日，第8版。

而导致裁判结果不合理的案件。在这个案件中，房主因新房内发生吊死事件而遭受了严重的精神打击，并且原本作为婚房使用的房屋也因此失去了其特殊意义。然而，承办法官却仅仅依据房屋质量未受损害、房主未受到直接经济损失等法律条文的规定，驳回了原告的诉讼请求。这种裁判结果显然忽略了房主所遭受的实际损失和情感体验，背离了公正和公平的原则。如果法官在审理此案时能够适用经验法则，考虑到房主作为"理性人"在遭遇此类事件后的正常反应和情感变化，以及婚房对于房主来说所具有的特殊意义，很可能会认定房主确实遭受了损失，并据此作出更为合理的裁判。这样的裁判结果不仅更符合案件的真实情况，也更容易被当事人和社会公众所接受。

因此，应当强调经验法则在司法实践中的不可或缺性，法官在审理案件时，要勇于适用经验法则进行事实推定，尤其是在那些无法通过直接证据证明的事实上。同时，法官也应当注重经验法则的适用方法和技巧，确保推定的准确性和合理性。

第二，错误适用经验法则。经验法则并非万能，其运用需要谨慎，否则就可能陷入误区，导致裁判结果与社会公众的期待产生偏差，甚至引发社会争议。在这方面，本章引论部分提到的彭宇案无疑是一个深刻的教训。在该案中，一审法官在运用经验法则进行事实认定时，显然出现了偏差。法官所依据的"经验法则"，如"见义勇为者应抓住撞倒者而非仅好心相扶""好心人会在争议时主动表明见义勇为"等，并不符合社会普遍认可的道德观念和价值取向。实际上，这些"经验法则"更多地反映了法官个人的主观臆断和偏见，而非社会普遍接受的行为准则。这种错误运用经验法则的情况导致裁判结果的公正性受到质疑，更严重的是，它破坏了社会所倡导的积极正面的价值观。

一、经验法则的迷思

社会生活中存在着无数生活经验,那么哪些生活经验可以构成用于正确推理的经验法则呢?这是一个难题。由于经验法则具有种类的多样性、认识的主观性以及非法定性,在大部分国家和地区实务中,很少有直接以违反或错误适用经验法则为由废弃原判决,发回重审或直接改判的。正确或合理地运用经验法则实际上包含两个方面:其一,如何保证对经验法则的运用符合人们的普遍认识;其二,如何防止法官任意擅断。笔者认为,对经验法则适用的规制,要从宏观入手,遵循以下几个原则:

第一,经验法则应具有普遍性和高度盖然性,即所依据的经验法则应当是经过大量实践验证、具有普遍适用性的规律或常识,而非法官个人的主观臆断和偏见。只有这样,才能确保裁判结果的客观性和准确性。

第二,经验法则应符合社会道德和公序良俗。法官在运用经验法则时,不能违背社会普遍认可的道德观念和价值取向,否则,即使裁判结果在法律上是正确的,也难以得到社会公众的认同和尊重。实际上,法官的裁判不仅应当解决具体的法律纠纷,还应当通过公正的裁判结果去引导人们追求真、善、美,树立良好的社会风尚。

第三,法官应保持客观中立的态度。在运用经验法则进行事实认定时,法官应摒弃个人主观臆断和偏见,以客观、全面的视角审视案件事实。同时,法官还应当深入细致地调查和分析案件情况,充分了解当事人的陈述和证据,确保裁判结果的公正性和合理性。

第四,将经验法则类型化。这样做的意义在于:

(1)减少主观随意性。类型化的经验法则为法官提供了一套相对固定的判断标准,可以在一定程度上减少法官在运用经验法则时的主观臆断和随意性,提高事实认定的客观性和准确性。

(2) 促进程序正当化。类型化的经验法则有助于确保在相同或相似情形下,法官能够作出相同或相似的事实认定,从而维护司法程序的正当性和公正性。这种一致性不仅增强了裁判的可预测性,也提升了司法的公信力。

(3) 提高审判效率。通过类型化经验法则的应用,法官可以更快地找到能够使用的经验法则,减少了对案件事实的反复推敲和论证时间,有助于提高审判效率。

尽管经验法则类型化存在一定的局限,但在司法实践中仍然可以进行有益的探索。例如,可以通过总结和分析大量案件中的经验法则,提炼出一些具有普遍适用性的类型化经验法则,并为法官提供指导。同时,也可以鼓励法官在审判实践中不断探索和创新,形成新的类型化经验法则,以适应不断变化的司法实践需求。

第五,落实自由心证原则,强化经验法则运用的透明度与合理性。自由心证原则作为司法审判中的重要原则,赋予了法官在证据评价和事实认定方面的自由裁量权。然而,这一原则的有效实施并非易事,尤其是在经验法则的运用上,更需要法官保持高度的谨慎和透明度。

(1) 强化心证过程的公开与说明。自由心证原则要求法官在裁判中明确陈述其据以裁判的根据和理由。为实现这一目标,法官在运用经验法则时,应详细记录并公开其心证形成的过程和依据。这包括为何选择适用某项经验法则、该法则的具体内容、如何将其应用于案件事实以及所得出的结论等。裁判文书中应避免出现"根据日常生活经验判断"等模糊表述,而应提供具体、详尽的说明,以增强裁判的说服力和可接受性。

一、经验法则的迷思

（2）建立心证公开的监督机制。为确保心证公开的落实，应建立相应的监督机制。一方面，可以通过上诉审、再审等程序，对下级法院裁判中的心证公开情况进行审查和监督；另一方面，可以引入社会监督力量，如邀请专家学者、律师、公众代表等参与案件旁听和评议，对法官的心证过程和结果进行监督和评价。这种监督机制可以有效促使法官在运用经验法则时更加谨慎和公正。

（3）提升法官的专业素养和审判能力。法官作为自由心证原则的实施者，其专业素养和审判能力直接关系到裁判的质量和公正性。因此，应加强对法官的培训和教育，提升其法律素养和逻辑思维能力。特别是要加强对经验法则的学习和研究，使法官能够准确理解和运用经验法则，避免主观臆断和不当适用。

（4）加强司法透明度和公众参与。除了心证过程的公开，还应加强司法整体的透明度，让公众更多地了解和参与司法活动。这可以通过公开审判、发布裁判文书、开展司法宣传等方式实现。同时，应鼓励公众对司法活动进行监督和评价，提出意见和建议，以促进司法的公正和进步。

正所谓：
经验法则迷雾藏，彭宇案件思未央。
模糊证据有疑难，不敢错用两彷徨。
生活经验虽繁多，何能成法入庭堂？
多样主观非法定，自由心证且为纲。

二、什么是"众所周知的事实"

"谁来告诉我们,哪个事实是臭名昭著的,哪个事实是广为流传的?这要由法庭将其应用到具体事例中的证据法来规定。"[1]

——[美]威格莫尔

"众所周知的事实"作为免证事实的一种,体现了对诉讼经济性的考量,也体现了对裁判结果合理性和社会接受度的追求。然而,由于"众所周知的事实"这一概念在司法实践中的模糊性和不确定性,其适用往往引发争议,影响裁判的稳定性和司法的统一性。因此,深入研究"众所周知的事实"在民事证据制度中的定位与适用,对于民事审判实务具有重要意义。

(一)问题的提出——天下乌鸦都是黑的吗?

《民事诉讼证据规定》第10条,将"(二)众所周知的事实"和"(一)自然规律以及定理、定律"及"(三)根据法律规定推定的事实;(四)根据已知的事实和日常生活经验法则推定出的另一事实;(五)已为仲裁机构的生效裁决所确认的事实;(六)已为人民法院发生法律效力的裁判所确认的基本事实;(七)已为有效公证文书所证明的事实"并列,当事人无须

---

[1] John H. Wigmore, *A Student's Textbook of the Law of Evidence*, The Foundation Press, Inc., 1935. 转引自张卫平主编:《外国民事证据制度研究》,清华大学出版社2003年版,第272页。

二、什么是"众所周知的事实"

举证证明。其中,第二项至第五项,包括"众所周知"的事实在内,当事人有相反证据足以反驳的除外;第六项、第七项事实,当事人有相反证据足以推翻的除外。这里"足以反驳"的标准是将法官形成的内心确信拉低到高度盖然性证明标准之下,使待证事实真伪不明,即证伪;"足以推翻"的标准是使相反证据证明的事实达到高度盖然性标准,即证伪+证真。

我们先看几个案例:[1]

例1:在某房屋买卖合同纠纷案中,法院认定,"本案的房屋买卖协议签订于2002年3月,并有证明人和邻居签名作证,之后房屋已交付第三人使用,因此,在一定范围内,被告将房屋转让给第三人已是众所周知的事实"。

例2:在某储蓄存款合同纠纷中,法院认定,"被告原聘用人员李某某自1986年起担任某乡信用社代办员为附近村民办理存取款业务是众所周知的事实"。

例3:在某社会保险纠纷案中,法院认为,原告刘某与因工伤死亡之杨某某为夫妻关系的事实为众所周知的事实。

例4:李某某与A公司劳动争议案,李某某不服一审判决,上诉中针对是否加班的事实,称"商场天天营业,没有节假休息日属于众所周知的事实",故其无需举证。法院认为,"在正常情况下,商场的营业时间可以推定为天天营业,但也有例外,如商场停业整顿、改造、装修、转型等特殊情况,并不一定天天营业,所以,商场是否天天营业并不能确定为法律意义上的众所周知。同时,即使商场天天营业,也不能推定营业员就天

---

[1] 李阿鹏:《如何理解民事审判中"众所周知的事实"?》,载 https://wenku.baidu.com/view/53b5bdef9a89680203d8ce2f0066f5335a816764.html,最后访问日期:2024年11月16日。

天上班和加班",据此对李某某的上诉理由不予采信。

例5:原告某体育场与被告夏某某房屋租赁合同纠纷案,针对相关房屋的权属问题,法院依职权径行认定,"体育场内土地房屋使用权虽属于市政府,但由原告对此管理使用应是众所周知的事实"。

例6:某劳务服务公司与兰某某工伤保险待遇纠纷案,兰某某上诉称"伤筋动骨一百天是众所周知的事实",法院认为,根据兰某某的伤情,"虽在医院治疗三天,但三天不能痊愈,仍需要一段时间的治疗才能康复,是众所周知的事实"。

例7:原告周某某与被告王某抚育费纠纷案,法院认为,"现物价上涨是众所周知的事实,原告的生活费、教育费等费用增加客观存在"。

例8:上诉人王某某与被上诉人某保险公司保险合同纠纷案,法院认为,"鉴于立法严禁酒后驾车系众所周知的事实,即使保险公司未将饮酒驾驶车辆的定义、法律后果等向投保人王某某作出明确解释,王某某作为公民也应当了解饮酒驾驶车辆的含义及对社会的危害性,而不会对上述免责条款的理解发生歧义"。

在上述八个案例中,都出现了当事人或者法院对"众所周知的事实"的主张或者认定,也深刻反映了这一概念在司法实践中的应用现状与存在的问题。"众所周知的事实"作为免证事实的一种,本应在严格的证据裁判主义下发挥例外作用,然而,在实际操作中,其认定却往往带有较大的主观性和模糊性,导致司法实践中的混乱与不一致。通过对上述案例的梳理与分析,可以发现"众所周知的事实"的认定存在以下问题:

1. 认定标准的模糊性

从上述案例中可以看出,法院在认定"众所周知的事实"

时，标准并不统一。有的法院将仅在有限范围内知悉的事实认定为"众所周知"，如案例1中的房屋转让情况和案例3中的夫妻关系存在；有的法院对"众所周知"的理解则过于宽泛，如案例6中将民众对日常生活经验的总结直接等同于司法语境下的"众所周知的事实"。这种认定标准的模糊性，无疑增加了司法裁判的不确定性。

2. 对当事人举证质证权利的剥夺

"众所周知的事实"作为免证事实，其本意是为了减轻当事人的举证负担，提高诉讼效率。然而，当法院错误地将本不属于免证范围的事实认定为"众所周知"时，就会剥夺当事人通过举证质证来证明或反驳事实的权利。如案例1、2、3中，法院主动将某些事实认定为"众所周知"，而实际上这些事实并未达到"众所周知"的程度，从而剥夺了当事人举证质证的机会。

3. 司法语境与社会语境的混淆

"众所周知的事实"这一概念在社会语境和司法语境中具有不同的含义。在社会语境中，"众所周知的事实"可能仅指在一定范围内或特定群体中被普遍知悉的事实；在司法语境中，"众所周知的事实"应指被社会公众普遍知悉且无需特别证明的事实。然而，在上述案例中，法院有时将社会语境下的"众所周知"直接等同于司法语境下的"众所周知"，如案例6和案例7，这种混淆导致了司法裁判的失准。

4. 对免证事实理论体系的误解

免证事实理论体系中包括多种类型的免证事实，如立法事实、经验法则、自然规律和定理等，"众所周知的事实"只是其中的一种。然而，在上述案例中，法院有时将立法事实（如案例8中的酒后驾车行为）错误地认定为"众所周知的事实"，这种误解不仅混淆了不同免证事实的区别，也造成了适用上的混乱。

可以说,"众所周知的事实"的错误认定,不仅曲解了"众所周知"的内涵和外延,更对案件事实的准确认定造成了严重影响。这种混淆不仅可能导致真实情况尚未明朗的案件事实被法院径行确认,还可能在不当免除一方当事人举证义务的同时,加大对方当事人的败诉风险,进而引发裁判的不公。具体而言:

第一,事实认定的准确性受损。当法院将并非真正"众所周知"的事实错误地认定为免证事实时,它可能是基于不完整或错误的信息作出的判断。这种判断可能偏离了案件的真实情况,导致事实认定的准确性大打折扣。

第二,证明责任分配不公。"众所周知的事实"的错误认定,往往意味着一方当事人被免除了举证义务。然而,这种免除可能并不合理,因为所谓"众所周知的事实"可能并不为对方当事人所知,或者其真实性存在争议。在这种情况下,证明责任的分配变得不公,可能使无辜的一方承担不应有的败诉风险。

第三,裁判的公正性受到质疑。由于事实认定的准确性和举证责任分配的公正性都受到了影响,裁判的公正性也必然受到质疑。当事人可能因对裁判结果的不满而提出上诉或申诉,增加司法成本和社会负担。

因此,为了避免"众所周知的事实"在司法实践中的滥用和误用,在适用时需要更加谨慎和规范。

(二)"众所周知的事实"如何界定

在司法实践中,"众所周知的事实"作为免证事实,对案件审理和裁判至关重要。为确保裁判的准确与公正,必须清晰界定其适用范围和标准。

1."众所周知"的认识主体

(1)一般民众作为基准。从认识论视角看,认识是主体与对象的互动。在判断"众所周知的事实"时,应以具有正常认知能力的一般民众作为认识主体。这些民众基于常识和日常经验,能对显而易见的事实形成共识,为"众所周知"奠定基础。

(2)行业与人群差异的处理。鉴于社会存在行业与人群间的认知差异,对于特定行业或人群的共识,需视情况而定。若某事实在特定范围内有共识基础,且无需举证即可查明,则可认定为"众所周知"。例如,股市周末休市在股票交易界是常识,虽非全民皆知,但在相关案件中仍可被认定。

2. "众所周知"的适用区域

(1)审判辖区内的认知。"众所周知"具有地域性,一事实在某地是常识,在他地可能不为人知。因此,审判时应以审判辖区内的认知为准。

(2)若某事实仅在辖区外"众所周知",则当事人仍需举证。这也是诉讼经济性的考虑,因为法院查明辖区外事实需付出大量努力,这不仅缺乏实际意义,也违背了免证事实制度简化诉讼、提高效率的宗旨。

3. "众所周知"的时间考量:确保事实认定的时效性与准确性

时间作为衡量事实状态变化的关键维度,对于准确界定"众所周知"的事实具有不可忽视的作用,要确保所认定的事实与当前的社会认知相符。

(1)时间节点与持续范围的重要性。

第一,审判时的"众所周知"。在判断某项事实是否为"众所周知的事实"时,应着重考察该事实在审判时的状态。如果某项事实在纠纷发生时是众所周知的,但到了审判时已被民众遗忘或忽视,那么它就不再符合"众所周知"的标准。此时,应由相应的当事人承担举证责任,并承担举证不能的后果。

第二,事实状态的历时性变化。由于社会经济的发展和科技的进步,民众对某项事物的认知会随着时间的推移而发生变化。因此,在认定"众所周知的事实"时,必须考虑事实本身的历时性特点,确保所认定的事实与当前的社会认知相符。

(2)时间因素在认定中的作用。

第一,排除干扰因素。通过明确时间节点或持续的时间范围,可以有效地排除那些与当前审判无关或已过时的信息,从而确保事实认定的准确性和针对性。

第二,确定认识范围。时间因素有助于界定"众所周知"的认识范围。随着社会的进步和科技的发展,某些曾经不为人知的事实可能逐渐成为常识。因此,在认定"众所周知的事实"时,应结合当前的社会背景和科技水平,确定合理的认识范围。

(3)实践应用中的注意事项。

第一,动态评估。在审判过程中,法官应动态地评估事实状态的变化,确保所认定的事实与当前的社会认知保持一致。对于那些随着时间推移而发生变化的事实,应及时更新认识,避免使用过时的信息。

第二,综合考虑。在认定"众所周知的事实"时,除考虑时间因素外,还应综合考虑认识的主体、区域以及事实本身的性质等因素。只有全面、客观地分析各种因素,才能确保事实认定的准确性和公正性。

4. "众所周知"在司法和社会语境中的区别

"众所周知的事实"是一个在司法与社会领域均频繁出现的概念,但其具体含义在不同语境下有着显著差异。

(1)社会语境中的"众所周知的事实"。在社会层面,"众所周知的事实"通常指那些被大众广泛认知、接受并传播的信息。这些事实多源自日常经验、传统习俗或社会共识,具有较强的普遍性和认同感。然而,它们往往缺乏科学验证和精确定义,更多依赖于主观感受和口头传承。例如,"伤筋动骨一百天"便是一种社会语境下的普遍认知,它反映了人们对外伤恢复时间的普遍看法,但并未经过科学证实,也不具备法律上的严谨性。

(2)司法语境中的"众所周知的事实"。在司法领域,"众所周知的事实"有着更为严格和明确的界定,它指的是那些无需额外证据即可由法院直接确认的事实。这类事实需满足以下特征:①普遍性,即被社会大众广泛知晓;②稳定性,即在一定时间内保持恒定,不易受外界因素影响;③可验证性,即能通过科学手段进行证实。在司法实践中,法院对"众所周知的事实"的认定需格外谨慎,不能仅凭社会认知或传言做出判断。

(3)社会与司法语境的异同。

第一,差异方面。社会语境更侧重于事实的普遍认同和主观感受,而司法语境则强调事实的准确性、稳定性和可验证性。社会语境中的"众所周知"多基于口头传播和主观体验,而司法语境则要求有客观证据和科学支持。

第二,联系方面。社会语境中的普遍认知可为司法判断提供背景信息和参考。在某些情况下,经过科学验证和精确定义的社会认知,也可能转化为司法语境中的"众所周知的事实"。

5."众所周知的事实"的界定条件

"众所周知的事实"之所以能够免于证明,是因为其具有显著的普遍性和客观真实性。这种事实状态不仅为一般民众所熟知,而且其真实性不容置疑。要判断一项事实是否为证据法上的"众所周知",必须满足以下两个核心条件:

(1)认识主体的广泛性。认识主体应是具有一般认知能力、不特定的多数民众。这意味着,某项事实必须为社会上的大多数人所知晓和接受,而不仅仅局限于特定行业或个别社区。如果某项事实仅为特定群体所确信,那么它就不能满足"众所周知"的要求。

(2)判断的确信性。民众对相关事实的判断应达到确信而不容置疑的程度。这要求事实必须具有稳定性和常态性,不会因时间或环境的变化而发生显著变化。如果某项事实并非以常态化存在,而是具有变动的可能性,那么民众就无法准确判断或预测其真实状态,因此不应认定为"众所周知"。[1]

(三)"众所周知的事实"认定存在的问题

1. 相关事例

法院在司法实践中运用"众所周知的事实"定案,与经验法则相比,还是比较少的。我们先看一个案例:

例 9:杨某等与砀山某房地产开发有限公司等房屋租赁合同纠纷案〔安徽省宿州市中级人民法院(2018)皖 13 民终 1994 号〕

【裁判观点】

人民法院认为,根据《最高人民法院关于〈中华人民共和国民事诉讼法〉的解释》(以下简称《民诉法解释》)第 93 条第 1 款第 2 项的规定,当事人众所周知的事实无须举证证明。杨某等与砀山某房地产开发有限公司虽在案涉商品房买卖合同中约定案涉房产于 2018 年 11 月 31 日前交付,但众所周知 11 月只有 30 天,没有 31 日,故一审认定双方在合同中约定的 11 月 31 日系笔误并无不当。杨某等关于一审认定交房时间为 2018 年 11 月 31 日属于笔误系错误的上诉理由不能成立,法院不予采纳。

---

[1] 李阿鹏:《如何理解民事审判中"众所周知的事实"?》,载 https://wenku.baidu.com/view/53b5bdef9a89680203d8ce2f0066f5335a816764.html,最后访问日期:2024 年 11 月 1 日。

二、什么是"众所周知的事实"

【裁判规则】

众所周知的事实,无须举证证明。

在上述案例中,争议的焦点是房屋交付时间是否系笔误。11月只有30天,这是众所周知的事实,也是常识,合同约定交房时间系11月31日,明显属于笔误,在没有相反证据足以反驳的情况下,法院可以直接认定案件事实。

而在日常生活中,"众所周知的事实"的例子是比较多的,例如:

(1)历史事件:比如,第二次世界大战全面爆发的时间是1939年,这是全球广泛知晓的历史事实。

(2)科学知识:比如,地球是太阳系中的第三颗行星;地球上有七大洲和四大洋;地球的自转产生了昼夜交替,公转产生了四季变换;地球每天自转一圈,围绕太阳公转一圈大约需要365.25天;太阳系中最大的行星是木星等。这是天文学和地理学的常识,被广泛接受为事实。

(3)常识性知识:人类的正常体温大约为37摄氏度(口腔温度),地球的大气层主要由氮气(约占78%)和氧气(约占21%)组成。一年有365天(闰年有366天),这是基于日历和时间的常识性知识,属于众所周知的事实。

(4)文化常识:中国的首都是北京,这是一个基本的地理常识,也是众所周知的事实。

(5)法律常识:我国《民法典》规定,十八周岁以上的自然人为成年人,《中华人民共和国刑法》(以下简称《刑法》)规定,未成年人犯罪不能判处死刑等,这是法律常识中众所周知的事实。

(6)社会现象:比如,随着科技的发展,智能手机已经普及,这是当前社会的一个众所周知的事实。

这些例子都展示了"众所周知的事实"的多样性和广泛性,它们涵盖了历史、科学、文化、法律和社会现象等多个领域。

下面是一些较为"专业"的"众所周知的事实":

(1) 人类基因组:人类基因组包含约 30 亿个碱基对;人类的 DNA 由四种碱基组成,即腺嘌呤(A)、胸腺嘧啶(T)、鸟嘌呤(G)和胞嘧啶(C),这是遗传学领域的共识。

(2) 光速:在真空中,光速约为每秒 299 792 458 米,这是物理学中的一个基本常数。

(3) 水的沸点:在标准大气压下,水的沸点是 100 摄氏度,这是化学和物理学中的常识。

(4) 万有引力定律:任何两个物体之间都存在引力,引力的大小与两物体质量的乘积成正比,与它们之间的距离的平方成反比,这是牛顿在《自然哲学的数学原理》中提出的著名定律。

(5) 地球的形状:地球是一个近似椭球体的天体,地球表面的重力加速度约为 $9.8m/s^2$,这是地理学和天文学中的基本知识。

(6) 人类的眼睛可以看到可见光谱范围内的光,大约从 400 纳米(紫色)到 700 纳米(红色)。

这些事实都是基于科学观测、实验和推理得出的,尽管"专业",但也被普通民众广泛接受为真实无误的。

2. "众所周知的事实"如何反驳?

在民事案件的审理中,众所周知的事实往往被认为系免证的事实,从而简化诉讼程序,提高审判效率。然而,这种免证并非绝对的,特别是当涉及特定地域、文化或风俗习惯时,需要更加谨慎地考虑当事人是否确实属于"众所周知"的特定人群。如果当事人能够提出合理的反驳理由和证据,法院应当重新评估"众所周知的事实"的合理性,并根据实际情况要求当事人提供进一步的证据。

以婚约彩礼纠纷为例,假设女方所在村庄有一个众所周知的特殊风俗,即女方出嫁时家长必须收到男方交付的特定数额彩礼。在这种情境下,如果男方提供证据证明迎亲过程顺利,法院可能会依据这一风俗推定男方已经交付了彩礼。然而,这种推定并非不可反驳。

女方如果希望推翻这一推定,需要提供充分的理由和证据。例如,女方可以主张自己并非该村的原住民,而是刚刚搬迁至此,且居住时间很短,因此并不了解当地的这一特殊风俗。为了支持这一主张,女方需要提供居住证明等相关证据。

在这种情况下,法院需要综合考虑女方的反驳理由和证据,以及男方提供的迎亲顺利等证据。如果法院认为女方的反驳具有合理性,且女方确实不属于知晓该风俗习惯的特定人群,那么法院对"男方已交付彩礼"这一推定事实的内心确信就可能会动摇。

一旦法院认为"众所周知"的事实并不成立,就会要求男方进一步提供关于彩礼交付及多寡的直接证据。这意味着,男方需要承担更重的举证责任,以证明自己确实按照当地风俗交付了彩礼,并且彩礼的数额符合约定。

3. "众所周知的事实"适用中的问题

"众所周知的事实"为免证事实,法院可以直接以之作为定案的根据。正如本章第一部分的八个案例所显示的,这一规则在司法实践的适用中存在一些问题和障碍:

(1)概念界定模糊。"众所周知的事实"这一概念直观而通俗,但并无一般法学概念在词源上的专有性和逻辑上的周延性。作为社会认知、具有社会语义的"众所周知的事实",与作为司法认知的"众所周知的事实",存在诸多差异和冲突。在司法实践中,如何准确界定"众所周知的事实"是一个难题。

(2) 适用标准不一。由于缺乏统一、明确的标准,各地法院在适用"众所周知的事实"时存在较大差异。有些法院对"众所周知"的理解可能较为宽泛,将一些本不属于免证范围的事实也纳入其中;有些法院则可能过于谨慎,将一些本应属于免证范围的事实排除在外。这种适用标准的不一致,影响了裁判的稳定性和司法的统一性。

(3) 法官裁量权过大。由于"众所周知的事实"具有较大的主观性和非法定性,法官在适用这一规则时拥有较大的裁量权。然而,这种裁量权的行使往往受到法官个人经验、知识背景等因素的影响,可能导致裁判结果的不公。此外,法官在行使裁量权时也可能受到外部因素的干扰,如媒体舆论、社会压力等,从而进一步影响裁判的公正性。

(4) 当事人权利受限。将"众所周知的事实"作为免证事实,意味着当事人在诉讼中无需对此类事实进行举证。然而,这也可能导致当事人的质证和辩论权利受到限制。如果法院对"众所周知的事实"认定错误或适用不当,当事人可能无法通过举证、质证等方式进行反驳和纠正,从而损害其合法权益。

(5) 社会认知差异。"众所周知的事实"往往基于一定的社会认知,然而,由于地域、文化、教育等因素的差异,不同社会群体对同一事实的认知可能存在较大差异。因此,法院在认定"众所周知的事实"时,需要考虑这种社会认知差异对裁判结果的影响。

4. 改进和建议

"众所周知的事实"的错误认定对于案件事实的准确认定和裁判的公正性具有重要影响,为了避免这种错误认定带来的不良后果，我们需要：

（1）严格界定"众所周知的事实"的内涵。法院在认定"众所周知的事实"时，应严格界定其内涵，确保所认定的事实确实具有普遍认知性、广泛性和无需特别证明的特性。可以通过制定具体的司法解释或指导案例来明确这一概念。

（2）谨慎行使自由裁量权。法官在认定"众所周知的事实"时，应谨慎行使自由裁量权。对于存在争议或模糊的事实，应倾向于要求当事人进行举证和质证，而不是轻易地将其认定为免证事实。

（3）尊重当事人权利。在认定"众所周知的事实"时，应充分尊重当事人的举证质证权利，避免剥夺其通过证据来证明或反驳事实的机会。

（4）加强证据规则的适用。法院应加强对证据规则的适用，确保所有证据的收集、提交和审查都符合法定程序。对于"众所周知的事实"，也应要求其符合证据规则的要求，避免因错误认定而导致的裁判不公。

（5）提高法官的专业素养。法官作为司法裁判的主体，其专业素养对于正确认定"众所周知的事实"至关重要。因此，应加强对法官的培训和教育，提高其专业素养和审判能力，以确保其能够准确、公正地认定案件事实。

（6）强化司法监督与制约。应建立健全的司法监督与制约机制，对法官在认定"众所周知的事实"时的裁量权进行有效监督和制约。对于错误认定导致的裁判不公，应依法追究相关责任人的责任。

（四）"众所周知的事实"和司法认知的关系

在司法实践中，无论是大陆法系还是英美法系，都将"众所周知的事实"作为免证事实的主要内容，并且将其纳入"司法认知"的范畴,这体现了对这一原则的普遍认可。在司法实践中,"众所周知的事实"和司法认知的适用往往存在重叠。当某个事实被认定为"众所周知"时,法院通常会通过司法认知的方式直接确认其真实性,从而作为判决的依据。

司法认知(judicial notice),也称审判上的认知,是指法院在审理过程中以宣告的形式直接认定某一个事实的真实性,以消除当事人无谓的争议,确保审判顺利进行的一种快捷诉讼证明方式。司法认知规则最早起源于古罗马,人们可以从"显著之事实,无需证明"这一古老法谚中溯其源流。

司法认知的理论基础是"对众人皆知的事实要求举证是多此一举"的,其意义在于:①谋取诉讼上的迅捷和便利,避免就某些常识性事理进行烦琐的查证;②司法程序应当是一种合理的程序。作为适用这种程序的具有相当知识水准的职业法官,对于一般性常识,以及特定的众所周知的事实,应该比普通人更为知悉,至少不逊于普通人。不仅如此,法官还应当具有将这种知识适用于其所审理的案件的能力。司法认知制度的本质是一种免证制度——通过法官直接认知某些裁判事实,免除当事人对相关事实的举证责任,同时也避免在这些问题上展开争论,以节约诉讼时间,减少资源耗费,降低诉讼成本,使诉讼能够在有价值的争议问题上有效展开,从而提高诉讼的效率和效益。司法认知同样有其消极的一面,例如,某事项一旦被司法认知,当事人即丧失了举证反驳的机会。

目前,世界各国诉讼中都有关于司法认知规则的规定,例如,《美国联邦证据规则》第201条(b)款规定了裁判事实上的司法认知的范围,即"适用司法认知的,必须不属于合理争议的范畴:①在审判法院管辖范围区内众所周知的事实;或②能够被准确地确认和随时可借助某种手段加以确认,该手段的准确性不容合理质疑"。美国有关立法和学理还认为，司法认知除了可适用于裁判事实，还可适用于一些立法事实，主要包括国内法、外州法和外国法、国际法和海商法。英国证据法将司法认知分为四类：众所周知的事实；经过调查后在审判上知悉的事实；英国法、欧盟法、英国国会的立法程序；成文法的有关规定。《德国民事诉讼法典》第291条规定，对法院已经显著的事实，不需要证明。但是，何为"显著的事实"，立法上并未加以界定，需要法官自由心证。《德国民事诉讼法典》第293条规定，外国法律不是事实问题，如果法院知道这个国家的法律，就不需要举证。《日本民事诉讼法》第257条规定，显著的事实，无须证明。日本有学者解释道，显著的事实包括众所周知的事实和只对法院显著的事实。

1. 司法认知的效力

（1）对当事人的效力。

第一，免除举证责任：司法认知的首要效力在于免除了负有证明责任的当事人的举证责任。对于众所周知或显而易见的事实，当事人无需再行举证，这大大减轻了当事人的诉讼负担。

第二，对方当事人举证责任的变化：一方当事人举证责任的免除，实质上加重了对方当事人的举证责任。因为，如果某一事实被司法认知，那么对方当事人就无法通过举证来反驳该事实的真实性。然而，这种加重的举证责任并非不合理，因为司法认知的事实通常是具有普遍认可度和显著性的。

第三，举证反驳的机会：尽管司法认知具有绝对的效力，但为了确保程序的公正性，法官在司法认知前应当给予当事人充分的举证反驳机会。这既体现了对当事人诉讼权利的尊重，也确保了司法认知的准确性和公正性。

（2）对法院的效力。

第一，无需查证：对于符合司法认知条件的事项，法院无需进行查证。这意味着，法院可以直接认定这些事实的真实性，而无需通过烦琐的查证程序来确认。

第二，司法认知的义务：对符合司法认知条件者，法院有义务进行司法认知。即使当事人没有明确提出司法认知的主张，法院也应当考虑并给予认知。这是因为，司法认知不仅关乎当事人的诉讼权利，也关乎诉讼的效率和公正性。

第三，法院的中立地位：在民事诉讼中，法院保持中立无偏的地位。因此，法院不能主动查证事实，而应当依据当事人的主张和证据来作出判决。然而，对于符合司法认知条件的事实，法院可以直接认定，而无需主动查证。这既体现了法院的中立地位，也确保了诉讼的效率和公正性。

2. 司法认知的领域问题

（1）"普遍性"说。该说主张，司法认知的事实应当是社会上的一般成员（包括法官）都应知悉的事实。这种观点认为，司法认知的事实应当具有广泛的认知度和认可度，以至于可以合理推定任何一个普通人都会知道。英国法官鲁弗斯·艾萨克斯（Rufus Isaacs）在一份判决中的表述就体现了这一观点，他认为当一项事实的众所周知性已经达到按照情理能推定某一个普通人知道的程度时，法官就可以认为已在司法上知悉。

"普遍性"说的优点在于其明确了司法认知事实的标准，即具有广泛的社会认知度和认可度。这种标准有助于确保司法认知的准确性和公正性，因为只有当事实被广泛认知时，才能避免因个别法官的主观判断而导致偏差。

然而，"普遍性"说也存在一定的局限性。首先，它可能过于严格地限制了司法认知的范围，将一些虽然不具有普遍性但确实为特定群体所熟知的事实排除在外。其次，随着社会的不断发展和变化，某些曾经众所周知的事实可能逐渐变得不再为大众所熟知，这时再坚持"普遍性"说可能会显得过于僵化。

（2）"相对性"说。该说则主张，司法认知的事实虽然应当是社会上一般成员都能够知悉的，但不能排除其相对性。这种观点认为，众所周知的事实是指被社会上具有普遍知识经验的人无可置疑地周知的事实，比如历史上著名的事件、天灾及其他新闻等家喻户晓的事实。然而，是否属于众所周知的事实是相对的，可能因地域、文化、时代等因素而有所不同。

"相对性"说的优点在于其承认了司法认知事实的相对性，更加符合社会的实际情况。在现实生活中，不同地域、不同文化、不同时代的人们对于同一事实的认知程度可能存在差异，因此，将司法认知的事实限定为具有普遍性的事实可能过于绝对，而"相对性"说则更加灵活和包容。

然而，"相对性"说也存在一定的局限性。首先，如何确定某一事实是否为"相对"的众所周知的事实可能存在一定的主观性。不同法官、不同当事人对于同一事实的认知程度可能存在差异，这可能导致司法实践中的不一致。其次，"相对性"说可能需要法官在司法实践中进行更多的调查和判断，以确定某一事实是否为众所周知的事实。

总之，"普遍性"说和"相对性"说各有其优点和局限性。在司法实践中，应当根据具体情况灵活运用这两种观点。对于具有广泛社会认知度和认可度的事实，可以适用"普遍性"说进行司法认知；对于特定群体所熟知或因地域、文化、时代等因素而存在差异的事实，可以适用"相对性"说进行司法认知。同时，法官在司法实践中应当保持谨慎和公正的态度，对于司法认知的事实进行充分的调查和判断，以确保司法认知的准确性和公正性。

3. 司法认知的时间问题

司法认知的事实通常应是当前发生或近期内发生的事实，而非历史上的事实。这是因为司法认知的目的在于简化诉讼程序，提高审判效率，而历史上的事实往往需要通过大量的历史资料和研究才能确认，不符合司法认知的初衷。同时，当前发生的事实更有可能与案件直接相关，也更容易为当事人和法官所知晓和确认。

4. 司法认知的地域问题

关于司法认知的地域范围，应当采取"区域"说，即众所周知应限于一定范围内的一般人所知悉。这一观点既考虑了司法认知对象的一般性，即该事实在特定区域内是众所周知的；又考虑了司法认知对象的特殊性，即该事实可能并不为所有人所知，但至少在特定区域内是公认的。将司法认知与特定的审判管辖区域联系起来，可以使司法认知范围的时空维度相对具体，既便于法官进行司法认知，也确保了司法认知的准确性和公正性。

5. 司法认知的主体

司法认知的主体是法官，这与自认行为的主体存在明显区别。自认的主体为诉讼当事人，其与案件的处理结果存在直接的利害关系，因此其自认的事实可能受到利益驱动的影响。而法官作为司法认知的主体，与诉讼利益无直接利害关系，其职责在于根据法律和事实作出公正的判决。因此，法官进行司法认知时更加客观、公正。同时，司法认知的主体仅限于审判机关，当事人虽然可以申请法院对特定的事项采取司法认知，但并没有自行采取司法认知的权利和资格。

此外，作为司法认知的主体，法官应当具备常识，奉行利益规避原则，确保司法认知的准确性和公正性。法官的性格不应怪癖，而应以一般人为标准，以便更好地理解和判断众所周知的事实。

6. 司法认知的政策问题

有些事实尽管是众所周知的，但基于公共利益的考虑，可能并不适合被司法认知。例如，某些事实可能涉及国家秘密、商业秘密或个人隐私等敏感信息，或者其公开可能对社会造成不良影响。在这种情况下，即使该事实是众所周知的，法院也应谨慎处理，避免将其纳入司法认知的范围。

此外，有些事实虽然众所周知，但可能与案件的处理结果并不直接相关。或者，即使相关，基于事后补救措施的适用等考虑，法院也可能决定不采纳该事实作为司法认知的对象。这体现了司法认知在政策层面的灵活性和审慎性。

7. 司法认知的程序规则

（1）司法认知前的告知义务。在司法认知前，法官负有告知当事人的义务。如果法官计划对某一事项进行司法认知，应立即将此事项告知当事人及其诉讼代理人。这一步骤的目的在于保障当事人的知情权，使其有机会对即将被认知的事项进行了解和准备。同时，告知义务也体现了诉讼的透明度和公正性，有助于增加当事人对司法认知的信任感。

（2）当事人的举证反驳权利。当事人认为法院将要认知的事项并不具备司法认知的条件时，有权立即举证反驳。这是当事人的一项重要诉讼权利，旨在防止司法认知的错误出现。法院在收到当事人的反驳证据后，应进行仔细审查。如果认为反驳证据合理确凿，法院就不得对该事项进行司法认知，以确保诉讼的公正性和准确性。

（3）法院依法及时进行司法认知。在听取当事人的反驳后，如果法院认为其没有合理根据，应依法及时作出司法认知。这一步骤是司法认知程序的核心环节，体现了法院对诉讼效率和公正性的双重追求。及时作出司法认知有助于防止诉讼的拖延，确保诉讼的顺利进行，同时也避免了因司法认知的滞后而导致的诉讼成本增加和对当事人权益的损害。

（4）法院以书面裁定的形式作出司法认知。法院在作出司法认知时，应以书面裁定的形式进行。书面裁定应详细载明司法认知的事实、理由和依据，以及当事人的反驳意见和法院的审查结果。这一做法有助于确保司法认知的明确性和可执行性，也为当事人提供了明确的法律依据。当事人对司法认知的裁定不得上诉，这体现了司法认知的终局性和权威性。同时，上级法院对下级法院作出的司法认知应当尊重和认可，不得随意撤销，以维护司法认知的稳定性和连贯性。

总之，"众所周知的事实"作为广义上司法认知的重要组成部分，其准确适用不仅彰显了法律对常识和公知事实的尊重，更在极大程度上提高了诉讼效率，促进了司法资源的合理配置。

正所谓：
天下乌鸦皆言黑，众所周知引争议。
世间万象皆如此，司法认知求真理。

三、推定之光

推定理论,"就像是法律蝙蝠,在暮光中飞翔,但是会消失在事实的阳光中"。

——题记

(一)相关概念辨析

推定(presumption),是指依照法律规定或者由法院按照经验法则,从已知的基础事实推断未知的推定事实存在,并允许当事人提出反证推翻的一种证据法则。实务中经常会运用推定的方法判断事实和证据,它是审判人员据以认识和判断证据材料并最终认定案件事实的一种方法。例如,在美国,有些州法律推定,开车的人是车主本人或者经过车主允许的人,直到出示相反证据证明开车的人不是车主本人或者其他人开车并没有经过车主允许之前,事实认定者必须接受推定的事实。

推定虽然不是证据,却是对证据的替代,是证明过程的中断,[1]是事实认定者被要求必须作出的法律发现(Legal Finding)。一旦有证据确立了基本的事实,并且由这些基本的事实推导出推定的事实,就没有必要再出示证据证明推定的事实。

多个国家对推定作了专门的规定。例如,《法国民法典》第1349条规定,"推定系指法律或司法官依已知之事实推断未知之事实所得的结果",并规定了法律上的推定和非法律的推定。

---

[1] 张保生:《推定是证明过程的中断》,载《法学研究》2009年第5期。

《意大利民法》第 2727 条规定："推定是指法律或者法官由已知的事实推测出一个未知事实所获得的结果。"我国《民事诉讼证据规定》第 10 条规定,"根据法律规定推定的事实"和"根据已知的事实和日常生活经验法则推定出的另一事实",当事人无须举证证明,但是当事人有相反证据足以反驳的除外。

在当前法学研究领域,关于法律推定的争论聚焦于三大核心议题:第一,法律推定的辨识难题,即是否仅凭法律条文的字面表述便能断定其包含推定元素;第二,法律推定的种类划分,核心疑问在于是否存在某些绝对不可反驳的法律推定情形;第三,法律推定的效力范畴,关键在于这种推定是否会导致客观证明责任发生转移。这些争论的存在,凸显了学术界在法律推定概念界定上的显著分歧与缺乏统一认识。

法律推定这一概念本身,其内涵与外延均模糊不清,这种语义上的不确定性导致,即便是在以"法律推定"为标题的探讨中,各参与方的实际论述对象也往往大相径庭,难以形成有效的对话与共识。因此,对法律推定进行深入剖析与明确界定,已成为当前法学理论研究的重要任务。[1]

我们认为,推定与假定、推测、推理、推论、法律拟制、证明责任倒置等概念有相似之处,但又有根本的不同。

1. 推定不同于假定

推定与假定,虽都涉及对未知或未明确事实的某种判断,但两者存在本质的区别。

假定,本质上是一种思维的跳跃,是对过去不存在、现在也不存在的事实的一种纯粹猜测。它不需要任何实际的前提或依据,仅仅是一种假设或设想,属于思维活动的范畴。因此,

---

[1] 欧元捷:《民事法律推定的概念检讨》,载《法制与社会发展》2022 年第 4 期。

假定并不具有法律效力,它不能作为法庭处理案件的依据。法庭在审判过程中,应当严格避免使用假定来推断事实,以确保判决的公正性和准确性。

与假定不同,推定是一种特殊的事实认定方法,它是基于已知的事实或证据,通过合理的推理和逻辑推断,得出另一个事实或结论的过程。推定一旦成立,就会产生一定的法律效果,对案件的判决产生影响。因此,推定的适用范围和条件都受到严格的限制,以确保其准确性和公正性。

在适用上,假定与推定也呈现出不同的特点。假定通常适用于刑事侦查阶段,作为一种初步的、探索性的思维活动,帮助侦查人员形成对案件的初步认识,而推定则更多地适用于法庭的事实认定阶段,作为判决的重要依据之一。

此外,假定和推定的推翻方式也不同。假定由于其本身的不确定性和假设性,只有经过证实才能被肯定为真实。推定则不同,它一旦成立,就具有一定的稳定性和法律效力,除非有充分的反证能够推翻它,否则它将继续作为判决的依据。亦即,推定必须由反证证明其伪,假定必须以证据证明其真。

综上,推定与假定在本质、适用范围、适用条件以及推翻方式等方面都存在明显的区别。

2. 推定不同于推测

推测与推定虽都依赖于一定的前提或经验事实来进行判断,但它们在本质和适用上存在显著的差异。

推测往往基于一些盖然性极低的经验事实,这些事实可能只是个别案例或个别经验,并不具有普遍的代表性或可靠性。因此,推测在很大程度上带有主观猜测的成分,其结论的准确性和可靠性相对较低。为了验证推测的真实性,通常需要事后进行大量的印证和核实工作。

与推测不同，推定则是一种更为严谨和可靠的事实认定方法。推定所依赖的前提事实或经验事实，通常具有较高的盖然性和普遍性，能够通过合理的推理和逻辑推断得出较为可靠的结论。因此，推定在法律程序中被广泛应用，作为认定事实的重要依据之一。

然而，正是由于推测的主观性和不确定性，在涉及法律程序的事实认定上应当谨慎使用甚至避免使用推测。法律程序要求事实的认定必须具有客观性、准确性和可靠性，而推测往往无法满足这些要求，因此，《民事诉讼证据规定》明确规定了证人作证时不得使用猜测、推断或评论性语言，以确保证人证言的客观性和准确性。

总之，推测与推定在本质、适用和可靠性等方面存在显著差异。在法律程序中，我们应当严格区分两者，避免将推测误用为推定，以确保事实认定的准确性和公正性。

3. 推定不同于推理

推定与推理，虽然两者都涉及从已知信息推导出新结论的过程，但在法律领域，它们有显著的区别。

推理是基于一个或几个已知的判断（前提）来推出新的判断（结论）。法律推理作为推理在法律领域的应用，其本质特征是理由论证，它旨在为司法结论提供充分的法律理由和正当理由，以确保判决的公正性和合理性。法律推理不仅涉及从法律规则中检索适用的实体法规则，还包括遵守程序规则和证据规则，这些规则共同构成了法庭事实认定和法律适用的基础。法官在进行法律推理时，不仅需要运用三段论等演绎推理形式，还需要进行归纳推理，以寻求法律推理的小前提，即事实真相。

与推理不同，推定是一种特殊的事实认定方法，它基于一定的前提事实或经验事实，通过合理的推理和逻辑推断，得出另一个事实或结论。推定在法律程序中被广泛应用,特别是在法庭的事实认定阶段。然而,推定的适用范围和条件都受到严格的限制,以确保其准确性和公正性。推定一旦成立,就具有一定的法律效果,但也可以通过反证来推翻。

推理和推定的主要区别在于性质和目的。推理更侧重于逻辑推理的过程和能力的运用,旨在为司法结论提供充分的理由和正当理由;推定则更侧重于事实认定的结果,是一种特殊的事实认定方法。在法律实践中,法官需要合理运用推理和推定,以确保判决的公正性和准确性。

此外,值得注意的是,法律推理不仅是一个提供法律理由的过程,还是一个提供正当理由的过程。这意味着法官在作出判决时,不仅需要遵循法律规则,还需要考虑社会公德、公平正义等正当理由,以确保判决的合理性和可接受性。

4. 推定不同于推论

推定与推论,尽管两者在字面上相似,且都涉及从已知信息推导出新信息的过程,但在法律领域和逻辑学中,它们具有不同的含义和用途。

推论,通常指的是从已知的事实或证据出发,通过逻辑演绎或归纳,得出另一个事实或结论的过程。这个过程既包括了推断的结果,也包括了达到这个结果的过程。推论与事实认定有紧密的联系,它实际上是从具体的证据到思维中的具体事实的一个认定过程。在这个过程中,人们通过把"完整的表象蒸发为抽象的规定",再由这些"抽象的规定在思维中导致具体的再现",从而在观念中把握和认识客体。推论是一种演绎推理,它要求从被证据确证的另一事实或一组事实中,合乎逻辑地、合理地推断出新的事实。

与推论不同,推定在法律领域中是一种特殊的事实认定方法。它基于一定的前提事实或经验事实,通过合理的推理和逻辑推断,得出另一个事实或结论。推定一旦成立,就具有一定的法律效果,可以作为判决的依据。然而,推定的适用范围和条件都受到严格的限制,以确保其准确性和公正性。推定并不是随意的推断,而是需要遵循一定的规则和程序,以确保其合理性和可靠性。

总的来说,推定和推论在含义、用途和性质上都存在显著差异。推论更侧重于逻辑演绎或归纳的过程,以及从证据到结论的推导;而推定则更侧重于法律领域中的事实认定方法,以及由此产生的法律效果。

5. 推定不同于法律拟制

推定与法律拟制虽然在形式上存在一定的相似性,都涉及两个事实之间的关联以及由此产生的法律效果,但它们在本质和适用上存在显著差异。

首先,从性质上来看,法律拟制是一种立法技巧,是立法者为了避免法律条文的重复和冗长而采用的一种简洁的文字表述方式。它并不是基于一个事实的存在来推导出另一个事实的存在,而是直接将某个事实视为另一个事实,使其产生相同的法律效果。这种视为是立法者的明确意图,不依赖于实际的推理过程。推定则不同,它通常包含推理的过程,是从已知的基础事实出发,通过合理的逻辑推断得出另一个事实的存在。

其次,在是否可以用反证推翻方面,法律拟制与推定也存在明显的区别。法律拟制一旦成立,即产生与所视为的事实相同的法律效果,且这种效果是不能用反证来推翻的。也就是说,只要证明了拟制所依据的事实,就自然产生了拟制所规定的法律效果,对方当事人不能通过提出反证来否定这种效果。推定则不同,法律允许当事人提出反证来推翻推定事实。只有在没

三、推定之光

有相反证据的情况下，推定事实才会被认定。

最后，在举证责任的影响方面，法律拟制与推定也存在差异。在法律拟制中，双方争议的焦点始终是拟制所依据的前一项事实，而不允许对后一项事实进行争议。因此，法律拟制并不改变举证责任的分担。而在推定中，需要证明的主要是后一项事实，即推定事实。由于推定的作用，主张推定事实存在的一方当事人只需要证明基础事实，法律便假定推定事实存在。这样就把证明推定事实不存在的举证责任转移给了对方当事人。因此，推定具有转移推定事实的举证责任的作用。[1]

我国《民法典》中有44个地方规定了"视为"，即法律拟制，它们不是推定，例如：

(1) 涉及遗产继承、接受赠与等胎儿利益保护的，胎儿视为具有民事权利能力。但是，胎儿娩出时为死体的，其民事权利能力自始不存在。(第16条)

(2) 十六周岁以上的未成年人，以自己的劳动收入为主要生活来源的，视为完全民事行为能力人。(第18条第2款)

(3) 自然人以户籍登记或者其他有效身份登记记载的居所为住所；经常居所与住所不一致的，经常居所视为住所。(第25条)

(4) 被宣告死亡的人，人民法院宣告死亡的判决作出之日视为其死亡的日期；因意外事件下落不明宣告死亡的，意外事件发生之日视为其死亡的日期。(第48条)

(5) 行为人可以明示或者默示作出意思表示。

沉默只有在有法律规定、当事人约定或者符合当事人之间

---

[1] 卞建林、谭世贵主编：《证据法学》（第四版），中国政法大学出版社2019年版，第532页。

的交易习惯时，才可以视为意思表示。(第140条)

（6）相对人可以催告法定代理人自收到通知之日起三十日内予以追认。法定代理人未作表示的，视为拒绝追认。(第145条第2款第1、2句)

（7）附条件的民事法律行为，当事人为自己的利益不正当地阻止条件成就的，视为条件已经成就；不正当地促成条件成就的，视为条件不成就。(第159条)

（8）共有人对共有的不动产或者动产没有约定为按份共有或者共同共有，或者约定不明确的，除共有人具有家庭关系等外，视为按份共有。(第308条)

（9）书面形式是合同书、信件、电报、电传、传真等可以有形地表现所载内容的形式。(第469条第2款)

以电子数据交换、电子邮件等方式能够有形地表现所载内容，并可以随时调取查用的数据电文，视为书面形式。(第469条第3款)

（10）连带债务人之间的份额难以确定的，视为份额相同。(第519条第1款)

（11）定金的数额由当事人约定；但是，不得超过主合同标的额的百分之二十，超过部分不产生定金的效力。实际交付的定金数额多于或者少于约定数额的，视为变更约定的定金数额。(第586条第2款)

6. 推定不同于证明责任倒置

法律推定与证明责任倒置，虽然两者在诉讼过程中都涉及证明责任的分配问题，但它们在本质和表现形式上存在显著差异。

首先，从形式上来看，法律推定是证明责任的实体分配，由实体法所规范，它主要关注的是在特定情况下，如何根据已知事实推断出另一事实的存在,以及这种推断在法律上产生的后果。证明责任倒置则是证明责任的程序分配,由程序法所规范,它主要关注的是在诉讼过程中,当事人之间如何分配举证责任,以确保诉讼的公平和效率。此外,在出现时间上,证明责任倒置通常先于法律推定出现,因为举证责任的分配是诉讼程序开始时就需要明确的问题,而法律推定则是在诉讼过程中根据具体情况作出的。

其次,从实质上来看,法律推定与证明责任倒置的差异更加显著。法律推定虽然可以表现为诉讼上的证明责任倒置,但两者并不等同。实体法上的推定通常是可以推翻的,只要当事人提出相反的证据,就可以推翻这种推定。这意味着法律推定具有一定的灵活性和可变性,它允许当事人在诉讼过程中通过举证来改变自己的法律地位。证明责任倒置则是一种程序法上的技巧,它改变了实体法上的证明责任分配,使得原本应由一方当事人承担的证明责任转移到了另一方当事人身上。这种转移是固定的,不受当事人举证的影响。同时,证明责任倒置还使得诉讼程序的价值取向发生了逆转,从原本的追求事实真相变为更加注重诉讼效率和公平。

正如塞西尔·特纳所指出的,推定虽然在形式上与证据法相联系,但实际上是用程序法语言表示出来的实体法规则。[1]这句话深刻地揭示了法律推定与证明责任倒置之间的区别和联系。法律推定虽然涉及诉讼过程中的证明责任分配,但它本质上是实体法上的一种规则,与证据法有密切的联系。证明责任倒置则是程序法上的一种技巧,它改变了实体法上的举证责任分配,使得诉讼程序更加公平和高效。

---

〔1〕[英] J. W. 塞西尔·特纳:《肯尼刑法原理》,王国庆等译,华夏出版社1989年版,第486—487页。

(二) 常见的推定有哪些

推定,作为司法证明中的一种重要方法,其本质是基于两个事实之间的一般联系规律或"常态联系",当一个事实被证实存在时,可以合理地推断出另一个事实的存在。这种推断并非对事实的直接认定,而是以一种推测性的判断作为桥梁,实现间接认定。推定具有以下特征:

第一,推定非证据,而为证明方法。推定本身并不是一种证据,它不像物证、书证、证人证言等那样直接证明案件事实。相反,推定是一种法律认可或间接允许的,用于认定案件事实的方法或手段。它依赖于逻辑推理和常识判断,在已知事实与待证事实之间建立起联系。

第二,前提事实与推定事实并存。推定必须建立在前提事实的基础之上,这个前提事实是已经被证实或公认的。同时,推定还指向一个待证的推定事实。这两个事实之间通过推定的逻辑桥梁相连,没有前提事实,推定就无从谈起;没有推定事实,推定就失去了目标。

第三,可反驳性与推定事实的间接性。推定并非绝对,它是可以被当事人通过举证进行反驳和推翻的。这是因为推定不是基于证据的直接证明,而是具有间接性。当事人可以提出相反的证据或理由,来挑战推定的合理性和准确性。这种可反驳性使得推定在司法实践中更加灵活和公正。

第四,法律依据与经验法则并重。推定既可以依据法律规定进行,也可以按照经验法则实施。法律规定为推定提供了明确的法律依据,确保了推定的合法性和规范性,法律推定是盖然性意义上的假定。经验法则则是基于人们长期的生活经验和常识判断,它们虽然不是法律明文规定的,但在司法实践中同样具有重要地位。通过运用经验法则进行推定,可以更加贴近实际,提高推定的准确性和可信度。在判例法制度中,事实推定经过反复运用,可以上升为法律。经此转换的法律推定与事实推定原本系出同源,均以推定事实存在高度可能为依据。

所以,推定作为司法证明中的一种重要方法,能够在缺乏直接证据的情况下,通过逻辑推理和常识判断来认定案件事实,为司法实践提供了有力的支持。

1. 日常生活中常见的推定实例

例1. 原告冯某的外祖母带领原告去被告马某的卫生室治病,被告为原告在臀部注射了药物后,原告出现了右下肢伤残的后果。原告起诉被告赔偿,但是被告否认为原告注射过药物。由于农村卫生室治疗时不开具医疗费发票,当时也没有其他证人在场,原告举证困难很大。

在本案中,原告提供了在河南省人民医院治疗,被告去看望原告时的谈话录音,该录音反映出一个男声承认为原告注射了,但是录音的效果不好,不能明显辨认出就是被告的声音,在开庭质证时,被告否认该录音中的男声是他的声音。在原告申请鉴定录音后,被告却不配合鉴定机构鉴定,根据常理,该录音如果不是被告的声音,被告不会拒不配合鉴定;其既然不肯配合鉴定,就说明该录音很可能是其声音。因此,合议庭推定该录音中承认为原告注射的男声就是被告的声音,并据此推定被告为原告注射时,给原告的身体造成了伤害,判决被告赔偿原告的损失。

例2. 甲与乙打架,但是没有其他人在场,无目击证人。两个人承认有厮打行为,甲的耳朵被咬伤,这时法官依据一般常理,可以推定甲的耳朵是乙咬伤的,因为一个人在正常情况下不可能咬住自己的耳朵。

例3. 所有权推定:在民事诉讼中,如果某人长期占有并使用某物，且无人提出异议，法院可能会推定该人拥有该物的所有权。这是基于日常生活经验和法律规定，对长期占有事实的一种合理推断。

例 4. 过错推定：在侵权诉讼中，如果被告的行为与原告的损害之间存在因果关系，且被告无法证明自己无过错，法院可能会推定被告有过错，并判决其承担赔偿责任。这是基于公平原则和举证责任分配的一种推定。

例 5. 精神状态推定：在刑事诉讼中，如果被告人在实施犯罪行为时表现出明显的精神异常症状，如幻觉、妄想等，且经精神鉴定专家评估，认为其可能无法辨认或控制自己的行为，法院可能会推定被告人在实施犯罪行为时处于精神异常状态。这是基于医学知识和经验法则对被告人精神状态的一种合理推断。

例 6. 合同内容推定：在合同纠纷中，如果双方未签订书面合同，但存在事实上的交易行为，且交易习惯明确，法院可能会根据交易习惯推定合同的内容和双方的权利义务关系。这是基于商业惯例和交易习惯对合同内容的一种合理推断。

例 7. 亲子关系推定：在民事诉讼中，如果非婚生子女与生母以外的男子存在血缘关系，且该男子无法提供相反证据，法院可能会推定该男子为非婚生子女的生父。这是基于生物学知识和经验法则对亲子关系的一种合理推断。

可见，推定是日常生活中一抹温柔又智慧的光，它就像一把钥匙，打开那些看似无解的秘密之门。在上述例子中，从录音里的声音到打架后的伤痕，从长期占有的物品到无法自证的过错，还有精神状态、合同内容、亲子关系的判断，推定都在默默发挥着作用，它让我们明白，即使证据不那么直接，真相也不会被埋没。推定就像是一位细心的侦探，通过常理和经验，一点点拼凑出事情的本来面目,它让法律更加有温度,更加贴近人心,也让公平正义在每一个细微之处都能得到体现。

2. 英美法系国家和地区常见的可以反驳的推定

(1) 合法性:推定每一个人都是合法出生的。

(2) 下落不明:如果一个人在七年的时间内没有任何消息,就推定这个人已经死亡。

(3) 收信:如果一封信被正确地填写了地址并以适当的方式交邮,就推定这封信已经被收到。

(4) 神志正常:在出示相反的证据以前,每一个人都被推定神志正常。

(5) 持续存在的状况:从前存在的某种状况一般被推定继续存在。

(6) 履行官方职责:推定官方职责已经被履行。

(7) 雇佣:如果一个人是雇员,就推定他的行为没有超出授权的范围。

(8) 汽车所有权:如果有证据表明汽车的所有权,就推定开车的人是车主或者经过车主同意的人。

(9) 突然死亡:突然死亡的人被推定是偶然原因致死,而不是自杀。

(10) 保管人过失:如果动产在保管人保管期间发生毁损,就推定保管人对损害的发生负有过失责任。

(11) 疾病原因:如果得了黑肺病的人在煤矿里工作过至少十年,那么推定得病是因为他在煤矿里工作。

(12) 贞洁:每个人都被推定贞洁。

(13) 未破产:每个人都被推定没有破产,因此每一笔债务都能够被收回。

(14) 婚姻:如果男女以夫妻名义同居,就推定他们之间有合法有效的婚姻。

(15) 行为人的意图：如果一个人自愿实施了某一行为，就推定他意图产生这一行为的一般结果。

英美法系国家和地区所确立的这些可以反驳的推定，实乃法律逻辑与日常生活经验的巧妙结合，体现了法律对于秩序、效率与公正的多重考量。推定机制通过设定一系列基于常识或概率的假设，为司法实践提供了便捷的判断依据，有效解决了举证困难的问题。诸如合法性、下落不明、收信等推定，均是基于社会生活的一般规律而设，它们简化了证明过程，使得法律判断更为高效。神志正常、持续存在的状况等推定，则体现了法律对于个体状态的稳定预期，除非有相反证据，否则即按常态处理，这有助于维护法律关系的稳定性。

特别值得注意的是，突然死亡被推定为偶然原因致死而非自杀，不仅体现了法律对于生命价值的尊重，也反映了社会对于自杀现象的审慎态度。同样，疾病原因推定中对于黑肺病与煤矿工作的关联认定，更是法律对于特定行业风险的科学认知与合理分配。

总体而言，这些推定构成了英美证据法中一道独特的风景线，它们既体现了法律的严谨性，又蕴含了人文关怀，是法律智慧与生活智慧的完美融合。

3. 我国《民法典》中使用"推定"字样的规定

(1) 合同文本采用两种以上文字订立并约定具有同等效力的，对各文本使用的词句推定具有相同含义。（第466条第2款第1句）

(2) 当事人对合同变更的内容约定不明确的，推定为未变更。（第544条）

（3）当事人对检验期限未作约定，买受人签收的送货单、确认单等载明标的物数量、型号、规格的，推定买受人已经对数量和外观瑕疵进行检验，但是有相关证据足以推翻的除外。（第623条）

（4）相互有继承关系的数人在同一事件中死亡，难以确定死亡时间的，推定没有其他继承人的人先死亡。都有其他继承人，辈份不同的，推定长辈先死亡；辈份相同的，推定同时死亡，相互不发生继承。（第1121条第2款）

（5）行为人因过错侵害他人民事权益造成损害的，应当承担侵权责任。

依照法律规定推定行为人有过错，其不能证明自己没有过错的，应当承担侵权责任。（第1165条）

（6）患者在诊疗活动中受到损害，有下列情形之一的，推定医疗机构有过错：①违反法律、行政法规、规章以及其他有关诊疗规范的规定；②隐匿或者拒绝提供与纠纷有关的病历资料；③遗失、伪造、篡改或者违法销毁病历资料。（第1222条）

另外，《民事诉讼证据规定》第92条第1款、第2款规定："私文书证的真实性，由主张以私文书证证明案件事实的当事人承担举证责任。私文书证由制作者或者其代理人签名、盖章或捺印的，推定为真实。"这确立了经签名、盖章或捺印的私文书证的形式真实规则。

我国《民法典》及《民事诉讼证据规定》中对于"推定"的巧妙运用，深刻体现了法律逻辑与司法实践的紧密结合，展现了法律推理的严谨性与灵活性。在合同文本的解释、合同变更的认定、买受人检验责任的判断、继承顺序的确定、侵权责任的归责以及医疗机构过错的推定等方面，推定机制为法律适用提供了明确的指引，有效解决了司法实践中的证明难题。

特别是在侵权责任与医疗损害责任领域，推定制度的引入不仅减轻了受害人的举证负担，还强化了行为人与医疗机构的责任意识，体现了法律对于公平正义的积极追求。同时，最高人民法院对于私文书证真实性的推定规则，更是对证据制度的一大创新，它通过对私文书证形式要件的严格把控，为私文书证的证明力提供了有力保障，有助于提升司法裁判的公信力与准确性。

（三）推定的适用和反驳

推定作为一种证据法则，一旦基础事实 A 得到了证实，即可以直接认定推定事实 B。塞耶和威格莫尔认为，"诉讼一方当事人对所主张'乙事实'存在提不出证据，但他能提出证据证明'甲事实'存在，然后根据'甲事实'存在推定'乙事实'存在；诉讼另一方当事人对'甲事实'存在提出反证，因此'乙事实'存在也受到反证的攻击，原先无证据证明的'乙事实'当然消失"。[1]由于"出现 A，则出现 B"这一现象的概率常态化和重复出现，为省去复杂的证明过程，提高诉讼效率，可直接适用推定，并可以通过这一机制凸显所要保护的国家利益和弱势群体等的利益。

1. 适用推定存在哪些问题？

例1：北京女青年朱某乘坐出租车案

【案情】

北京女青年朱某在夜晚乘坐出租车回家途中，癫痫病发作昏迷。醒来后发现自己被置于车外，遂将司机付某及其所在的出租车公司告上法庭，要求赔偿。

---

〔1〕 何家弘主编：《外国证据法》，法律出版社2003年版，第202页。

三、推定之光

【推定运用】

法院根据基础事实（朱某乘坐付某驾驶的出租车回家，途中发病昏迷，醒来后距离住处1000米，而乘车时间仅需15分钟，且朱某每次病情发作时间都在30分钟以上）推定，朱某在发病后没有自己下车的可能，从而认定是付某将其置于车外。

【结果】

法院最终判决出租车公司向朱某口头道歉，并赔偿精神抚慰金3000元。

本案中，法院根据基础事实A（①朱某乘坐付某驾驶的出租车回家，车程15分钟；②途中发病昏迷，每次病情发作时间都在30分钟以上；③醒来后距离住处1000米），得出了推定事实B（付某将发病的朱某置于车外）。

例2：回归线公司诉亚龙公司服务合同纠纷案

【案情】

回归线公司与亚龙公司签订服务合同，约定回归线公司为亚龙公司开发的大厦进行企划推广。合同中约定了付款方式和履行条件，其中包括以亚龙公司书面签字确认为准。

【推定运用】

在没有书面签字确认的情况下，法院根据付款情况及其他事实（如亚龙公司已按合同约定支付了部分款项，且销售情况已达到并超出了合同约定的销售目标），推定回归线公司已按约完成了合同义务。

【结果】

一审和二审法院均支持了回归线公司的诉讼请求，判决亚龙公司支付剩余合同款。

该案中，法院根据基础事实 A（①亚龙公司按合同约定支付了部分款项；②销售情况已达到并超出了合同约定的销售目标），得出了推定事实 B（回归线公司已按约完成了合同义务）。

案例3：孙某山诉南京欧尚超市有限公司江宁店买卖合同纠纷案

【案情】

2012年5月1日，原告孙某山在被告南京欧尚超市有限公司江宁店（以下简称"欧尚超市江宁店"）购买"玉兔牌"香肠15包，其中价值558.6元的14包香肠已过保质期。孙某山到收银台结账后，即径直到服务台索赔，后因协商未果诉至法院，要求欧尚超市江宁店支付14包香肠售价十倍的赔偿金5586元。

【裁判结果】

2009年《中华人民共和国食品安全法》第3条规定，食品生产经营者应当依照法律、法规和食品安全标准从事生产经营活动，对社会和公众负责，保证食品安全，接受社会监督，承担社会责任。该法第28条第8项规定，超过保质期的食品属于禁止生产经营的食品。

食品销售者负有保证食品安全的法定义务，应当对不符合安全标准的食品自行及时清理。欧尚超市江宁店作为食品销售者，应当按照保障食品安全的要求储存食品，及时检查待售食品，清理超过保质期的食品，但欧尚超市江宁店仍然摆放并销售货架上超过保质期的"玉兔牌"香肠，未履行法定义务，可以认定为销售明知是不符合食品安全标准的食品。

江苏省南京市江宁区人民法院于2012年9月10日作出（2012）江宁开民初字第646号民事判决：被告欧尚超市江宁店

三、推定之光

于判决发生法律效力之日起10日内赔偿原告孙某山5586元。宣判后，双方当事人均未上诉，判决已发生法律效力。

【裁判要点】法律对行为主体明确设定义务但该法定义务未能履行的，应当推定行为人对未履行该法定义务系明知。

该案中，法院根据基础事实A（①法律对行为主体明确设定了义务；②该法定义务未能履行），得出了推定事实B（行为人对未履行该法定义务系明知）。

上述案例1和案例2都是事实上的推定，案例3则属于法律上的推定。

在我国司法实践中，推定的应用展现出两种截然不同的趋势。一方面，尽管立法对法律推定和经验法则等作出了宽泛性、原则性的规定，但在实际审判中，法官通常持谨慎态度，不轻易运用这些推定。就法律推定而言，由于立法尚不完善，司法人员对其具体种类及适用效果存在理解差异，尤其在法律推定与法律拟制的效力区分上，争议尤为激烈。就事实推定而言，《民事诉讼证据规定》虽已明确经验法则在民事推定中的重要地位，但并未规定经验法则的具体适用规则和条件，同时缺乏权威判例的指导。因此，许多法官在审判中对事实推定的应用感到力不从心，往往选择回避。另一方面，正是由于立法的不完善，对推定的应用缺乏有效约束，导致实践中出现了大量"主观推定"。

首先，推定的结论与客观事实可能存在差距。推定是基于事物间的常态联系得出的，具有盖然性，因此并不能百分之百与客观事实吻合。基础事实的可靠程度及个案中的特殊情况都会对推定结果产生影响。

其次，事实推定的适用机制混乱。事实推定不同于法律推定，没有明确的法律规定可依。目前，我国法律对于事实推定的适用条件、规则、救济没有统一的规定，易产生混乱。

最后，在司法实践中，还有一个常被忽视的关键点，即对推定所依赖的前提基础事实，必须进行充分且确凿的证明。根据证明责任的基本原则，当事人需承担证明前提事实存在的责任。只有当前提事实被证实确实存在后，方可考虑适用推定规则。若证据不足或提供的证据无法支撑前提事实的存在，推定则无法成立。此时，应依据证明责任原则，由负责证明的一方承担相应法律后果。

推定机制虽在一定程度上减轻了对待证事实的证明负担，但并不意味着可完全免除证明责任。换言之，推定并非证明责任的替代，而是特定条件下，基于已证实的前提事实，对另一事实进行合理推断的辅助手段。因此，在适用推定规则时，必须严格遵循其条件，确保前提事实的真实性与可靠性。

2. 如何反驳推定？

推定在司法中并非铁板一块，而是留有余地，让那些因推定而可能蒙受不公的当事人有机会进行反驳。需明确的是，无论是法律推定还是基于经验的事实推定，都仅仅是探寻真相的一种手段，并不能确保所得结论的绝对正确性。推定建立在一个前提之上，即基础事实与推定事实之间存在某种通常的、可预期的联系。然而，这种联系并非绝对恒定，也无法涵盖所有可能的情况。因此，为了更精确地揭示案件的真实面貌，法律应当允许当事人通过提供证据来挑战和质疑推定。

在司法实践中，推定所产生的效力各异，有的推定会导致行为层面的举证责任转移，有的则会导致结果层面的客观证明责任转移。相应的，对推定的反驳也存在两种不同的路径。一种反驳方式聚焦于推定所依赖的前提基础事实。只有基础是真实的，据以推出的推定事实才有可能是可靠的。在这种情况下，推定相对方需承担提供反证的责任,以证明前提事实并不存在或存在疑问。这种反驳旨在动摇法官对前提事实所形成的内心确信,一旦成功,便可排除推定的适用。另一种反驳方式则直接针对推定事实本身。此时,推定相对方需承担提供本证的责任,以直接否认推定事实的真实性。

例如,在死亡继承的推定中,"相互有继承关系的数人在同一事件中死亡,难以确定死亡时间的,推定没有其他继承人的人先死亡。都有其他继承人,辈份不同的,推定长辈先死亡;辈份相同的,推定同时死亡,相互不发生继承"。这里实际上存在三个推定。就第一项推定而言,基础事实 A(①相互有继承关系的数人;②在同一事件中死亡;③难以确定死亡时间),得出推定事实 B(没有其他继承人的人先死亡)。

如果要反驳该推定,一是证明基础事实中的某一项不成立,即数人相互没有继承关系、不是在同一事件中死亡或者可以确定死亡时间。对基础事实的反驳,实行谁主张、谁举证。二是如果基础事实成立,那么直接反驳推定事实(没有其他继承人的人先死亡),即如果有证据证明没有其他继承人的人后死亡或者同时死亡,推定事实就不成立。反驳推定事实也意味着证明责任的转移。

再如,在动产占有推定中,"占有动产"是前提事实,而"占有者享有适法权利"则是推定事实,这实际上构成了一个权利推定。若要反驳这一推定,推定相对方可以采取两种策略:一是提供反证,证明占有者的占有形态并非如推定所依据的那样,从而动摇法官对前提事实的确信;二是直接提供证据,证明占有者并不享有合法权利,或者该权利实际上属于其他人,从而直接否认推定事实的真实性。

正所谓：
推定如蝠舞黄昏，法海深处寻真痕。
假定推测非其类，推理推论亦难混。
法律拟制别有径，证明责任倒置明。
英美推定多可驳，基础事实反驳频。
推定之光虽幽暗，照亮真相指迷津。

四、民刑交叉案件的审理

民事主体因同一行为应当承担民事责任、行政责任和刑事责任的,承担行政责任或者刑事责任不影响承担民事责任;民事主体的财产不足以支付的,优先用于承担民事责任。

——《民法典》第187条

民刑交叉案件是指民事法律关系和刑事法律关系重合的案件,这也是当前学术界和司法实践中关注的热点问题,主要涉及三个方面:一是民刑交叉案件的实体界定,二是民事诉讼与刑事诉讼的审理顺序,三是刑事裁判与民事裁判的相互效力。

但是,诸多研究忽视了制度设计的初衷:民刑交叉案件处理的目的是什么?是为了维护社会公正还是提高诉讼效率?是保护被告人还是被害人?不忘初心,制度安排才具有更强的生命力,而保护被害人,实现被害人被侵害利益的恢复,是司法的重要目标。

(一)一房两卖,利用民事与刑事程序维权

【基本案情】

2010年初,房先生筹措资金,想在北京市通州区买一套房子。当时通州区的房价还没有现在那么高,市场均价在每平方米1.3万元左右。在看了几套房子后,房先生选中一套性价比相对较高的房子:135平方米,六层中的第三层,简单装修,总价160万元,楼层、户型、面积、单价都比较划算。房主是张某，山东青岛人，三十多岁，外表忠厚。

房先生是通过一个小的中介公司购买的房子，签约当天，买卖双方先到通州区房产局查询房本，结果房产局的办事人员做法不规范，没有在网上查询，只是简单翻了翻房本，说有抵押贷款，房产证没问题，房先生就放心签约了。房先生是全款买的房子，卖主张某说手头没钱，要求多付首付，在其强烈要求下，房先生在签订合同后三天之内就付了150万元房款，剩余10万元约定在过户成功后再支付。

当时卖主张某的房子交给其朋友苏某借住，签订合同一个月后，房先生要求张某交房，张某找各种理由推脱，房屋一直由其朋友苏某居住，没有交付。房先生催促张某抓紧时间偿还银行贷款，解除房屋抵押，张某也不办理。后来房先生打电话张某也不接，发信息张某偶尔回复，都是在拖时间。除了在签约当天见过面，房先生再未找到张某的踪影。当时房先生忙着工作上的事情，此事就先放下了。

又过了半年多，张某还是既不交房，也不解除抵押，更不过户。于是房先生到通州区房产局查询，这次房产局其他工作人员在网上进行了查询，发现该房子有三个查封。原来张某借款做生意，事业失败后，在外面借款几百万元，分别被两个债权人到宁波市海曙区人民法院起诉。宁波市海曙区人民法院均判决张某败诉，进入执行程序后，于2008年两次查封该房子。另外，张某在2010年1月将房子卖给房先生，收到大部分房款后，在2010年3月又将房子卖给了刘某，两个月后，刘某起诉张某并申请保全了该套房屋。

【救济途径】

房先生交付了150万元房款，结果发现张某将房屋一房两卖，并且该房屋有三个查封，张某资不抵债。这时房先生该怎么办呢？是走民事程序还是刑事途径呢？幸好房先生学习过法律，这时其掌握的法律知识发挥了作用。房先生没有聘请律师，分别采取了三项救济措施：

第一，向宁波市海曙区人民法院提出执行异议，这是案外人对执行标的的异议，如果申请被驳回，按照现在的法律规定，房先生还可以提出案外人执行异议之诉，确认房屋的归属。那么房先生的执行异议成立吗？宁波市海曙区人民法院于2008年作出两个查封决定，查封在先，张某于2010年1月才将房屋卖给房先生，执行异议显然不成立。房先生在综合考虑之后，决定撤回执行异议。

第二，到北京市通州区人民法院提起民事诉讼。房屋即不动产所在地在通州区，通州区人民法院有管辖权。房先生起诉张某什么事项呢？张某隐瞒房屋查封事实，并且一房两卖，显然构成重大违约，房先生可以起诉要求解除合同，让张某退还房款并支付合同约定的违约金。但是这里有个问题，即由于起诉标的额较大，房先生要先支付数万元的诉讼费。为了节省诉讼费，房先生就起诉张某，要求履行合同，即交付房屋、解除抵押、办理过户。法院按照起诉行为来收费，只要交60元诉讼费即可。由于适用简易程序，诉讼费减半收取，房先生只交了30元诉讼费。

通州区人民法院受理此案两个月后通知房先生开庭，房先生在综合考虑之后决定先撤回起诉。房先生为什么要撤诉呢？原来其首先考虑到执行难的问题，即使法院判决房先生胜诉，由于张某资不抵债，根本没有履行能力，判决也得不到执行；其次，如果法院判决房先生胜诉，此案就被定性为民事案件，以后再采取其他救济途径，办案机关不一定受理；最后，撤诉后，如果有需要，房先生还可以重新起诉。于是，在民事起诉两个月后，房先生决定撤诉。

第三，到北京市公安局通州区分局报案，启动刑事程序。按照什么案由报案呢？张某以非法占有为目的，隐瞒房屋查封的事实，将房子卖给房先生，后来又隐瞒房屋已经出售的事实，一房两卖，显然构成合同诈骗罪。通州区公安分局经侦办案人员决定刑事立案。

刑事立案后三个月内，侦查人员做了大量调查取证工作，获取和固定了张某犯罪的各项证据，认为符合网上通缉的条件，于是将张某列为网上在逃人员。网上追逃25天后，警方在山东青岛将张某抓获，张某被押送到北京。刑事拘留37天后，张某被取保候审。张某担心被追究刑事责任，向亲戚朋友借钱，加上房先生支付的150万元房款，将房屋抵押、三个查封和保全解除，两个月内将房屋过户给房先生。

历时一年，房先生利用民事和刑事途径，最后成功讨回了房子。

在上述案例中，房先生综合运用案外人执行异议、民事起诉和刑事报案等手段，成功维权。一般来说，刑事途径更有威慑力，如果一个人被羁押或者判处刑罚，对于违约人或侵权人最有震慑作用，其会尽量履行民事债务。当然，对于不构成犯罪的案件，我们也应当避免出现动用刑事手段干涉民事经济纠纷的情况。

(二) 民刑交叉案件的实体界定

从实体内容看，民事法律规范调整平等主体之间的纠纷，刑事法律规范涉及犯罪认定和刑事责任的追究。民刑交叉案件就是指民事违法与刑事犯罪相竞合的案件，一个行为可能既构成民事违约、侵权，又构成刑事犯罪。民事责任和刑事责任可以一起承担，它们分别基于民事法律规范和刑事法律规范，不存在冲突，可以并行适用。根据《民法典》第187条的规定，民事主体因同一行为应当承担民事责任、行政责任和刑事责任的，承担行政责任或者刑事责任不影响承担民事责任。

在探讨民刑交叉案件的实质界定时，我们面临三种截然不同的情形。第一，有时看似普通的民事纠纷，实则隐藏着刑事犯罪的阴影。比如，某些公司表面上运营合规、合同完备，却是以非法目的为核心构建的犯罪网络；所谓的民间借贷，或许只是精心设计的诈骗陷阱。在这种情况下，我们必须穿透民事外观的迷雾，揭露并追究其背后的刑事真相。第二，外表看似触犯了刑事法律，实则仅为民事领域的违规行为。遵循罪刑法定之严苛标准，犯罪的成立需满足一系列严格条件，任何要素的缺失或事实的不明都将导致无罪判定。例如，若无非法占有之主观意图，便不能轻易冠以诈骗之名，而应视为民事欺诈；同样，民事权益归属及行为性质的争议，在未造成直接损害时，也会直接影响对行为性质的界定。第三，刑事与民事法律关系在同一案件中相互缠绕，难以分割。这类案件中，两种性质不同的法律关系并存且相互影响。

针对这三种情况，处理策略各有不同。对于前两种，即民事外观下的刑事犯罪与刑事表象下的民事违法，我们直接依据刑事或民事程序处理即可。然而，第三种情况——刑事与民事法律关系交织的案件，处理起来则更为棘手。民法学者聚焦于此类案件中民事行为的法律效力，特别是在合同争议与犯罪行为交织时，如何妥善处理民事部分成为关键。刑法学者则侧重于划分刑事犯罪与民事违法的界限，确保定性准确。诉讼法学者则需探讨在刑事诉讼与民事诉讼并存时，应如何确定优先顺序，以及两者判决之间的相互影响与效力问题。

周光权教授强调，在处理民刑交叉案件时，我们应遵循一套系统的分析框架。首要步骤是立足于法秩序的统一性原则，深入探究民商法对当前案件的基本看法，明确权利的民商法归属，以及民商法对行为性质的界定。这一步骤是确保后续分析建立在坚实法律基础之上的关键。接下来，我们需依据法益保护的原则，仔细审视被害人是否存在实际损失。这是定罪与否的重要前提：若损失不存在，则定罪无从谈起；若损失难以明确界定，定罪则需格外谨慎，以免误判。同时，我们还应精准把握被害人财产损失发生的具体时刻，这对于定罪的时机选择至关重要。在欺骗行为明显且涉及交易核心要素的情况下，财产损害的确认对于定罪的重要性可能会相对降低，但仍需综合考虑其他因素。最后，我们还需从程序正义的角度出发，审慎评估被害人维护自身权益的难易程度。在交易规则特殊或存在长期交易习惯的背景下，被害人应自行承担一定风险，此类纠纷更适宜通过民事途径解决。而在权利义务关系明确、具体的场景下，我们或许可以考虑不定罪，以避免过度干预民事自由。

通过这一逐步递进的检验逻辑，我们能够更加严谨地审视那些行为性质模糊、难以定性的"棘手案件"。这样的分析方法不仅有助于我们更准确地把握案件本质，还能在最大程度上减少司法实践中的误判风险，确保司法的公正与准确。[1]具体而言：

首先，在处理民刑交叉案件的过程中，我们必须敏锐地捕捉到民法与刑法在法律思维方式上的本质差异。民法倾向于构建和维护法律关系的稳定性，注重形式逻辑的推演；而刑法则更加注重对行为本质的剖析，强调实质判断的重要性，它不拘于法律关系的表象，而是直接探究行为是否触犯了刑法的底线。

---

〔1〕 周光权：《"刑民交叉"案件的判断逻辑》，载《中国刑事法杂志》2020年第3期。

其次，在犯罪类型的划分中，我们发现侵犯人身权的案件往往民刑界限分明，处理起来相对清晰。然而，在侵犯财产权的案件中，民刑程序的交织却成为一个棘手的问题。为了应对这一挑战，我国刑事诉讼制度巧妙地设计了两种解决方案：一是通过附带民事诉讼的方式，在刑事诉讼中一并解决民事赔偿问题，提高了诉讼效率；二是通过追缴、退赔等手段，优先保障被害人的财产权益，体现了刑事优先的原则。

最后，在探讨被害人权益的保护手段时，我们不得不提及刑法的谦抑性特征。作为法律的最后一道防线，刑法应当在民事、行政等手段无法有效保护法益时才被启用。然而，对刑法的谦抑性我们不能做片面的理解。在罪刑法定原则的指导下，对于那些完全符合犯罪构成要件的行为，我们应当毫不犹豫地依法定罪。特别是在民事侵权与刑事犯罪相互交织的复杂案件中，我们不能因为行为可以通过民事途径进行调整就忽视了其可能具有的刑事违法性。当被害人无法通过民事途径挽回自己的损失时，刑罚应当成为保护其合法权益的有力武器。[1]

（三）民刑交叉案件的审理顺序

当一个行为既构成民事违约或者侵权，又构成刑事犯罪时，即对民刑交叉案件，是应当先启动刑事程序还是民事程序呢？实践中有以下三种做法：

1. 先刑后民

这也是我国司法解释和司法实践中的常用路径。当民事违约侵权的同一事实构成刑事犯罪时，优先进行刑事诉讼，具有以下好处：①有助于保护社会公益。刑事诉讼更侧重于保护社会法益。②有助于查清事实。侦查机关、检察机关借助国家公

---

[1] 周光权：《"刑民交叉"案件的判断逻辑》，载《中国刑事法杂志》2020年第3期。

权的力量，更能发现真相，达到较高的证明标准。③有助于保障犯罪嫌疑人、被告人的人权。因为刑事责任往往意味着生命、自由和财产的剥夺或者限制，而刑事诉讼法被誉为被追诉者的权利"大宪章"，严格遵循刑事程序，有助于被刑事追诉者的权利保障。

鉴于刑事诉讼的重要性和刑事责任的严重性，实践中产生了"刑事附带民事诉讼"，而民事诉讼无力"附带"刑事诉讼的现象。先刑后民的适用应满足责任主体与行为主体一致、同一法律事实和刑事程序不以民事程序为前提三个条件。先刑后民的审理顺序有其合理性，这也是实践中办案人员的惯用思维。

然而，先刑后民顺序的缺点在于：①刑事诉讼体现了公权优先，更注重国家和社会利益的维护，与被害人个体的保护可能会产生冲突；②刑事诉讼从立案、侦查、起诉到一审、二审会经历很长的时间，这会导致民事诉讼的拖延；③刑事缺席审判受到严格的限制，而民事保全、裁判执行有时具有便捷性；④容易造成借助刑事手段干涉民事纠纷；⑤先刑后民的最后结果，往往是以刑代民。

2. 刑民并行

对于不同法律事实引起的民刑交叉案件，相互之间没有先决关系的，应当实行刑民并行。若因不同的法律事实，分别涉及民事诉讼和刑事犯罪，民事和刑事应当分开审理。当然，法院如果发现与民事有牵连，但不属于同一法律事实的犯罪线索应当移交公安等机关，民事诉讼则继续进行。

例1：张某在营业时间到银行存款100万元，银行职员李某出具了假存单。存单到期后，张某到银行取款遭拒，从而案发。张某起诉银行返还存款100万元，银行职员李某因涉嫌贪污或盗窃被追究刑事责任。由于李某出具假存单导致张某存款无法兑现，这两个案件具有牵连性，但是构不成"本案必须以另一案的审理结果为依据，而另一案尚未审结"的情形，张某起诉银行的民事诉讼和李某被追究责任的刑事诉讼应当并行。

例2：徐某是房产经纪公司经理，通过诈骗手段获得二十余套商品房，并将这些商品房出售。由于无法交房，买方提起民事诉讼，要求继续履行合同，追究违约责任，法院判决合同有效、继续履行合同。同时，徐某涉嫌合同诈骗罪被追究刑事责任。在此案中，如果买方是善意第三人，法院判决合同有效是合法的，与徐某涉嫌合同诈骗的刑事案件构不成先决关系，应当刑民并行。

上述两个案例展示了刑民并行审理顺序在司法实践中的具体应用，体现了法律程序独立性与效率性的有机统一。在张某与银行的存款纠纷案中，尽管银行职员李某的刑事行为与民事案件存在牵连，但两案并不构成先决关系，法院依法实行刑民并行，既保障了张某的合法权益，又确保了刑事追诉的高效进行。在徐某合同诈骗案中，法院对买方提起的民事诉讼独立审理，判决合同有效，与徐某的刑事案件并行不悖，这既维护了交易秩序的稳定，又彰显了法律对善意第三人的保护。两案表明，刑民并行审理顺序能够有效避免案件久拖不决，提高司法效率，同时确保民事权利与刑事责任的独立实现，是公正与效率的双重彰显。

例3：2013年12月至2014年6月期间，徐某生以晟元江西分公司名义多次向韦某借款共计约2.7亿元，借条上均加盖公司印章。韦某依约将款项转入徐某生个人账户，徐某生对上述借款承担连带责任。

后来，韦某向江西省高级人民法院起诉，请求晟元公司、晟元江西分公司共同偿还借款本金2.7亿元。

晟元公司于2014年10月9日向金华市公安局报案，称徐某生利用其分公司账号，以晟元江西分公司名义对外借款，构成职务侵占罪，要求追究其刑事责任。

金华市公安局函告江西省高级人民法院，称徐某生涉嫌集资诈骗的犯罪行为与韦某诉晟元公司、晟元江西分公司民间借贷纠纷案件属同一法律事实，要求江西省高级人民法院驳回起诉，将有关材料移送公安机关。江西省高级人民法院认为犯罪行为与合同行为未重合，可以刑民并行，对金华市公安局移送审查的申请未予准许，并作出一审判决。

晟元公司上诉至最高人民法院，最高人民法院认为影响案件走向的基础事实有待刑事案件作出认定，原审事实不清，裁定发回重审。

因徐某生涉嫌刑事犯罪案件未审结，江西省高级人民法院裁定中止审理。后徐某生刑事犯罪案件审结，法院即恢复审理。江西省高级人民法院认定借款合同无效，徐某生返还韦某借款本息，晟元江西分公司承担补充赔偿责任，晟元公司对上述责任承担连带责任。

韦某上诉至最高人民法院，认为合同并非无效，请求依其诉请裁判。晟元公司、晟元江西分公司上诉至最高人民法院，认为一审违反法定程序，请求驳回韦某对晟元公司、晟元江西分公司的诉讼请求。最高人民法院认定原审程序并无不当，驳回晟元公司、晟元江西分公司上诉请求；同时认定借款合同有效，判决晟元公司、晟元江西分公司返还2.7亿元本金及利息。

【裁判要点】

本案的争议焦点之一是一审程序是否违法。江西省高级人民法院一审认为，晟元江西分公司为借款合同当事人，被追究刑事责任的主体是其负责人徐某生，本案的民事借款行为与刑事案件的犯罪行为主体并非完全"同一"，因而，本案继续审理。

同时，徐某生的行为是否构成犯罪影响着韦某与晟元江西分公司之间借款合同的处理，因此，根据2012年修正的《中华人民共和国民事诉讼法》（以下简称《民事诉讼法》）第150条第1款第5项，法院裁定将本案中止审理。在徐某生刑事案件已经二审审结后，影响民事案件处理的因素已经消除，故恢复审理。最高人民法院二审认为，一审程序符合法律规定。

【裁判规则】

刑事案件的犯罪行为主体与民事借款合同主体并非同一，非属"同一事实"，同时涉及民事责任与刑事责任，法院应继续审理民间借贷案件，刑民并行。

民间借贷案件事实以刑事案件审理结果为依据的，法院裁定中止审理；刑事案件影响民事案件处理的因素消除时，恢复审理。

在本案中，徐某生以晟元江西分公司名义借款并涉嫌刑事犯罪，引发了民事借款纠纷与刑事追责的交织。一审法院准确识别刑事案件主体与民事合同主体的非同一性，采取刑民并行策略，既保障了民事诉讼的独立进行，又尊重了刑事程序的独立性。同时，一审法院根据案件事实关联度，适时中止民事诉讼，待刑事案件审结后恢复审理，这一做法充分体现了司法裁量的灵活性与严谨性。最高人民法院二审对一审程序的肯定，进一步强化了刑民并行审理顺序在司法实践中的正当性与必要性。

3. 先民后刑

一些特殊类型的、民事法律关系复杂的案件，先审理民事部分，经民事确权后再审查是否构成犯罪。也就是说，若民事诉讼构成了刑事诉讼的先决程序，就应当先民后刑。先民后刑也反映了民事责任优先于刑事责任，它是对民事赔偿的重视。

例如，知识产权案件的专业性较强，需要先确定权利的归属，才能进行刑事诉讼。同时，民事诉前保全可以先行救济，及时固定证据，一旦民事上及时足量赔偿，双方达成和解，可能就没有必要再启动刑事诉讼。在类似情况下，先民后刑是合适的选择。

再如，姚某涉嫌毁坏林木100亩，而对于这100亩林木的所有权归属，姚某正在进行民事诉讼。这时只有先确定了林木所有权的归属，才能确定盗伐林木罪或者滥伐林木罪的刑事责任，此案应当先民后刑。

对于那些一开始难以区分经济纠纷和刑事犯罪的案件，公安机关不能以先刑后民为由进行管辖，而是应采取先民后刑的程序。

在涉及被害人的犯罪案件中，被害人遭受犯罪行为侵害后，通常怀有两大核心诉求：一是追求正义，渴望对犯罪者进行应有的惩罚；二是寻求赔偿，期望能够弥补因犯罪而遭受的损失。尤其是在财产被侵犯的案件中，被害人往往更加迫切地希望获得民事赔偿，以恢复自身受损的财产状况。

所以，在构建民刑交叉案件的审理机制时，我们应当充分倾听并尊重被害人的声音。诉讼制度的设置应紧密围绕被害人利益最大化的核心原则，确保在处理此类复杂案件时，能够公正、合理地安排审理顺序。这样的制度安排不仅有助于提升司法公正性，更能切实回应被害人的深切期盼，让正义与赔偿并行不悖，共同守护被害人的合法权益。通过赋予被害人更多的选择权，我们能够更加精准地满足其多元化、个性化的需求，从而在司法实践中更好地实现法律效果与社会效果的有机统一。具体而言：

（1）民事受害人与刑事被害人同一的情形。盗窃、抢夺、诈骗、故意毁坏财物、职务侵占、拒不支付劳动报酬等侵犯财产犯罪，对被害人个体财产的侵害超过了对公共利益的破坏。这些案件的被害人若不告发，办案机关很难发现犯罪的发生，刑事诉讼不被启动，也就不存在民刑交叉的审理问题；如果犯罪被发现，这些一般属于公诉案件，民刑交叉的问题凸现。对于民事诉讼已经判定或者可能判定的同一事实，刑法要保持谦抑性，刑事司法机关应慎用"穿透原则"否定其有效性。从更有利于保护被害人的角度出发，应当赋予被害人对于诉讼程序的选择权。

（2）公共利益保障超过被害人保护的情形。集资诈骗、贷款诈骗、非法吸收公众存款、组织领导传销活动、签订履行合同失职被骗、内幕交易等破坏市场经济秩序犯罪，一方面使被害人个人遭受了损失，另一方面对整个市场经济秩序造成了破坏，波及面大、地域广泛、人员众多，具有更大的危害性。这时应当先刑后民、先民后刑还是刑民并行呢？主要得看何种方式更有助于被害人挽回损失。

例如，在集资诈骗、非法吸收公众存款行为中，单一的民事合同往往是有效的，只是综合众多的事实，行为人构成犯罪。这时就不宜因为涉嫌犯罪就认定民事合同无效，和非法集资相关的担保合同、融资合同的效力更应区别对待，不能一律实行刑事优先。如果被害人单独提起民事诉讼，能够实现财产恢复，或者民事案件基本接近尾声，就不宜中止民事诉讼。尽管存在不同被害人的利益平衡，但是只要启动刑事程序，就对相关民事案件全面裁定驳回起诉或者中止审理的做法是过于武断的。这也是民事法官消极不作为，企图规避责任风险的体现。民事诉讼与刑事诉讼的证明标准不同，应当允许二者裁判不一致的情况发生。

（3）行为主体与责任主体不一致的情形。刑法与民法的目的、功能和制度不同，民法为实现对被害人的补偿救济，有时会扩大甚至改变责任主体。在法定或意定的情形下，某些直接行为主体并不承担或者并不单独承担民事责任，而由与之有关的其他民事主体承担或共同承担。此时，刑事诉讼中的被追诉者和民事诉讼中的被告不是同一主体，包括：监护人责任，表见代理中的被代理人和雇佣者的替代责任，劳务派遣方、安全保障义务人、教育机构的补充责任，连带保证、共同侵权中的连带责任。

例如：用人单位的工作人员因执行工作任务造成他人损害的，由用人单位承担侵权责任。这时如果工作人员在执行工作任务时的侵权行为涉嫌犯罪，用人单位也要承担一定的民事责任；尤其在工作人员下落不明或者死亡而无财产的情形下，应当允许被害人单独向用人单位提起民事诉讼。

在上述有多个民事责任主体的情况下，被害人可以选择对不承担刑事责任的、有履行能力的主体提起民事诉讼，而不能以先刑后民原则为由限制其诉权，此时刑民并行、先民后刑皆可，应鼓励引导被害人自由行使民事诉权，实现自身利益的最大化。

四、民刑交叉案件的审理

例4：民刑交叉案件中同一事实的认定

【基本案情】

本诉原告（上诉人）马某诉称，2016年9月6日，马某与安徽某某置业公司、罗某某等签订合作协议，约定：安徽某某置业公司、罗某某等以国有土地作为出资，马某提供资金，共同开发案涉房地产项目。马某根据上述协议向安徽某某置业公司累计投入1066.5万元投资款。2017年11月，案涉房地产项目对外预售，截止到起诉时销售额已达约2亿元，但安徽某某置业公司未按约定分配利润，构成根本违约。马某遂向法院起诉请求：①解除马某与安徽某某置业公司签订的合作开发协议；②安徽某某置业公司、罗某某向马某支付利润暂计4900万元及利息（以鉴定为准）。

反诉原告（上诉人）安徽某某置业公司反诉称，2016年9月6日，安徽某某置业公司、罗某某等人与马某签订合作开发协议，马某仅在合作初期投入747.5万元资金，除此之外没有投入其他任何资金。但马某挪用项目预售资金，导致项目资金链断裂，施工单位停工，工程停滞。经核算，马某仅投入747.5万元资金，占总计需要投入资金的2.7%。因此，即便需要分配利润，马某也仅可按2.7%分配项目利润。安徽某某置业公司向法院反诉请求：①判令马某向安徽某某置业公司等返还挪用的资金2730.5万元及利息；②确认马某按照其实际投入数额享有合作开发项目2.7%的利润分配权。

一审法院经审理查明：2016年9月6日，安徽某某置业公司、罗某某（甲方）与马某（乙方）签订合作开发协议。2017年11月，安徽某某置业公司对外销售案涉房地产开发项目，马某陈述案涉房屋已销售340余套，售房款数额为188 102 296元。因安徽某某置业公司未按合作开发协议的约定分配剩余利润，马某向法院提起本案民事诉讼。

一审法院另查明，案外人王某某就上述合作开发协议所涉房地产开发项目涉嫌刑事犯罪向公安机关报案，2021年7月20日，公安机关对安徽某某置业公司涉嫌伪造、变造金融票证进行立案；2022年3月20日，公安机关对罗某某涉嫌挪用资金进行立案。在本案民事诉讼审理期间，上述案件正在侦查中。

【裁判结果】

一审法院于2022年11月11日作出民事裁定，以本案涉及刑事犯罪为由，裁定驳回马某起诉，驳回安徽某某置业公司反诉。

一审宣判后，各方均提起上诉。二审法院于2023年1月31日作出民事裁定，撤销一审裁定，指令一审法院继续审理本案。

【裁判理由】

二审法院生效裁判认为：本案争议焦点问题是当事人提起的本诉与反诉是否符合法定起诉条件，该争议焦点涉及在民事案件中发现刑事犯罪线索，是采用先刑后民还是刑民并行的规则。本案如采先刑后民，应裁定驳回起诉；如采刑民并行，则应继续审理民事案件。司法解释以是否属于"同一法律事实""同一法律关系"作为"民刑交叉案件"的处理标准，即民、刑属于同一法律事实的，应先刑后民；民、刑分属于不同法律事实的，应刑民并行。本案中，安徽某某置业公司涉嫌伪造、变造金融票证犯罪，罗某某涉嫌挪用资金犯罪，被公安机关立案侦查。本案审查的重点是上述犯罪与本案民事纠纷是否属于同一法律事实。

马某向一审法院提起的本诉所涉基本事实与公安机关正在侦查的经济犯罪不属于同一法律事实，本案应继续审理。同一法律事实系指民事案件与刑事案件主体相同且民事案件的基本事实与刑事案件的基本事实存在竞合或基本竞合的情况。亦即，判断民刑交叉案件是否属于同一法律事实，需要对构成民事事实和犯罪事实的要素进行解构，只有行为主体、行为客体或对象以及行为表现均相同，才可认定属于同一法律事实。本案中，公安机关正在侦查的经济犯罪需要查明的基本事实是安徽某某置业公司有无伪造、变造金融票证，罗某某是否挪用了案涉资金，上述刑事案件定罪量刑的基本事实与马某认为安徽某某置业公司、罗某某违约，要求其承担民事责任所需要查明的基本事实，两者不存在竞合或基本竞合。故，马某向一审法院起诉请求解除案涉合同并要求相对方承担违约责任、分配利润等与公安机关正在侦查的经济犯罪不属于同一法律事实，不符合先刑后民处理规则，一审法院裁定驳回起诉，适用法律不当，二审法院予以纠正。

安徽某某置业公司、罗某某向一审法院提起的反诉所涉基本事实与公安机关正在侦查的经济犯罪也不属于同一法律事实。如前所述，同一事实的首要条件是民事案件与刑事案件主体相同。本案中，安徽某某置业公司、罗某某第一项反诉请求认为马某从安徽某某公司挪用资金2730.5万元，要求马某予以返还，与公安机关侦查的安徽某某置业公司涉嫌伪造、变造金融票证罪，罗某某涉嫌挪用资金罪主体完全不同，不符合同一法律事实认定规则。安徽某某置业公司、罗某某第二项反诉请求是确认马某按照其实际投入数额对案涉项目享有2.7%的利润分配权，与公安机关正在侦查的刑事案件定罪量刑的基本事实也不存在竞合。故，安徽某某置业公司、罗某某向一审法院提出的反诉请求所涉基本事实与公安机关正在侦查的经济犯罪亦不属于同一法律事实，亦不符合先刑后民处理规则，一审法院裁定予以驳回，适用法律不当，二审法院依法予以纠正。综上，本案本诉、反诉与公安机关正在侦查的犯罪不属于同一法律事实，应采刑民并行规则，本案应继续审理。

【裁判规则】

人民法院正在审理的民事案件涉及刑事犯罪线索的，应以民、刑案件是否属于同一法律事实作为区分标准，即民、刑分属不同事实的，刑民并行；民、刑属于同一法律事实的，先刑后民。

同一法律事实的认定应当同时符合以下条件：民事案件与刑事案件行为主体相同，民、刑案件存在不同的责任主体时，不应认定为同一法律事实。民事案件与刑事案件基本事实竞合或基本竞合，刑事案件中影响犯罪嫌疑人定罪量刑的事实与民事案件中关系到当事人基本的权利义务、民事责任大小有无的事实基本竞合的，属于同一法律事实。如果刑事案件中据以定罪量刑的事实与民事案件中据以认定违约责任的事实不存在基本竞合，则不应认定为同一法律事实。

在本案中，法院通过细致剖析民事纠纷与刑事案件之间的内在联系，准确界定了同一法律事实的认定标准，为民刑交叉案件提供了宝贵的裁判思路。法院首先明确，民刑交叉案件的处理应依据是否属于同一法律事实或同一法律关系来判断是采用先刑后民还是刑民并行。这一判断标准既体现了法律逻辑的严谨性，又兼顾了司法实践的灵活性。随后，法院通过对本案民事纠纷与刑事案件的具体事实进行解构与对比，发现两者在行为主体、行为客体及行为表现上均不存在竞合或基本竞合，因此认定本案民事纠纷与刑事案件不属于同一法律事实。基于这一认定，法院选择了刑民并行的审理顺序，既保障了民事纠纷的独立解决，又尊重了刑事程序的独立性。这不仅体现了法院对当事人合法权益的充分保护，也彰显了司法机关在处理复杂案件时的智慧。此外，法院在裁判理由中还详细阐述了同一法律事实的认定要素，为类似案件的审理提供了明确的指引。这一做法不仅有助于统一裁判标准，提高司法公信力，还能有效避免因审理顺序不当而导致的司法资源浪费和当事人讼累。

总之，在被害人权利受到侵害时，法律的根本目的是保护被害人的合法权益。在民法、刑法和诉讼法上，最大限度保护被害人利益应当是处理民刑交叉案件的基本原则，脱离权利保障的制度和程序设置可能造成本末倒置。

附：

1.《最高人民法院关于审理民间借贷案件适用法律若干问题的规定》

第五条（刑事优先） 人民法院立案后，发现民间借贷行为本身涉嫌非法集资等犯罪的，应当裁定驳回起诉，并将涉嫌非法集资等犯罪的线索、材料移送公安或者检察机关。

公安或者检察机关不予立案，或者立案侦查后撤销案件，或者检察机关作出不起诉决定，或者经人民法院生效判决认定不构成非法集资等犯罪，当事人又以同一事实向人民法院提起诉讼的，人民法院应予受理。

第六条（民刑并行） 人民法院立案后，发现与民间借贷纠纷案件虽有关联但不是同一事实的涉嫌非法集资等犯罪的线索、材料的，人民法院应当继续审理民间借贷纠纷案件，并将涉嫌非法集资等犯罪的线索、材料移送公安或者检察机关。

第七条（民事中止） 民间借贷纠纷的基本案件事实必须以刑事案件的审理结果为依据，而该刑事案件尚未审结的，人民法院应当裁定中止诉讼。

2.《最高人民法院关于在审理经济纠纷案件中涉及经济犯罪

嫌疑若干问题的规定》

第一条（刑民并行）　同一自然人、法人或非法人组织因不同的法律事实，分别涉及经济纠纷和经济犯罪嫌疑的，经济纠纷案件和经济犯罪嫌疑案件应当分开审理。

第十条（刑事移送）　人民法院在审理经济纠纷案件中，发现与本案有牵连，但与本案不是同一法律关系的经济犯罪嫌疑线索、材料，应将犯罪嫌疑线索、材料移送有关公安机关或检察机关查处，经济纠纷案件继续审理。

第十一条（刑事优先）　人民法院作为经济纠纷受理的案件，经审理认为不属经济纠纷案件而有经济犯罪嫌疑的，应当裁定驳回起诉，将有关材料移送公安机关或检察机关。

第十二条（刑事移送或民事继续）　人民法院已立案审理的经济纠纷案件，公安机关或检察机关认为有经济犯罪嫌疑，并说明理由附有关材料函告受理该案的人民法院的，有关人民法院应当认真审查。经过审查，认为确有经济犯罪嫌疑的，应当将案件移送公安机关或检察机关，并书面通知当事人，退还案件受理费；如认为确属经济纠纷案件的，应当依法继续审理，并将结果函告有关公安机关或检察机关。

（四）民刑证据的互认

民刑交叉案件中，诉讼证据交互使用，应当区别不同情况，适当确定其证明效力；民事诉讼使用刑事诉讼中形成的人证，应当遵循民事诉讼规律。

1. 先刑后民模式下的证据互认

在先刑后民的审理模式下，证据的互认也是一个重要问题。刑事案件的证据收集、审查和认定过程较为严格，其证明标准也较高，因此民事案件在审理过程中往往会采纳刑事案件认定的事实和证据。这在一定程度上减轻了民事案件当事人的举证责任，使得他们只需就其诉求提供相应的证据即可。例如，在道路交通事故案件中，当事人只需提供医疗费、丧葬费等方面支出的发票等直接证据，而无需过多地关注事故发生的具体经过等其他证据。

2. 确保证据"三性"

民刑交叉案件证据互认的基础主要建立在证据的"三性"之上，即证据的客观性、关联性和合法性。在确保证据具有客观性、关联性和合法性的基础上，民事案件和刑事案件中的证据就可以实现互认。这是因为，无论是民事案件还是刑事案件，证据的作用都是证明案件事实，为判决提供依据。只要证据符合"三性"要求，无论在哪个诉讼程序中，一般都可以作为认定事实的依据。这种互认不仅提高了诉讼效率，也确保了司法裁判的一致性和公正性。[1]

3. 自认的范围受到限制

在单独的民事案件中，自认作为一种重要的证据规则，允许一方当事人对另一方当事人主张的事实予以承认，从而免除对方当事人的举证责任。然而，在民刑交叉案件中，由于刑事案件涉及罪与非罪、刑罚轻重等关键问题，自认的范围和效力受到严格限制。特别是在被告人可能基于包庇他人、逃避法律制裁等不正当目的而作出自认的情况下，法院不能简单地依据被告人的自认来认定事实。即使被告人自认了某种行为，如果该自认与案件的其他证据相矛盾，或者存在其他合理的怀疑，法院仍然需要依据证据规则进行严格的审查和判断。

（五）民刑裁判事实认定的相互效力

2020年5月1日生效的《民事诉讼证据规定》第10条第1

---

[1] 张超：《刑事与民事证据互认规则——以刑民交叉案件为视角》，载《人民司法（应用）》2018年第10期。

款第 6 项规定，已为人民法院发生法律效力的裁判所确认的基本事实，当事人无须举证证明。也就是说，法院的生效裁判具有既判力，其确认的基本事实可以直接作为定案依据。然而，由于证明标准的差异，应区分刑事裁判和民事裁判，对二者之间的关系进行具体分析。

1. 民事与刑事诉讼证明标准的差异

（1）民事诉讼证明标准：通常要求达到高度盖然性或优势证据的标准，即所提供的证据能够使法院相信某一事实的存在具有高度可能性。

（2）刑事诉讼证明标准：要求达到排除合理怀疑的程度，即法院必须确信被告人有罪，且这种确信是排除了所有合理怀疑的。

2. 民事裁判事实认定对刑事裁判的效力

司法实践中存在大量将刑事案件先期按照民事纠纷进行审理裁判的情况，比如将刑事犯罪先期按照民事纠纷进行解决，对借贷行为按照民事违约纠纷处理后又以诈骗罪展开刑事追诉，又或者各地法院对同样以股权转让的形式转让土地使用权的事实认定不同，进而导致民、刑裁判冲突等问题。民事案件审结后又发现该行为涉嫌犯罪的，后续刑事案件程序上如何进行处置，民事裁判与刑事裁判的内容存在冲突又该如何处理，立法和司法解释都没有作出相应的规定，导致司法实践操作不一。针对此类案件及其相关问题，实务做法大多选择在程序、运行等方面寻求解决办法，而鲜有人从裁判的效力层面探讨民事诉讼与刑事诉讼在运行过程中发生交叉或冲突的处理方法。[1]

---

[1] 刘姝姗：《论民事裁判对刑事诉讼的效力》，西南财经大学 2020 年硕士学位论文。

例5. 徐甲向某区公安分局控告，要求对其女徐乙以职务侵占罪立案侦查，后公安机关以没有犯罪事实为由不予立案。徐甲遂向检察院控告，要求监督公安机关立案。

经查，徐甲与徐乙系父女关系，二人和林某（徐乙丈夫）作为股东共同成立A公司，工商材料显示徐甲出资20万元，持有公司40%股权，为公司法定代表人，后徐甲因年迈体弱授权徐乙管理公司。

数年后，徐乙以徐甲的名义与自己的儿女分别签订股权转让协议，将徐甲持有的公司40%股权分别转让给徐乙子女二人。同日，A公司作出关于同意转让股权的决定和同意修改公司章程的股东会决议（上述文件均有"徐甲"的签名，经鉴定，上述三份文件均为女婿林某所签署，公司成立章程也是林某签署的，徐甲表示仅追认公司章程上签字的效力，否认股权变动的签名系经过自己授意或默许代签）。后公司申请了法人和股东的工商变更登记，变更后股东由徐乙、林某、徐乙子女组成，徐乙成为法定代表人。

徐甲知晓其股权被转让后，提起了民事诉讼。诉讼答辩中，徐乙称父亲出资20万元系借款，该借款早已归还，父亲为挂名法定代表人，实质上"和公司没关系"，这一说法得到家族亲戚、部分员工证言的证实。后法院作出民事判决，认定上述两份股权转让协议及关于同意转让股权的决定无效，徐乙提供的证据不足以证实徐甲系挂名股东或代持股权。

本案民事判决书中提到，徐乙称20万元是借款，已归还父亲徐甲，公司章程之外的三份文件也是徐甲同意签字，但没有提供充分证据，故法院不予采信。就民事判决来说，只要没有足够的证据（特别是符合相应外观要件的证据，如要式合同等）对抗徐甲系公司股东的权利外观，就不足以推翻这种秩序。本案民事判决实际上是在财产权利关系难以理清时，根据举证责任分配原理，将不利后果归结于徐乙而已。

但是，徐乙提供的依据已足够形成对徐甲系名义股东的合理怀疑，只要这种怀疑无法排除，该疑点利益即应当归属于被控告人。民事判决是除非有足够的证据证明控告人系挂名，否则不足以推翻既存的法律秩序，而刑事判决是除非有足够的证据排除控告人系挂名，否则不足以排除合理怀疑，将被控告人的行为定性为犯罪。展言之，民事案件可以在客观事实真伪不明的前提下，依靠优势证据作出民事判决，而刑事案件不能在客观事实尚未查清的情况下，贸然作出有罪处置。

在本案中，民事领域基于举证责任分配原理，法院可依据优势证据作出判决，即便客观事实真伪不明，亦能维护现有法律秩序之稳定。然而，刑事裁判需遵循更为严格的证明标准，即排除合理怀疑，确保事实清晰无误。故此，民事裁判所认定之事实，在刑事领域仅可作为参考，而非决定性证据。本案民事判决虽认定股权转让协议无效，徐甲非挂名股东，但该结论不能直接作为刑事裁判之依据。刑事司法机关仍需独立审查证据，排除一切合理怀疑，方能对徐乙之行为作出准确定性。

例6. 2009年12月，内蒙古自治区鄂尔多斯市鄂托克旗人民法院一审以职务侵占罪判处被告人郝某某有期徒刑7年。判决认定，郝某某侵害了王某某等人出资928万元收购的股权。在此前，郝某某已就涉案公司股权问题与王某某等人进行了3年多的民事诉讼。2007年6月、2009年6月，内蒙古自治区鄂尔多斯市中级人民法院和内蒙古自治区高级人民法院均判决确认此股权归郝某某所有。该案的民事、刑事判决显然是矛盾的。民事生效裁判确认郝某某合法拥有该宗股权，之后的刑事裁判却对同一行为作出截然不同的事实认定与法律评价，认定郝某某利用购股代理人身份，故意隐瞒出资真相，擅自到工商部门变更登记，将股权登记于个人名下，从而否定其股权持有的合法性，判决其构成职务侵占罪。

根据媒体所作的案情介绍，民事裁判以书证为据，法院因起诉主张股权的王某某等人不能提供盖然性优势书证而判决其败诉。刑事裁判则主要通过刑事侦查所获取的人证，证明王某某等人出资928万元收购股权，而郝某某仅为内部代理人；在完成收购后，郝某某利用王某某等人系股权买受人的证据不足，而将股权转到本人名下，同时称与王某某等人存在借款关系。民事裁判虽然因原告证据不足而判被告胜诉，即承认郝某某持股合法有效，但刑事裁判因新发现的证据而认定其构成职务侵占，就出现对同一事实的两种认定与评价，彼此相互矛盾。

对同一行为的两种事实认定以及相互冲突的合法性判断不能并存，因此，对此类案件应当推行矛盾裁判的协调程序：或者在刑事裁判之前，向民事法庭提供新的证据，启动再审；或者在刑事裁判之后，由民事法庭对原案进行再审。

本案揭示了民事裁判与刑事裁判在事实认定及法律效力上的潜在冲突与协调需求。民事裁判基于当事人提供的证据，遵循优势证据规则，对股权归属作出了合法有效的认定。然而，刑事裁判通过刑事侦查获取的新证据，对同一行为作出了截然不同的事实认定与法律评价，导致两者出现矛盾。这凸显了民刑交叉案件中，不同诉讼程序下证据规则与证明标准的差异。为确保司法裁判的统一性与权威性，亟需建立有效的矛盾裁判协调机制。无论是刑事裁判前的民事再审，还是刑事裁判后的民事再审，都应旨在消除事实认定上的冲突，确保法律评价的一致性，从而维护司法公正与公信力。

尽管民事裁判事实认定对刑事诉讼没有预决的效力，但是民事裁判的事实认定具有证据作用，民事生效裁判可以作为刑事案件书证被纳入证据体系。刑事法庭就民事诉讼已判定或可能判定的同一事实，应慎用"穿透原则"；为维护司法统一性和权威性，刑事裁判否定民事裁判应采用适当形式。[1]

在民事诉讼中，还可能需要对刑事诉讼中的基础事实进行更为详尽的补充与延展。刑事诉讼对证据的全面性和精确性有极高的要求，某些证据即便被搜集，也可能因为其与犯罪构成要件关联不大，或者因为缺乏足够的旁证支持，而最终未被法庭所采纳。然而，在民事诉讼中，个人的权益得到了更为充分的尊重，证据的认定标准也相应地更为宽松。例如，在民事诉讼中，如果一方当事人对某一事实予以自认，那么对方当事人就无需再提供任何额外的证据来支持其主张，这种情况在刑事诉讼中几乎是难以想象的。

民事裁判对刑事基础事实的补充和扩展，不仅有助于更全面地揭示案件的真实情况，也能够更好地保护当事人的合法权益。以危险驾驶罪为例：在刑事诉讼中，醉酒驾驶无疑是构成该罪的关键要素，必须得到确凿无疑的证明。但是，在交通肇事罪或者过失致人死亡罪案件中，醉酒驾驶这一情节可能仅仅作为量刑时的一个考虑因素。更为特殊的是，在妨害公务罪（比如驾车冲撞正在执行公务的警察）案件中，醉酒驾驶的事实甚至可能与定罪和量刑没有直接的关系。然而，在民事诉讼的层面上，醉酒驾驶的事实却可能具有截然不同的重要性，比如，它可能直接关系到保险公司是否需要承担赔偿责任，进而成为案件审理中的核心争议点。在实际操作中，刑事案件可能会因

---

[1] 龙宗智：《刑民交叉案件中的事实认定与证据使用》，载《法学研究》2018年第6期。

为证据不足而无法确切地证明被告人是否存在醉酒驾驶的行为。在民事诉讼中，我们却可以根据现有的证据，对饮酒的事实进行认定，并据此作出相应的裁决。[1]

3. 刑事裁判事实认定对民事裁判的效力

（1）刑事有罪裁判对民事裁判的效力。现代各国家和地区证据制度和民事诉讼制度，虽然普遍承认定罪判决事实认定在民事诉讼中的证明效力，但其证明强度、适用条件、范围以及作用机制存在明显区别。[2]面对生效刑事有罪裁判，由于证明标准的差异，法院在审理民事案件时需要进行更为谨慎的审查。如果生效刑事有罪裁判所确认的事实与民事诉讼待证事实高度相关，且该事实在刑事诉讼中已达到了"排除合理怀疑"的证明标准，那么民事法庭在审查无误后，可以将其作为定案的依据。

龙宗智教授认为，刑事有罪裁判在事实认定上具有特殊效力，主要体现在以下两大核心方面：首先，刑事裁判的事实认定具有跨主体效力。这意味着，尽管刑事裁判是针对特定被告人作出的，但其认定的事实可作为后续诉讼的依据，甚至对抗未直接参与刑事诉讼的第三方。例如，若张三与李四共谋盗窃，且此事实已被生效的刑事裁判确认，即便李四作为从犯未被追诉，而仅以证人身份出庭，该裁判确认的共同盗窃事实在后续针对李四的民事诉讼中仍具有证明力。但此效力也可能引发公正性问题，即案外第三人可能因未参与刑事诉讼而缺乏充分的抗辩机会。故在适用时，应充分考量第三人的权益保护。其次，

---

[1] 张超：《刑事与民事证据互认规则——以刑民交叉案件为视角》，载《人民司法（应用）》2018年第10期。

[2] 龙宗智：《刑民交叉案件中的事实认定与证据使用》，载《法学研究》2018年第6期。

推翻刑事裁判的事实认定应满足更高的标准，这源于刑事裁判的权威性和稳定性。但这并不意味着刑事裁判的所有事实认定均具有无条件的证明效力。

当然，我们亦需合理界定刑事有罪裁判事实认定的证明效力范围，此时应遵循以下两项原则：一是必要事实原则。并非刑事裁判中的所有事实均具证明效力，仅那些对定罪量刑至关重要、构成刑事裁判基础的主要事实，即"必要事实"，才应被赋予预决证明效力。这些事实包括犯罪构成要件事实和量刑事实，其对刑事责任的确定和刑罚的裁量具有决定性意义。二是确定事实原则。在后续民事诉讼中，仅那些被刑事裁判"明确确认"的事实才具免证效力。这要求裁判事实必须清晰、明确，且其认定应达到"事实清楚"的标准。这既包括裁判所确认的犯罪及有责事实（积极事实），也包括裁判明确否定的事实（消极事实）。未经确认或存在争议的事实，则不应直接作为后续诉讼的依据。[1]

有时，刑事有罪裁判认定的事实清楚、证据充分，在民事诉讼中也得到了认可，但是对其行为的效力，民事法官和刑事法官的观点不一致。

例7：2003年12月，中国农业银行重庆渝中支行（以下简称"渝中支行"）作为债权人与重庆谊德公司签订借款合同，约定重庆谊德公司向渝中支行申请贷款，由该公司以其名下房产为该笔贷款担保，并且双方到相关部门办理了抵押登记。借款合同到期后，借款人并未按照约定归还该笔借款及利息，后来渝中支行将上述借款与抵押担保一同转给了解放碑支行，并

---

[1] 龙宗智：《刑民交叉案件中的事实认定与证据使用》，载《法学研究》2018年第6期。

按时通知了借款人。债权转移后，解放碑支行便将借款人起诉至重庆市高级人民法院，请求判令借款人归还借款本金及利息。

随后，借款人被重庆市人民检察院第五分院以合同诈骗罪起诉至重庆市第五中级人民法院。根据法律相关规定，民事案件不管到哪一阶段，都需要中止。重庆市第五中级人民法院以重庆谊德公司具有非法占有目的，侵犯了债权人的合法权益为由，判决其构成合同诈骗罪。

刑事诉讼案件结案后，重庆市高级人民法院遂根据该刑事判决所确认犯罪事实做出民事判决，以该案借款人的借款行为已经被刑事终审判决认定构成合同诈骗罪为由，根据《中华人民共和国合同法》（以下简称《合同法》）第52条认定该案的借款合同和抵押担保合同均无效。后解放碑支行对一审民事判决提起上诉，最高人民法院于2012年10月做出完全不同于刑事终审判决的认定，即合同一方当事人的违法犯罪行为并不必然导致民事合同的无效，于是撤销了重庆市高级人民法院的民事判决。

本案展现了刑事裁判与民事裁判在事实认定与法律适用上的潜在冲突，特别是当涉及合同效力判断时，刑事裁判侧重于打击犯罪，保护社会秩序，而民事裁判则更注重维护交易安全与市场秩序。本案中，刑事判决认定借款人构成合同诈骗罪，而民事判决则在考量合同效力时面临困境。最高人民法院的最终裁决体现了民事裁判的独立性与审慎性，即刑事判决所确认的犯罪事实并不必然导致民事合同无效。这一判断既尊重了刑事判决的权威性，又维护了民事法律关系的稳定性与可预测性，对于处理民刑交叉案件具有指导意义。它提醒我们，在民刑交叉的复杂情境中，应谨慎平衡刑事追诉与民事权益保护之间的关系。

（2）刑事无罪裁判对民事裁判的效力。刑事判决的无罪认定并不必然代表民事上的无责，二者之间并不具有必然性联系，因为：①刑法的谦抑性。刑法作为最严厉的法律手段，其适用具有严格的限制。有些行为虽然侵犯了他人或社会、国家的权益，但尚未达到应受刑罚惩治的程度，这时在刑事上可能判定无罪，但在民事上仍可能构成侵权，需要承担民事责任。②证明标准的差异。刑事诉讼与民事诉讼在证明标准上存在显著差异，刑事诉讼要求达到排除合理怀疑的高度证明标准，而民事诉讼则一般要求达到优势证据或高度盖然性标准。因此，即使刑事判决因证据不足而认定被告人无罪，在民事诉讼中，如果能够达到较低的证明标准，仍可能判定被告承担民事责任。

在刑事判决确定被告人无罪的情况下，需要区分无罪的原因，以判断被告在民事上是否应承担责任：[1]①未实施犯罪行为。如果被告确实未实施犯罪行为，那么其在民事上自然也无责。②证据不足。在刑事判决中，如果因证据不足而认定无罪，那么在民事诉讼中，法院将依据民事诉讼的证明标准重新审查证据。如果能够达到民事证明标准，仍可能判定被告承担民事责任。③行为的社会危害性显著轻微，不认为是犯罪。在这种情况下，虽然当事人的行为在刑事上不被认定为犯罪，但其在民事上可能仍构成侵权。因为民事侵权的认定标准相对宽松，只要行为侵犯了他人的合法权益，且存在因果关系和过错，就可能构成侵权。

针对部分民刑交叉案件，先民后刑的审理模式可能有助于加强对被害人的保护。在这种模式下，民事案件的审理结果可能作为刑事案件审理的参考或依据。如果民事案件已经认定被

---

〔1〕 张超：《刑事与民事证据互认规则——以刑民交叉案件为视角》，载《人民司法（应用）》2018年第10期。

告存在侵权行为并需要承担民事责任,那么在刑事案件中,法院可能会更加关注被告人的行为是否构成犯罪,以及应如何量刑。这种审理模式有助于确保被害人的合法权益得到充分保护,同时也有助于实现刑事与民事裁判结果的一致和协调。

(六) 从民刑交叉到民刑协同

《民法典》的颁布与实施,特别是其内含的私法自治、契约自由、权利保障及平等保护等核心理念,对司法实践中民刑交叉案件的处理具有深远影响。当前,有学者倡导从民刑交叉向民刑协同转变,这被视为民、刑关系发展的新趋势。[1]

首先,在治理方向上,需纠正先刑后民的传统做法,避免过度依赖刑法进行社会治理。刑法应保持其谦抑性,谨慎介入民事法律关系,让民法在调整社会关系上发挥更大作用。然而,在民法难以有效规制的领域,刑法应及时补位,如"套路贷"等复杂案件,司法机关需深入剖析法律关系,揭示犯罪本质,并依法严厉打击。

其次,在违法评价上,应确保民事(行政)不法评价与刑事违法评价的协同性,前者应成为后者的基础。张明楷教授指出:"民商法上完全合法的行为,不可能构成刑法上的犯罪;换言之,在民商法上完全合法的行为,阻却犯罪的成立。"[2]

同时,裁判思路和救济手段也需协同,以确保案件处理的公正与合理。《民法典》第187条规定:"民事主体因同一行为应当承担民事责任、行政责任和刑事责任的,承担行政责任或者刑事责任不影响承担民事责任;民事主体的财产不足以支付的,优先用于承担民事责任。"

---

[1] 杨志国:《民法典时代:从"民刑交叉"到"民刑协同"》,载《检察日报》2020年12月3日,第3版。

[2] 张明楷:《实体上的刑民关系》,载《人民法院报》2006年5月17日。

总之，司法机关在处理民刑交叉案件时，应充分贯彻《民法典》的精神，秉持民刑协同理念，综合运用民事与刑事法律，推动案件依法妥善解决，从而维护法律体系的统一性和权威性。

正所谓：
一房两卖起纷争，民刑交错复杂情。
法秩统一为基石，权利归属需分明。
法益保护重损失，无损无罪理自清。
程序正义不可忽，维权难易需权衡。
先刑后民非绝对，刑民并行亦可行。
证据互认有原则，证明效力需审定。
裁判事实互效力，差异分析要精通。
民刑协同新趋势，核心理念共融情。

五、自认事实：无需多言的"确凿"

"荒唐的自认不具有任何拘束力，例如违反普遍承认的经验法则或违反明显的事实。"[1]

民事诉讼中的自认，指的是当事人对不利于自己事实的承认。自认对于简化诉讼程序、提高诉讼效率以及促进当事人之间的诚信合作具有重要意义。

（一）自认的条件

自认的事实包含两种主要情形：①当事人自述的不利事实，即当事人主动陈述对自己不利的事实。这体现了当事人在诉讼过程中的自我承认，无需对方提出主张或证据。②对对方陈述的不利事实明确表示承认，即在对方当事人提出对自己不利的事实后，该方当事人明确表示承认该事实的真实性。这种承认可以是口头的，也可以是书面的，是当事人在面对对方指控时的一种积极回应。

《民事诉讼证据规定》第3条规定："在诉讼过程中，一方当事人陈述的于己不利的事实，或者对于己不利的事实明确表示承认的，另一方当事人无需举证证明。在证据交换、询问、调查过程中，或者在起诉状、答辩状、代理词等书面材料中，

---

[1] [德]奥特马·尧厄尼希：《民事诉讼法》（第27版），周翠译，法律出版社2003年版，第237页。

当事人明确承认于己不利的事实的，适用前款规定。"该条规定了自认的两种情形、自认的条件和形式。

有效的自认，需满足以下要件：

1. 自认是当事人对案件事实作出的于己不利的陈述，或是一方当事人对另一方当事人所述案件不利事实的明确认可

自认的首先是事实，同时是对自己不利的事实。民事诉讼的核心特征在于当事人双方的主张和利益存在对立性。因此，自认包括当事人主动陈述对自己不利的事实，以及一方当事人对另一方所主张的不利事实的明确承认。自认的范围广泛，既可以是对任何对自己不利的事实的承认，也可以是对证人证言、鉴定意见等的认可。

例1：铭丽实业有限公司与深圳华侨服务中心承包合同纠纷案［最高人民法院（2013）民抗字第58号］

【案情】最高人民检察院抗诉认为，原审判决认定铭丽实业有限公司尚欠承包金22 552 366.61元的基本事实缺乏证据证明。深圳华侨服务中心主张承包金为各股东实际收到的股利，与董事会决议内容不符。承包金包括但不限于股东实际获得的股利。可分配利润是扣减所得税、三项基金、归还江某生垫支工程款后形成的。在审计报告未就深圳华侨服务中心账面利润是否真实、铭丽实业有限公司是否有挪用利润的行为进行全面审计的情况下，深圳华侨服务中心认可铭丽实业有限公司已交纳1100余万元承包金，并非对不利事实的自认，不适用自认规则。

【裁判规则】当事人并非对不利事实的承认，不构成自认。

本案中，自认规则的关键在于当事人是否对不利事实作出

承认。深圳华侨服务中心认可铭丽实业有限公司已交纳部分承包金，但此认可并非对不利事实的承认，而是基于审计报告未全面审计的实际情况。裁判规则明确指出，此情形不构成自认，强调了自认必须是对不利事实的明确承认，体现了法律对当事人权益的严格保护。

例2：盛某某与武威天盛农业科技发展有限公司等案外人执行异议之诉案［最高人民法院（2019）最高法民申2102号］

【案情】最高人民法院认为，根据2001年《民事诉讼证据规定》第8条第1款，诉讼过程中，一方当事人对另一方当事人陈述的案件事实明确表示承认的，另一方当事人无须举证。由于诉讼中双方当事人的对抗地位，当事人自认的事实是对自己不利的事实。正是基于此后果，法院在当事人自认时免除对方当事人的举证责任。但盛某某主张的赵甲的自认，系赵甲主张自己享有600万元债权，并非对于己不利的案件事实的承认。因此，赵甲的行为并不属于法律意义上的自认，且赵甲对自己为债权人的主张不能成为否认天盛公司为实际债权人的依据。

【裁判规则】当事人自认享有债权，并非对于己不利的案件事实的承认，不属于法律意义上的自认。

最高人民法院在审理中明确指出，自认是指当事人对另一方陈述的对自己不利的案件事实明确表示承认，从而免除对方的举证责任。赵甲的行为实际上是在主张自己享有债权，并非对于己不利的案件事实的承认，因此并不构成法律意义上的自认。这一判决不仅澄清了自认的法律定义，也强调了自认必须是对于己不利的事实的承认，而不能是对自己有利的主张。

2. 自认必须发生在诉讼程序之中

唯有当事人在诉讼过程中所作的自认，才能产生相应的法律效力。对于诉讼之外的自认，即当事人在本案诉讼程序之外所作的对于己不利的事实的承认，包括在其他案件中的不利承认，均应按照普通证据规则进行举证和质证。诉讼外自认不能作为免除当事人举证责任的法定依据，它与证明责任无关，不能独立地在诉讼中发挥作用。诉讼外自认通常以法定的证据形式出现于诉讼过程中，如书证、视听资料、证人证言等。诉讼外自认事实能否确认，取决于法官心证结果。

例3：再审申请人唐某平与被申请人南京星际园温泉休闲有限责任公司及一审被告、二审被上诉人宁某平民间借贷纠纷案[最高人民法院（2016）最高法民申100号]

【案情】最高人民法院认为，2009年11月至2010年1月19日，恒鹏公司以及宁某平亲友宁某等共向东亚公司支付1650万元。关于付款的用途，唐某平在公安机关的报案陈述虽然不构成自认，但不能否定该陈述作为书证所具备的证明力，而唐某平在报案陈述中说明其安排东亚公司财务总监杜某通过银行本票向恒鹏公司打出2000万元及另一笔200万元，后来恒鹏公司等陆续还了1650万元，还欠500余万元。唐某平的报案陈述与双方款项往来凭证以及杜某在公安机关的陈述能相互印证，亦与证人宁某在公安机关的陈述相吻合，因此本案并不存在涉案借款、还款与其他资金往来相混淆的情形。

【裁判规则】当事人在公安机关的报案陈述，不构成自认。

本案中，唐某平在公安机关的报案陈述虽不构成自认，但作为书证仍具证明力。其陈述与款项往来凭证、杜某及宁某的陈述相互印证，证明了借款、还款情况，未与其他资金往来混淆。裁判规则明确，当事人在公安机关的报案陈述不属于自认范畴，但可作为证据使用，结合其他证据综合判断案件事实。

例4：申诉人中铁十七局集团有限公司与被申诉人冷某华、湖南省建筑工程集团总公司建设工程施工合同纠纷案［最高人民法院（2016）最高法民再284号］

【案情】最高人民法院认为，作为中铁十七局集团有限公司申诉理由的关于工程结算书和工程量计算汇总表的陈述，系湖南省建筑工程集团总公司在"另案诉讼"庭审笔录中的陈述。基于另案诉讼已经撤诉，该庭审笔录不构成自认，该案最终亦未形成有法律拘束力的裁判，不应当对本案诉讼产生法律影响。在本案诉讼中，湖南省建筑工程集团总公司明确表示对上述工程结算书和工程量计算汇总表不予认可。故原审未采信上述事实，适用法律并无不当。

【裁判规则】当事人在另案庭审笔录中的陈述，不构成自认。

本案中，自认规则的关键在于庭审笔录的效力。湖南省建筑工程集团总公司在另案庭审笔录中的陈述，因另案撤诉，未形成法律拘束力，不构成自认。并且，该公司在本案诉讼中明确表示对相关文件不予认可，原审未采信该陈述，适用法律正确。自认需基于有效诉讼程序中的明确承认，撤诉后的庭审笔录不能作为自认依据。

例5：江苏海洋航务打捞有限公司与永安财产保险股份有限公司镇江中心支公司港口作业合同纠纷案［最高人民法院（2014）民申字第947号］

【案情】最高人民法院认为，事故发生后，江苏海洋航务打捞有限公司出具情况说明,确认吊装过程中齿轮箱与联接轴发生碰撞,该份证据属于诉讼外的当事人自认。虽然其效力不能等同于《民事诉讼证据规定》第8条规定的诉讼中自认,不可免除对方当事人的举证责任,但是作为当事人一方所作不利于自己的事实陈述,其依然具有相当证明效力。一审法院在对该证据质证、认证后,综合公估报告、证人证言等其他证据认定齿轮箱吊装过程中碰撞事故及损失的发生并无不当。

【裁判规则】诉讼外的当事人自认,如果有证据证实,依然具有相应的证明效力。

本案中,江苏海洋航务打捞有限公司的情况说明被认定为诉讼外自认,虽不具有诉讼中自认的免证效力,但仍具有证明效力。法院结合其他证据综合认定案件事实,体现了自认规则在诉讼外的灵活运用。自认不仅限于诉讼中,诉讼外的自认也能作为证据,但需有其他证据佐证,以确保事实认定的准确性。

3. 自认必须是以明确的方式表示出来的

自认会导致当事人举证责任的免除以及对法院法定程序的调整,因此法律对其成立设定了较为严格的条件。自认必须是通过明确的语言或行为来表示承认,如果当事人仅保持沉默,既未承认也未否认对方的陈述,那么只有在法官履行了法定的释明义务后,当事人仍然保持沉默的,才能视为其承认。

4. 自认必须具有合法性

当事人的自认不能违背现行法律的规定,即不能与现行有效的法律条文相抵触。因此,对于涉及身份关系、国家利益、社会公共利益等的敏感案件事实,不适用自认的规定。这些特殊类型的案件事实,需要依据更为严格的法律程序和证据规则

五、自认事实：无需多言的"确凿"

予以认定。[1]

例 6：李某伟与陈某生民间借贷纠纷案 [山东省泰安市中级人民法院（2019）鲁 09 民终 1867 号]

【案情】山东省泰安市中级人民法院认为，在（2018）鲁 0902 民初 1549 号案件中，虽然在一审法院判决前，李某伟撤回了起诉，但李某伟起诉主张要求陈某生偿还借款本金 9 万元，且在法庭辩论终结前未撤回其主张，符合关于自认的法律规定，在该案中，李某伟已构成对陈某生已偿还本金 41 万元事实的自认。（2018）鲁 0902 民初 1549 号案件与本案同为民间借贷法律关系，基于同一借款事实，双方当事人同为李某伟和陈某生，本案实际为李某伟在（2018）鲁 0902 民初 1549 号案件撤诉后，又基于同一法律关系重新向法院提起的诉讼，其在前案中的自认对本案同样具有拘束力。李某伟没有相反证据推翻其自认，陈某生对李某伟撤销自认的主张不予认可，一审法院对李某伟自认陈某生偿还款项先抵充本金予以确认，并无不当。在（2018）鲁 0902 民初 1549 号案件起诉之前，陈某生分 10 次共向李某伟还款 50 万元，非李某伟主张的 41 万元。一审法院据此认定陈某生已将 50 万元本金还清，并无不当。

【裁判规则】撤诉后又在双方当事人相同的情形下基于同一法律关系重新向法院起诉，前案中的自认对本案同样具有拘束力。

本案中，李某伟在前案中自认陈某生已偿还本金 41 万元，虽撤诉，但基于同一法律关系重新起诉，前案自认对本案仍有拘束力。裁判规则明确，自认不因撤诉而失效，在相同当事人、

---

[1] 王新平编著：《民事诉讼证据规则编注》，法律出版社 2023 年版，第 316、317 页。

同一法律关系的后续诉讼中依然有效,除非有相反证据推翻。此规则确保了诉讼的连贯性和自认的稳定性,维护了司法公正和效率。

(二) 自认的种类

按照不同的标准,对自认可以进行不同的划分。

1. 根据形式不同,自认可以分为口头自认和书面自认

口头自认是指当事人在法庭辩论、调解、询问等口头交流过程中,对对方当事人主张的不利于自己的事实明确表示承认;书面自认则是指当事人在起诉状、答辩状、陈述、代理词、情况说明等书面材料中,对对方当事人主张的不利于自己的事实明确表示承认。

然而,书面自认在司法实践中存在一些与直接言辞原则及《民事诉讼证据规定》不完全契合的问题。直接言辞原则强调当事人应当在法庭上直接陈述,接受对方的质询和法院的审查,以确保陈述的真实性和可靠性,而书面自认,尤其是那些在起诉状、答辩状、代理词等书面材料中作出的自认,往往缺乏直接的口头陈述和即时的质询环节。同时,《民事诉讼证据规定》第60条第2款虽然允许当事人在特定情况下以书面方式发表质证意见,但这并不意味着书面自认可以直接作为认定案件事实的依据。该条款的出发点是保障当事人的质证权利,允许在特定情况下以书面形式表达质证意见,并未改变质证的基本要求和程序。

因此,对于当事人在书面材料中认可的证据,人民法院不能简单地将其视为自认并直接予以确认。相反,法院仍应当组织质证程序,让当事人在法庭上直接陈述并接受质询。只有在质证过程中当事人明确表示认可的证据,才能作为当事人自认的证据予以确认。

五、自认事实：无需多言的"确凿"

例7：再审申请人张某周与被申请人宁夏视通建设集团有限公司、中卫市启源房地产开发有限公司建设工程施工合同纠纷案[最高人民法院（2019）最高法民申2157号]

【案情】最高人民法院认为，2017年《民事诉讼法》第13条第1款规定："民事诉讼应当遵循诚实信用原则。"2015年《民诉法解释》第92条第1款规定："一方当事人在法庭审理中，或者在起诉状、答辩状、代理词等书面材料中，对于己不利的事实明确表示承认的，另一方当事人无需举证证明。"本案一审中，张某周的民事起诉状明确写明宁夏视通建设集团有限公司（以下简称"视通公司"）已支付工程款17 431 965元，且张某周还提交一份预付工程款统计表用以证明"截至2018年2月，视通公司向张某周支付工程款共计17 431 965元"，而视通公司提交一套付款凭证用以证明其已付工程款17 436 445元。一审法院结合双方当事人提供的证据，以张某周主张的已付工程款金额认定本案已付工程款为17 431 965元。张某周就一审判决提起上诉后，未对一审判决认定的已付工程款金额表示异议。原审法院认定本案已付工程款为17 431 965元，依据充分，并无不当。

【裁判规则】原告在民事起诉状中明确写明了已付款金额，构成自认。

本案中，张某周在民事起诉状中明确写明已收工程款金额，构成自认，依据《民诉法解释》第92条，对方无需举证。一审法院结合双方证据，采信了张某周的自认金额。张某周上诉时未对自认金额提出异议，原审法院认定已付工程款金额依据充分。此案例体现了自认规则在诉讼中的重要性，即当事人对于己不利事实的明确承认，可减轻对方举证责任，提高诉讼效率。

2. 根据方式不同，自认可以分为明确自认和默认

明确自认是指当事人在诉讼过程中，以口头或书面形式，直接、清晰地承认对方当事人主张的于己不利的事实。默认也称为拟制自认，是指当事人在面对对方当事人主张的于己不利的事实时，既不明确表示承认，也不明确表示否认，而是在审判人员说明并询问后，仍然保持沉默或态度模糊，不明确表态，从而被视为对该事实的承认。《民事诉讼证据规定》第4条正是对默认情形的规定，其要求默示的自认必须满足经审判人员说明并询问后，当事人仍然不明确表示肯定或否定的条件。

例8：温州赛超鞋业有限公司、莆田市天荔贸易有限公司与黄某海、吴某如买卖合同纠纷案［福建省莆田市中级人民法院（2020）闽03民终925号］

【案情】福建省莆田市中级人民法院认为，根据《民事诉讼证据规定》第4条，一方当事人对于另一方当事人主张的于己不利的事实既不承认也不否认，经审判人员说明并询问后，其仍然不明确表示肯定或者否定的，视为对该事实的承认。本案中，温州赛超鞋业有限公司（以下简称"温州赛超公司"）提供的协议及吴某如提供的购销合同上均盖有莆田市天荔贸易有限公司（以下简称"莆田天荔公司"）的印章及温州赛超公司的印章，莆田天荔公司对于其印章的真实性既未表示承认也未表示否认，经法院充分说明并询问后，仍不明确表示肯定或否定，应视为对上述事实的认可，且温州赛超公司提供的协议上甲方代表也有吴某如的签字确认，温州赛超公司有理由相信吴某如签订合同及结算货款的行为系履行莆田天荔公司职务的行为，故吴某如签字确认的法律行为应由莆田天荔公司承担。

【裁判规则】一方当事人对于另一方当事人主张的印章真实

性既未表示承认也未表示否定，经法院说明并询问后，其仍然不明确表示肯定或否定的，视为对事实的自认。

本案例中，莆田天荔公司对印章真实性未表态，经法院说明询问后仍不明确表态，构成默示自认。此规则表明，当事人面对不利事实，若不明确否认，视为默认，有助于诉讼推进。法院据此认定印章真实，并确认吴某如行为代表莆田天荔公司，体现了默示自认在事实认定和法律责任归属中的重要作用。

例9：再审申请人雷某刚与被申请人唐某寿、一审被告雷某本农村房屋买卖合同纠纷案［重庆市高级人民法院（2016）渝民申2208号］

【案情】重庆市高级人民法院认为，关于雷某本与唐某寿是否签订了房屋买卖合同的问题，根据2001年《民事诉讼证据规定》第8条第2款的规定，对一方当事人陈述的事实，另一方当事人既未表示承认也未否认，经审判人员充分说明并询问后，其仍不明确表示肯定或者否定的，视为对该项事实的承认。本案二审中，雷某本就是否出卖过案涉房屋向审判人员回答"不清楚""不知道"，雷某本的回答符合上述司法解释规定的情形，应视为其承认案涉房屋为其卖给唐某寿。结合已经生效的重庆市第一中级人民法院（2015）渝一中法行终字第00238号行政判决认定雷某本将雷某刚的案涉房屋卖给唐某寿的事实以及本案查明的唐某寿占有、使用案涉房屋至被征地拆迁时止长达十余年的事实，本案一审、二审判决认定雷某本与唐某寿签订了房屋买卖合同并无不当。

【裁判规则】对于己不利的事实，经审判人员说明并询问后，答复"不清楚""不知道"的，视为对该事实的承认。

本案例中，雷某本对是否出卖房屋回答"不清楚""不知道"，经审判人员说明询问后仍不明确表态，依据《民事诉讼证据规定》视为默示自认，即承认房屋已卖。此规则强调，当事人对不利事实不明确否认，将承担默认后果。结合生效判决和唐某寿长期占有房屋的事实，法院认定房屋买卖合同成立，体现了默示自认在事实认定中的关键作用。

例 10：再审申请人陈某和与被申请人林某烟及一审被告、二审被上诉人许某萍民间借贷纠纷案［福建省高级人民法院（2019）闽民申 20 号］

【案情】福建省高级人民法院认为，林某烟向一审法院提供其与陈某和之间的电话录音，并主张该电话录音时间为 2017 年 5 月 10 日。陈某和对该录音的真实性无异议，对林某烟主张的录音形成时间未予反驳。在法官多次就录音形成时间对陈某和进行询问时，其多次述称"不知道""不清楚"。根据《民事诉讼证据规定》第 8 条第 2 款的规定，"对一方当事人陈述的事实，另一方当事人既未表示承认也未否认，经审判人员充分说明并询问后，其仍不明确表示肯定或者否定的，视为对该项事实的承认"。因陈某和对林某烟主张的录音形成时间未表示承认，亦未否认，经法官询问后，陈某和仍未作出明确的主张，故可以认定陈某和对林某烟主张的录音形成时间没有异议，即陈某和承认涉讼电话录音的通话时间为 2017 年 5 月 10 日。

【裁判规则】当事人对录音形成时间多次述称"不知道""不清楚"，经法院说明并询问后，仍未表示肯定，亦未否认，可以认定其对录音的形成时间没有异议。

本案例中，陈某和对录音形成时间多次称"不知道""不清楚",经法院多次说明询问后仍不明确表态,根据《民事诉讼证据规定》构成默示自认,即视为承认林某烟主张的录音形成时间。此规则强调,当事人面对不利事实,若不明确否认,将视为默认,有助于提高诉讼效率。法院据此认定录音形成时间,体现了默示自认在证据认定中的重要功能。

3. 根据主体不同,自认可分为当事人的自认和诉讼代理人的自认

当事人的自认是指当事人在诉讼过程中,对于对方当事人所主张的于己不利的事实,明确表示承认或者默示表示认可,从而产生相应法律效力的行为。这种自认直接来源于当事人本人,体现了当事人对案件事实的真实性和法律后果的认知与接受。

诉讼代理人的自认则是指诉讼代理人在代理权限范围内,以当事人的名义,在诉讼过程中对对方当事人所主张的于被代理人不利的事实,明确表示承认或者默示表示认可的行为。这种自认是诉讼代理人基于代理权而进行的,其法律效力直接归属于被代理人,视为被代理人本人的自认。《民事诉讼证据规定》第5条规定:"当事人委托诉讼代理人参加诉讼的,除授权委托书明确排除的事项外,诉讼代理人的自认视为当事人的自认。当事人在场对诉讼代理人的自认明确否认的,不视为自认。"

依据所授权不同,代理分为两类:一是一般代理,代理人的职责被严格限定于执行日常诉讼程序,无权对涉及当事人实体权益的事项做出决定;二是特别代理,不仅包含了一般代理的所有职责,还进一步赋予了代理人处理特定实体权利的权利,例如接受、修改或撤回诉讼要求,参与和解程序,以及提出反诉或上诉等。特别需要指出的是,特别代理的权限须详细列明,

任何笼统的表述，如"全权处理"，在法律上均被视为一般代理。

在过往的司法实践中，部分诉讼代理人以有限代理身份为借口，事后推翻其在法庭上的陈述或认可，从而影响了诉讼的正常进行，2019年最高人民法院在修订《民事诉讼证据规则》时，对此类行为进行了严格规范。新规定明确指出，无论诉讼代理人是否获得特别授权，其在法庭上的自认均具有法律效力，除非授权文件中明确排除了相关事项。这一调整标志着法律对此类问题的处理态度发生了重大转变。此外，新规定还强调了当事人在场时的权利，即如果当事人在法庭上明确反对代理人的自认，那么该自认将不被视为有效。这一规定确保了当事人在关键时刻的直接参与权和决策权。

例11：再审申请人纪某峰与被申请人大庆建筑安装集团有限责任公司、一审第三人李某辉建设工程施工合同纠纷案〔最高人民法院（2017）最高法民申118号〕

【案情】最高人民法院认为，原审判决对已付工程款的数额认定有证据证实。2001年《民事诉讼证据规定》第8条规定，"诉讼过程中，一方当事人对另一方当事人陈述的案件事实明确表示承认的，另一方当事人无需举证。但涉及身分关系的案件除外……当事人委托代理人参加诉讼的，代理人的承认视为当事人的承认。但未经特别授权的代理人对事实的承认直接导致承认对方诉讼请求的除外；当事人在场但对其代理人的承认不作否认表示的，视为当事人的承认。当事人在法庭辩论终结前撤回承认并经对方当事人同意，或者有充分证据证明其承认行为是在受胁迫或者重大误解情况下作出且与事实不符的，不能免除对方当事人的举证责任"。本案一审中，纪某峰及其诉讼代理人均到庭参加诉讼，其诉讼代理人对于已收工程款的数额的认可应视为纪某峰本人的认可，且大庆建筑安装集团有限责任公司对付款事实亦提交付款明细及票据予以证明。原审判决据此认定纪某峰已收到工程款 24 029 968 元合法有据。纪某峰未提交证据证明该自认与事实不符，其主张不能成立。

【裁判规则】 当事人在场对诉讼代理人的自认未明确否认的，诉讼代理人的认可视为当事人本人的认可。

这是 2017 年的案例，最高人民法院引用的是 2001 年的《民事诉讼证据规定》。按照前文所述，对于诉讼代理人自认的效力，2019 年修正的《民事诉讼证据规定》已有修改，其第 5 条规定："当事人委托诉讼代理人参加诉讼的，除授权委托书明确排除的事项外，诉讼代理人的自认视为当事人的自认。当事人在场对诉讼代理人的自认明确否认的，不视为自认。"根据新的《民事诉讼证据规定》，纪某峰及其诉讼代理人均到庭参加诉讼，其诉讼代理人对于已收工程款的数额的认可，在没有明确排除的情况下，应视为纪某峰本人的自认。重要的是，新规定强调了当事人在场时对诉讼代理人自认的明确否认的效力，即只有当事人明确否认，才能推翻诉讼代理人的自认。而本案中，纪某峰并未对其代理人的承认作出明确否认，该自认仍然有效。同时，大庆建筑安装集团有限责任公司也提交了付款明细及票据，进一步支持了原审判决的认定。因此，即使按照新的《民事诉讼证据规定》，原审判决认定纪某峰已收到工程款 24 029 968 元也是合法有据的。纪某峰未能提供充分证据证明该自认与事实不符，其主张依然不能成立。

4. 根据共同诉讼的种类，自认分为普通共同诉讼中的自认和必要共同诉讼中的自认

普通共同诉讼是指当事人一方或者双方为两人以上，其诉

讼标的是同一种类，人民法院认为可以合并审理并经当事人同意的诉讼。在这种诉讼中，各个诉讼人之间并不存在共同的权利或义务关系，只是因为他们所涉及的法律关系性质相同或相似，为了提高诉讼效率，人民法院将他们的诉讼合并审理。在普通共同诉讼中的自认，仅对作出自认的当事人产生法律效力，对其他共同诉讼人不产生约束力。必要共同诉讼则是指当事人一方或者双方为两人以上，其诉讼标的是共同的，人民法院必须合并审理的诉讼。在这种诉讼中，各个诉讼人之间存在共同的权利或义务关系，他们必须一同起诉或一同应诉，人民法院也必须将他们的诉讼合并审理。

《民事诉讼证据规定》第6条规定："普通共同诉讼中，共同诉讼人中一人或者数人作出的自认，对作出自认的当事人发生效力。必要共同诉讼中，共同诉讼人中一人或者数人作出自认而其他共同诉讼人予以否认的，不发生自认的效力。其他共同诉讼人既不承认也不否认，经审判人员说明并询问后仍然不明确表示意见的，视为全体共同诉讼人的自认。"

（1）在司法实践中，将多个普通共同诉讼案件合并审理，并不改变每个案件作为独立诉讼案件的本质属性。鉴于每个诉讼案件均保持其独立性，普通共同诉讼中的每位当事人或其代理人的行为同样具有独立性。这就意味着，在某些情况下，当部分当事人作出自认时，这种自认的法律效力仅限于该部分当事人自身，而不会自动扩展到共同诉讼的其他当事人身上。这一点，与单一诉讼案件中的自认规则并无实质性差异。

换言之，合并审理虽然提高了诉讼效率，但并未改变各个诉讼案件的基本结构和法律原则，每个当事人在诉讼中的权利和义务依然是独立的，他们可以根据自己的意愿和证据情况作出相应的诉讼行为，而这些行为不会对共同诉讼的其他当事人产生直接的法律约束力。因此，在处理普通共同诉讼案件时，法院需要仔细区分每个当事人的诉讼行为，确保自认等诉讼行为的法律效力得到准确界定，以维护当事人的合法权益。

例12：易某良、于某荣、熊某东等18人与苏州金秾九鼎创业投资中心（有限合伙）、嘉兴九鼎策略一期投资合伙企业（有限合伙）、原审被告湖南希望种业科技股份有限公司股权转让纠纷案［北京市第三中级人民法院（2020）京03民终4405号］

【案情】北京市第三中级人民法院认为，本案中，各自然人股东在一审庭审中，均表示同意苏州金秾九鼎创业投资中心（有限合伙）、嘉兴九鼎策略一期投资合伙企业（有限合伙）的诉讼请求，也同意湖南希望种业科技股份有限公司作为支付主体，请求法院对罚息计算标准予以调整。现各自然人股东否认一审的自认。《民事诉讼证据规定》第5条规定："当事人委托诉讼代理人参加诉讼的，除授权委托书明确排除的事项外，诉讼代理人的自认视为当事人的自认。当事人在场对诉讼代理人的自认明确否认的，不视为自认。"第6条规定："普通共同诉讼中，共同诉讼人中一人或者数人作出的自认，对作出自认的当事人发生效力。必要共同诉讼中，共同诉讼人中一人或者数人作出自认而其他共同诉讼人予以否认的，不发生自认的效力。其他共同诉讼人既不承认也不否认，经审判人员说明并询问后仍然不明确表示意见的，视为全体共同诉讼人的自认。"第9条规定："有下列情形之一，当事人在法庭辩论终结前撤销自认的，人民法院应当准许：（一）经对方当事人同意的；（二）自认是在受胁迫或者重大误解情况下作出的。人民法院准许当事人撤销自认的，应当作出口头或者书面裁定。"

经查，一审中，各自然人股东委托的诉讼代理人许律师，受委托权限为特别授权,授权含有"代为承认、放弃、变更诉讼请求",且一审庭审中,丁某才本人亦出庭应诉,但未提出自认存在错误或撤销,因此,一审法院根据在案证据及当事人自认,判决支付相关款项,并无不当。

【裁判规则】普通共同诉讼中,共同诉讼人中一人或数人作出的自认,对作出自认的当事人发生效力。

在本案中,各自然人股东作为普通共同诉讼的当事人,其一审中的自认效力问题成为焦点。根据新的《民事诉讼证据规定》第6条,普通共同诉讼中,共同诉讼人中一人或者数人作出的自认,仅对作出自认的当事人发生效力。这意味着,如果某个或某些共同诉讼人在诉讼过程中作出了自认,那么这种自认仅对他们自己产生法律约束力,而不会对其他未作出自认的共同诉讼人产生影响。在本案中,各自然人股东的一审诉讼代理人许律师在特别授权下作出了自认,且丁某才本人也出庭应诉,并未对自认提出异议或撤销。因此,一审法院依据在案证据及当事人的自认作出判决,符合法律规定。这一裁判规则既尊重了当事人的处分权,又体现了普通共同诉讼中自认效力的独立性。

(2)对必要共同诉讼案件,法院有义务合并审理,因为这类诉讼中当事人的利益紧密相连,不可分割。根据《民事诉讼证据规定》,当必要共同诉讼的一方当事人对诉讼标的享有共同的权利或承担共同的义务时,如果其中一位当事人的诉讼行为得到了其他共同诉讼人的明确认可,那么这一行为将对所有共同诉讼人产生法律效力。然而,如果其他共同诉讼人对此行为表示反对或不予接受,那么该行为不仅不会对他们产生任何约束力,就连自认者本人也无法受其约束。

实践中,若一人自认对全体共同诉讼人有效,则可能导致

五、自认事实：无需多言的"确凿"

一人的诉讼行为影响全体共同诉讼人的利益，这一结果超出了自认人的处分权限；若一人自认仅对其本人有效，又可能出现同一法律关系中的共同诉讼人诉讼利益不一致的局面。这两种情形均可能使共同诉讼人陷入不利的诉讼境地，影响法官查明案件的客观真相。由于共同诉讼中一人自认的后果已逾越只与本人有关的范围，依据民事实体法，在未得到全体利害关系人的一致同意之前，部分共同诉讼人没有单独免除对方义务的权利，所以自认不发生一般的拘束力，而只能作为普通意义上的证据。[1]

例如，借贷纠纷中夫妻双方作为被告，其中一人自认借款存在而另一方否认，并不能免除原告之举证责任。

此外，该规定还借鉴了默认处理的原则。在必要共同诉讼中，如果对于某位当事人的自认，其他共同诉讼人选择保持沉默或既不表示同意也不表示反对，那么这种沉默将被视为全体共同诉讼人对该自认的默认接受。但值得注意的是，这种默认接受并非无条件成立，它要求审判人员事先履行释明义务，即向当事人清晰说明情况并征询他们的意见后，才能确认默认的有效性。这样的规定旨在充分保障必要共同诉讼中每位当事人的权益，防止因个别当事人的行为而损害其他共同诉讼人的利益。

---

[1] 最高人民法院民事审判第一庭编：《民事审判实务问答》，法律出版社2021年版，第282—283页。

例 13：上诉人罗某益与被上诉人李某婷、王某晗民间借贷纠纷案［贵州省黔东南苗族侗族自治州中级人民法院（2020）黔 26 民终 2143 号］

【案情】贵州省黔东南苗族侗族自治州中级人民法院认为，一审庭审中王某晗陈述："第一次确实得 4400 元现金，第二次是 6000 元，微信转了多少他也不给我看……"王某晗作为借款协议中约定的连带责任担保人，这是对罗某益陈述的存在 10 400 元现金交付的不利于王某晗自己的案件事实的承认，是当事人陈述，也是当事人的自认。但一审中，李某婷辩称借款时约定有砍头息，实际只借到罗某益通过微信转账的 35 600 元，并未收到 46 000 元的借款，这是对存在 10 400 元交付款的否认。《民事诉讼证据规定》第 6 条第 2 款规定："必要共同诉讼中，共同诉讼人中一人或者数人作出自认而其他共同诉讼人予以否认的，不发生自认的效力。其他共同诉讼人既不承认也不否认，经审判人员说明并询问后仍然不明确表示意见的，视为全体共同诉讼人的自认。"李某婷和王某晗是必要共同诉讼人，由于李某婷的否认，王某晗在一审庭审中的陈述不发生自认的效力，罗某益对其所提出的 10 400 元交付主张需举证予以证明。

借款合同是实践性合同，借款合同本身只是双方当事人达成的合意，不代表实际交付了借款资金，借款金额要以实际交付资金为准。根据《合同法》第 210 条"自然人之间的借款合同，自贷款人提供借款时生效"的规定，一审中，罗某益以两份借款协议要求李某婷、王某晗返还 46 000 元的借款，但仅向一审法院提交 15 600 元和 20 000 元的微信转账截图予以证明，对 4400 元和 6000 元现金交付款，除王某晗的陈述外未能提供其他证据予以证明。根据《民诉法解释》第 90 条第 2 款"在作出判决前，当事人未能提供证据或者证据不足以证明其事实主张的,由负有举证证明责任的当事人承担不利的后果"的规定,结合双方在履行借、还款合同时均是通过微信支付的交易习惯推断,一审法院对 10 400 元现金支付借款不予认定支持,并无不当。

【裁判规则】必要共同诉讼中,共同诉讼人中一人或者数人作出自认而其他共同诉讼人予以否定的,不发生自认的效力。

在本案中,李某婷与王某晗作为必要共同诉讼人,在面对罗某益提出的借款金额主张时,表现出了不同的态度。王某晗的自认行为,即承认收到了部分现金借款,原本可能对案件事实产生一定影响,然而,根据新的《民事诉讼证据规定》第6条第2款,必要共同诉讼中,若一人或数人作出自认而其他共同诉讼人予以否认,则该自认不发生效力。李某婷对罗某益主张的借款金额提出了明确的否认,表示实际借款金额与罗某益所述不符。因此,王某晗的自认在本案中并未产生法律效力,罗某益需承担进一步的举证责任来证明其主张的借款金额。这一裁判规则体现了必要共同诉讼中自认效力的特殊性,即必须考虑所有共同诉讼人的意见,确保案件事实的准确认定,避免了因个别当事人的自认而导致整个案件事实被误认的情况。这也提醒我们,在处理必要共同诉讼案件时,应更加谨慎地对待当事人的自认行为,充分考虑其可能对其他共同诉讼人产生的影响。

5. 根据是否受到限制,自认分为完全自认和限制或附条件的自认

完全自认,又称为无条件自认,是指当事人在诉讼过程中,对于对方当事人所主张的于己不利的事实,不加任何限制或附加条件地明确表示承认。这种自认具有完全的法律效力,一旦作出,除非有法定情形,否则不得随意撤销或变更,对方当事

人也无需再对该事实进行举证证明。

限制或附条件的自认则是指当事人在承认对方当事人所主张的于己不利的事实时，附加了一定的条件或限制。例如，当事人可能承认某一部分事实，但对另一部分事实提出异议；或者承认事实的存在，但对事实的性质、程度或法律后果等提出不同的看法。限制或附条件的自认的法律效力相对较为复杂，需要根据具体情况来判断。在诉讼过程中，法院会综合考虑当事人的自认内容、所附条件或限制是否合理、是否与其他证据相矛盾等因素，来确定自认的法律效力及范围。《民事诉讼证据规定》第7条规定："一方当事人对于另一方当事人主张的于己不利的事实有所限制或者附加条件予以承认的，由人民法院综合案件情况决定是否构成自认。"本条规定了限制或者附条件自认的制度。

例 14：借款纠纷案例

原告主张被告借款 10 万元，被告在庭审中承认借款事实，但提出已归还原告 5 万元。这属于附条件自认，若被告能提供证据证明已归还 5 万元，则法院将认定借款金额为 5 万元，而非原告主张的 10 万元。

例 15：民间借贷纠纷案例

被告向原告出具的对账单载明原告为被告生产货物合计 246 000 元，尚欠 11 500 元货款未付，但被告在庭审中承认欠款的同时，提出货物存在质量问题。这属于附条件自认，法院将综合考虑双方证据和陈述来判断欠款金额及是否应扣减因质量问题产生的费用。

例 16：合同纠纷案例

在合同纠纷案件中，被告可能承认合同的存在，但对合同中的某些条款或内容提出异议，从而限制了对整个合同的自认。例如，"我承认我们签订了合同，但其中关于违约金的条款我并不同意"。这种情况下，被告通过限制自认，明确了对合同部分内容的承认和对其他内容的否认。

例 17：宁波美泰皮革有限公司与伍某佳、广州市金狮房地产有限公司财产损害赔偿纠纷案 [广东省广州市中级人民法院（2021）粤 01 民终 19732 号]

【案情】广东省广州市中级人民法院认为，业已生效的（2020）粤 01 民终 22160 号、（2021）粤 01 民终 10135 号、（2021）粤 01 民终 16606 号民事判决书 [相应一审案号分别为（2018）粤 0114 民初 8911 号、（2020）粤 0114 民初 3081 号、（2020）粤 0114 民初 6970 号] 均认定广州美泰公司是案涉起火仓库的实际承租人和使用人，并据此判令因案涉火灾造成伍某佳等他人损失的相应赔偿责任由广州美泰公司承担。宁波美泰皮革有限公司（以下简称"宁波美泰公司"）认为其也是案涉起火仓库的实际承租人和使用人的主张，与上述生效判决已经认定并作为裁判依据的基本事实不符。宁波美泰公司提出，伍某佳在（2018）粤 0114 民初 8911 号、（2020）粤 0114 民初 6970 号案中曾确认宁波美泰公司使用了案涉仓库，构成自认，应当对自认事实予以确认。

首先，伍某佳在另案主张宁波美泰公司实际使用仓库是为了向宁波美泰公司主张连带赔偿责任，并非对于己不利事实的确认，或者属于附加条件予以承认；其次，上述生效判决都没有确认该事实,也没有判决宁波美泰公司与广州美泰公司承担连带责任。根据《民事诉讼证据规定》第7条"一方当事人对于另一方当事人主张的于己不利的事实有所限制或者附加条件予以承认的,由人民法院综合案件情况决定是否构成自认"和第8条第2款"自认的事实与已经查明的事实不符的,人民法院不予确认"的规定,宁波美泰公司要求确认其为案涉起火仓库实际承租人和使用人的理由不成立,法院不予认可。

【裁判规则】当事人在另案中主张宁波美泰公司实际使用仓库是为了向宁波美泰公司主张连带赔偿责任,并非对于己不利事实的确认,或者属于附加条件自认。

伍某佳在另案中主张宁波美泰公司实际使用了案涉仓库,这一行为被宁波美泰公司视为自认,并希望法院据此确认其为案涉起火仓库的实际承租人和使用人。然而,法院并未采纳这一观点。根据《民事诉讼证据规定》,一方当事人对于另一方当事人主张的于己不利的事实有所限制或者附加条件予以承认的,构成附条件自认。但此自认并非绝对,法院需结合案件情况决定是否确认。在本案中,伍某佳的承认是为了向宁波美泰公司主张连带赔偿责任,并非单纯对有利于宁波美泰公司的事实的确认,且该事实与已经生效的判决所认定的事实不符。因此,法院未将伍某佳的这一行为视为有效的自认,而是依据生效判决及案件实际情况,对宁波美泰公司的主张不予认可。这体现了法院在处理附条件自认时,会综合考虑案件的整体情况,确保裁判的公正性和准确性。

五、自认事实：无需多言的"确凿"

例 18：伊犁永益房地产开发有限责任公司与贾某省及原审第三人新疆伊犁新星建筑安装有限公司建设工程施工合同纠纷案〔新疆维吾尔自治区高级人民法院伊犁哈萨克自治州分院（2022）新 40 民终 145 号〕

【案情】新疆维吾尔自治区高级人民法院伊犁哈萨克自治州分院认为，贾某省在另案诉讼中关于伊犁永益房地产开发有限责任公司（以下简称"永益房产公司"）欠消防水池工程款 4 万元的陈述是基于"消防水池合同 95 万元"的前提作出的。根据《民事诉讼证据规定》第 7 条"一方当事人对于另一方当事人主张的于己不利的事实有所限制或者附加条件予以承认的，由人民法院综合案件情况决定是否构成自认"的规定，即便贾某省在另案诉讼中的陈述构成诉讼自认，亦是一种附条件自认。贾某省对工程款数额的陈述以"消防水池合同 95 万元"为所附条件，该附加条件与其陈述事实不可分割，不能断章取义，而应整体分析判断其陈述的真实含义。贾某省并非认可案涉工程实际结算价为 103 万元的情况下永益房产公司欠付工程款额为 4 万元。因此，贾某省在另案诉讼中的陈述在本案中不能构成法律上的自认，不具有法律上自认的证据效力。

【裁判规则】即便当事人在另案诉讼中的陈述构成诉讼自认，亦是一种附条件自认，当事人对工程款数额的陈述是以"消防水池合同 95 万元"为所附条件，该附加条件与其陈述事实不可分割，不能断章取义，而应整体分析判断当事人陈述的真实含义。

在本案中，贾某省在另案诉讼中关于永益房产公司欠消防水池工程款 4 万元的陈述，是基于"消防水池合同 95 万元"这一特定前提条件的。这种陈述构成了一种附条件的自认，即其承认欠款事实,但这一承认依赖于特定的合同金额条件。根据《民事诉讼证据规定》的相关规定,法院在认定这种附条件自认时,需要综合案件情况,对当事人陈述的真实含义进行整体分析判断。本案中,法院明确指出,不能对贾某省的陈述断章取义,而应将其与所附条件"消防水池合同95万元"作为一个整体来理解。因此,贾某省的陈述在本案中并不能直接构成法律上的自认,不具有自认的证据效力。

(三) 自认的限制

当事人的自认并非不受任何限制。自认要具有合法性,有些事实涉及人身关系、身份关系,也应提供证据证明。《民事诉讼证据规定》第8条规定,《民诉法解释》第96条第1款规定的事实,不适用有关自认的规定。自认的事实与已经查明的事实不符的,人民法院不予确认。《民诉法解释》第107条规定:"在诉讼中,当事人为达成调解协议或者和解协议作出妥协而认可的事实,不得在后续的诉讼中作为对其不利的根据,但法律另有规定或者当事人均同意的除外。"另外,最高人民法院关于执行异议的案例,规定了限制自认的四大类情形。

1. 法院依职权查明的事实不能自认

《民诉法解释》第96条第1款规定的是法院依职权调查的事实,即人民法院认为审理案件需要的证据,包括:①涉及可能损害国家利益、社会公共利益的;②涉及身份关系的;③涉及《民事诉讼法》第58条规定诉讼的;④当事人有恶意串通损害他人合法权益可能的;⑤涉及依职权追加当事人、中止诉讼、终结诉讼、回避等程序性事项的。具体而言:

(1) 可能损害国家利益或社会公共利益的事实,自认并不适用。在大陆法系国家和地区,法庭保留了对这类事实进行主动调查的权力,这是法庭维护国家利益和社会公共利益的必要职责，因此，这类事实不能简单地通过当事人的自认来确定。2021年3月24日修正的《最高人民法院关于进一步深化家事审判方式和工作机制改革的意见（试行）》（法发〔2018〕12号）第43条第2款也规定："当事人自认的涉及身份关系确认或社会公共利益的事实，在没有其他证据证明的情形下，一般不能单独作为定案依据。"

例19：南充现代物流园投资建设开发有限公司与南充市青莲统筹城乡发展实验区建设指挥部、王某明民间借贷纠纷案〔四川省南充市高坪区人民法院（2020）川1303民初151号〕

【案情】四川省南充市高坪区人民法院认为，关于被告南充市青莲统筹城乡发展实验区建设指挥部（以下简称"青莲指挥部"）是否承担连带偿还责任的问题，被告青莲指挥部系南充市高坪区人民政府设立的临时机构，不是独立的民事主体，不具备承担民事责任的能力，因此青莲指挥部不是本案适格的被告。被告青莲指挥部与原告南充现代物流园投资建设开发有限公司、被告王某明签订的债权转让合同中对债权转让的时间约定为"以丙方实际支付甲方的日期为准"，青莲指挥部与王某明尚未进行结算，无法按合同约定向原告支付王某明在青莲指挥部的应收账款，故转让条件尚未成就，原告可在青莲指挥部与王某明结算后，要求青莲指挥部协助执行。

原被告三方签订的债权转让合同，不属于青莲指挥部对王某明借款进行担保，不符合担保的构成要件。虽然青莲指挥部的诉讼代理人在庭审中自认这是青莲指挥部的担保行为，但根据《中华人民共和国担保法》第8条"国家机关不得为保证人，但经国务院批准为使用外国政府或国际经济组织贷款进行转贷的除外"及《民事诉讼证据规定》第8条第1款"《最高人民法院关于适用〈中华人民共和国民事诉讼法〉的解释》第九十六条第一款规定的事实,不适用有关自认的规定"之规定,青莲指挥部诉讼代理人的自认涉及损害国家利益,不适用相关自认的规定。青莲指挥部不是本案适格的被告,且未对该笔债务进行担保,不应承担连带偿还责任,故对原告的诉请不予支持。

【裁判规则】虽然诉讼代理人自认签订债权转让合同是青莲指挥部的担保行为,但青莲指挥部不得为保证人,该自认涉及损害国家利益,不构成自认。

本案涉及一起民间借贷纠纷,其中核心争议之一在于被告青莲指挥部是否应承担连带偿还责任。在审理过程中,青莲指挥部的诉讼代理人曾自认该指挥部对王某明的借款进行了担保。然而,法院并未采纳这一自认,而是依据《中华人民共和国担保法》第8条明确指出,国家机关不得为保证人,除非经国务院批准为使用外国政府或国际经济组织贷款进行转贷。青莲指挥部作为南充市高坪区人民政府设立的临时机构,并不具备独立的民事主体资格,因此其自认的担保行为不仅违反了法律规定,还可能损害国家利益。

此案例体现了自认限制的重要性。在诉讼中,虽然当事人的自认通常可以作为认定案件事实的依据,但并非所有自认都能被法院采纳。特别是当自认违反法律,损害国家利益或社会公共利益时,法院应依法予以限制,不予确认。法院正是基于这一原则,对青莲指挥部自认的担保行为不予认可,维护了法律的严肃性和国家利益的不可侵犯性。同时,这也提醒我们在诉讼中要谨慎对待自认,确保自认的内容真实、合法、有效。

(2)涉及身份关系的事实,同样不适用自认。身份关系关乎人的基本权利,具有社会公共利益的属性,是维护社会公序良俗的基础。因此,对于夫妻、亲子、家庭成员等身份关系的认定,不能仅凭当事人的自认,而需要启动相应的社会公共权益保障机制,以确保对人类基本伦理价值和人权的保护。例如,在离婚案件中,即使被告承认了与原告的结婚登记事实,法庭仍会要求原告提供结婚证等证明材料。当然,对于与身份关系无关的案件事实,如夫妻共同财产的范围等,如果被告表示承认,则构成自认,原告无需再提供额外证据。

例20:唐某与重庆尚品思源商贸有限公司股东知情权纠纷案[重庆市第一中级人民法院(2020)渝01民终4073号]

【案情】重庆市第一中级人民法院认为,唐某虽与重庆尚品思源商贸有限公司(以下简称"尚品思源公司")签订了投资协议书约定唐某持有尚品思源公司10%的股份,但唐某未举示相应证据证明签订该协议后,双方已依法履行股东身份登记的相关手续,应由唐某承担相应的举证不能的不利后果。故唐某提起本案诉讼时尚未取得尚品思源公司的股东身份,一审法院裁定驳回唐某的起诉,符合《民诉法解释》第96条第1款的规定,并无不当,应予维持。《民事诉讼证据规定》第8条规定:"《最高人民法院关于适用〈中华人民共和国民事诉讼法〉的解释》第九十六条第一款规定的事实,不适用有关自认的规定。自认的事实与已经查明的事实不符的,人民法院不予确认。"虽然尚品思源公司在一审中认可唐某系其股东,但股东身份亦属身份关系的一种,依照前述司法解释的规定,唐某是否系尚品思源公司股东的事实不适用自认的规定。综上,唐某关于其系尚品思源公司股东、一审法院应对本案予以实体审理的上诉请求,缺乏事实和法律依据,不能成立,法院不予支持。

【裁判规则】虽然被告认可原告系其股东,但股东身份也属身份关系的一种,原告是否系被告股东的事实不适用自认。

本案是一起股东知情权纠纷案，核心争议点在于原告唐某是否具备被告尚品思源公司的股东身份。虽然尚品思源公司在一审中自认唐某为其股东，但法院并未直接采纳这一自认，因为股东身份属于身份关系的一种，具有特定的法律效力和后果，不能仅凭当事人的自认来确定。

法院根据《民事诉讼证据规定》第8条明确指出，唐某是否系尚品思源公司股东的事实，不适用自认的规定。这一裁判规则体现了法律对身份关系认定的严谨性，即使当事人有自认行为，如果该自认涉及身份关系的确认，法院仍需依据相关证据和法律规定进行综合判断。

（3）对于环境污染、侵害众多消费者合法权益等损害社会公共利益的行为事实，自认同样不适用。这包括《民事诉讼法》第58条所规定的公益诉讼案件。需要注意的是，这里的"等"应理解为开放性的列举，而非封闭性的。也就是说，除了明确列出的环境污染和侵害消费者权益行为，其他损害社会公共利益的行为也应纳入此范畴。由于公益诉讼具有特殊性，且与立法上的其他诉讼制度紧密相关，司法解释将其单独列出。2021年1月1日施行的《最高人民法院关于审理环境民事公益诉讼案件适用法律若干问题的解释》（法释〔2020〕20号）第16条也规定："原告在诉讼过程中承认的对己方不利的事实和认可的证据，人民法院认为损害社会公共利益的，应当不予确认。"

（4）如果当事人之间存在恶意串通、可能损害他人合法权益的情况，那么相关事实也不适用自认。虽然自认原则上只涉及双方当事人，但在某些特定情况下，自认的效力可能会间接影响到第三人的利益。为防止这种情况的发生，法院需要对这类事实进行特别审查。2016年6月20日发布的《最高人民法院关于防范和制裁虚假诉讼的指导意见》（法发〔2016〕13号）

第6条规定:"诉讼中,一方对另一方提出的于己不利的事实明确表示承认,且不符合常理的,要做进一步查明,慎重认定。查明的事实与自认的事实不符的,不予确认。"

例21:上海欧宝生物科技有限公司与辽宁特莱维置业发展有限公司企业借贷纠纷案 [最高人民法院(2015)民二终字第324号,最高人民法院指导案例68号]

【案情】最高人民法院认为,关于上海欧宝生物科技有限公司(以下简称"欧宝公司")和辽宁特莱维置业发展有限公司(以下简称"特莱维公司")就争议的8650万元是否存在真实借款关系的问题,根据2015年《民诉法解释》第90条的规定,当事人对自己提出的诉讼请求所依据的事实或者反驳对方诉讼请求所依据的事实,应当提供证据加以证明;当事人未能提供证据或者证据不足以证明其事实主张的,由负有举证证明责任的当事人承担不利的后果。《民诉法解释》第108条规定:"对负有举证证明责任的当事人提供的证据,人民法院经审查并结合相关事实,确信待证事实的存在具有高度可能性的,应当认定该事实存在。对一方当事人为反驳负有举证证明责任的当事人所主张事实而提供的证据,人民法院经审查并结合相关事实,认为待证事实真伪不明的,应当认定该事实不存在。法律对于待证事实所应达到的证明标准另有规定的,从其规定。"在当事人之间存在关联关系的情况下,为防止恶意串通提起虚假诉讼,损害他人合法权益,人民法院对其是否存在真实的借款法律关系,必须严格审查。

欧宝公司提起诉讼,要求特莱维公司偿还借款8650万元及利息,虽然提供了借款合同及转款凭证,但其自述及提交的证据和其他在案证据之间存在无法消除的矛盾。当事人在诉讼前后的诸多言行违背常理，主要表现为以下七个方面：第一，从借款合意形成过程来看，借款合同存在虚假的可能。第二，从借款的时间上看，当事人提交的证据前后矛盾。第三，从借款的数额上看，当事人的主张前后矛盾。第四，从资金往来情况看，欧宝公司存在单向统计账户流出资金而不统计流入资金的问题。第五，从所有关联公司之间的转款情况看，存在双方或多方账户循环转款问题。第六，从借款的用途看，与合同约定相悖。第七，欧宝公司和特莱维公司及其关联公司在诉讼和执行中的行为，与日常经验相悖。

对上述矛盾和违反常理之处，欧宝公司与特莱维公司均未作出合理解释。由此可见，欧宝公司没有提供足够的证据证明其就案涉争议款项与特莱维公司之间存在真实的借款关系。并且，从调取的欧宝公司、特莱维公司及其关联公司账户的交易明细看，欧宝公司、特莱维公司及其他关联公司账户之间，以及同一公司的不同账户之间随意转款，款项用途随意填写。结合在案其他证据，法院确信，欧宝公司诉请之债权系截取其与特莱维公司之间的往来款项虚构而成，其以虚构债权为基础请求特莱维公司返还8650万元借款及利息的请求不应支持。据此，辽宁省高级人民法院再审判决驳回其诉讼请求并无不当。

【裁判规则】 人民法院审理民事案件中发现存在虚假诉讼可能时，应当依职权调取相关证据，详细询问当事人，全面严格审查诉讼请求与相关证据之间是否存在矛盾，以及当事人在诉讼中的言行是否违背常理。经综合审查判断，当事人虚构事实、恶意串通、规避法律或国家政策以谋取非法利益，进行虚假民事诉讼的，法院不予认定。

本案是一起典型的企业借贷纠纷案，涉及高额借款及复杂的关联公司交易。本案法院的裁判思路与规则，对于处理类似案件具有重要的指导意义。法院首先明确了当事人在民事诉讼中的举证责任，即"谁主张、谁举证"。在欧宝公司主张与特莱维公司存在真实借款关系的情况下，法院对其提供的证据进行了全面而严格的审查。通过细致的分析，法院发现了借款合同及转款凭证等证据中存在的诸多矛盾和违反常理之处，如借款合意形成过程、借款时间、借款数额、资金往来、款项用途等方面的矛盾，以及当事人在诉讼和执行中的异常行为。这些矛盾和异常行为使得法院对借款关系的真实性产生了合理怀疑。在此基础上，法院依职权调取了相关证据，进一步证实了欧宝公司与特莱维公司及其关联公司之间存在随意转款、款项用途随意填写等不规范行为。这些行为不仅违背了商业交易的常规和诚信原则，也进一步印证了法院对借款关系真实性的怀疑。最终，法院根据在案证据和当事人的行为表现，综合判断欧宝公司诉请之债权系虚构而成，因此驳回了其诉讼请求。这一裁判结果体现了法院对虚假诉讼的零容忍态度。

（5）涉及依职权追加当事人、中止诉讼、终结诉讼、回避等程序性事实，同样不适用自认。自认主要针对的是案件的实体性事实，而程序性事实则属于法庭依职权调查的范围。这些程序性事实不属于当事人可以承认或否认的事实范畴，而是由法庭根据法律规定和案件实际情况作出决定。

2. 自认的事实与法院已查明的事实不符的，不予确认

这是指当事人于诉讼中自认的事实与法官依据法律、司法解释的规定已经形成内心确认的事实不相符，且当事人的自认不能动摇法官心证的情形。探寻案件真相是民事诉讼的核心目标之一，当事人的自认若与法庭已查明的事实存在出入，就需对当事人的处分权加以合理限制。法院应以已查明的事实作为裁判的基石，基于此原则，《民事诉讼证据规定》第8条第2款

规定，当自认的事实与已查明的事实不相符时，人民法院将不予采纳该自认。2021年4月22日发布的《北京市高级人民法院知识产权民事诉讼证据规则指引》第1.14条也规定："当事人自认的事实存在以下情形的，不予确认：（一）与查明的事实不符；（二）与相关公众的一般认知不符；（三）与一般消费者的惯常认知不符；（四）与本领域技术人员的惯常认知不符。"

这里的"已查明的事实"，是综合考量后的结果，它主要有三个来源：一是法庭通过行使职权，如调查取证、询问证人等，所确认的事实；二是案外人提供的，且与当事人自认相矛盾，但经过法庭验证属实的证据所揭示的事实；三是当事人自身对原先的自认反悔，并通过提交有效证据来推翻原自认，且这些证据被法庭采纳所证明的事实。

这样的规定旨在确保诉讼的公正性和准确性，防止因当事人的不实自认而误导法庭，进而影响案件的公正裁决。同时，它也鼓励当事人在诉讼过程中保持诚实，积极提供证据，以协助法庭更准确地查明案件事实。

例22：甲起诉乙要求还款100万元，但除借条外无其他证据，乙承认借过该笔款项，但法官经审理认为甲无付款能力且乙有多起大额纠纷，综合其他情况判断借款不实，此时自认事实得不到法院确认。

例23：在民间借贷纠纷中，甲要求乙返还借款及利息。甲提供乙亲笔书写的借条，借条中载明"乙向甲借款2万元，以此为凭"，落款时间为2017年1月1日，甲当庭陈述"借款实际发生于2016年12月1日，借条系事后所补，乙在重新出具借条前已支付利息400元"。乙辩称"原告所称属实，但400元系支付本金"。

双方争议的这400元是利息还是本金？法院该如何判决？

五、自认事实：无需多言的"确凿"

首先，根据借条这一直接证据，我们可以确认乙在补写借条时已经确认本金仍为2万元的事实。这是借条这一书面证据所直接证明的内容，也是双方无争议的事实。接下来，关于已支付的400元款项的性质，甲主张是利息，而乙主张是本金，双方存在争议。借条中并未明确约定利息，且甲无法提供其他证据证明双方之间存在利息约定，因此，根据法律规定，应视为乙不支付利息。这意味着，已支付的400元不能被视为利息。然而，这并不意味着这400元就可以直接被认定为本金并从本金中扣除，因为根据借条所载明的事实，乙在补写借条时确认的本金数额仍然是2万元。如果直接将这400元认定为本金并扣除，就会与借条所载明的事实相矛盾。

在这种情况下，法院需要对这400元的性质进行谨慎判断。甲无法证明这400元是利息，而乙也无法提供充分证据证明这400元是本金（仅仅是乙的单方陈述），且无法推翻借条所载的明确事实，因此，法院对这400元款项的性质不应予以确认。换句话说，这400元既不能被视为利息，也不能直接被视为本金并从本金中扣除，它应该被视为一个悬而未决的问题，需要更多的证据或双方进一步的协商来解决。这样的处理既尊重了借条这一直接证据的证明力，又避免了因缺乏充分证据而对争议事实作出不恰当的认定，同时也体现了法院在审理案件时的谨慎和公正态度。

例24：再审申请人河北剑桥冶金建设有限公司与被申请人晋城福盛钢铁有限公司建设工程施工合同纠纷案 [最高人民法院（2016）最高法民申2889号]

【案情】最高人民法院认为，虽然晋城福盛钢铁有限公司在一审提交的证据的证明目的一栏自认了2008年7月24日至2009年7月23日为工程质量保证期间，但该自认与原审查明的河北剑桥冶金建设有限公司未提交证据证明铁水合格这一事实不一致。依照 2015 年《民诉法解释》第 92 条第 3 款"自认的事实与查明的事实不符的，人民法院不予确认"的规定，对河北剑桥冶金建设有限公司提出的该自认证据，不予支持。

【裁判规则】与事实不符的自认，人民法院不予确认。

在本案中，最高人民法院对于自认的效力进行了明确的界定。晋城福盛钢铁有限公司在一审提交的证据中，自认了某段时间为工程质量保证期间，然而这一自认与法院查明的事实不符，即河北剑桥冶金建设有限公司并未提供铁水合格的证据。根据《民诉法解释》的相关规定，自认的事实与法院已查明的事实不符时，人民法院不予确认。这一裁判规则体现了司法审判中对于事实认定的严谨性，即使当事人有自认行为，如果该自认与法院查明的客观事实相悖，也不能作为定案的依据。这有助于防止虚假自认或错误自认对案件公正审理产生影响。

例 25：谭某与增城市碧桂园物业发展有限公司、佛山市顺德区碧桂园物业发展有限公司等劳动争议纠纷案 [广东省广州市中级人民法院（2021）粤 01 民终 18646 号]

【案情】广东省广州市中级人民法院认为，关于谭某上诉主张增城市碧桂园物业发展有限公司（以下简称"增城市碧桂园物业公司"）在仲裁期间自认与谭某的劳动关系存续至 2020 年的问题，《民事诉讼证据规定》第 8 条规定："《最高人民法院关于适用〈中华人民共和国民事诉讼法〉的解释》第九十六条第一款规定的事实，不适用有关自认的规定。自认的事实与已经查明的事实不符的，人民法院不予确认。"根据上述司法解释可知，首先，涉及身份关系（包括确认劳动关系）的事实，不适用自认的有关规定;其次,本案中增城市碧桂园物业公司自认的事实与已经查明的事实不符,一审法院据此对增城市碧桂园物业公司的自认不予采纳并无不当,二审法院予以确认。谭某上诉主张应按照增城市碧桂园物业公司自认的事实认定双方劳动关系存续至2020年的依据不足,法院不予采纳。

【裁判规则】涉及身份关系(包括确认劳动关系)的事实不适用自认,且自认的事实与已经查明的事实不符,对当事人的自认不予采纳。

本案是一起劳动争议纠纷案,争议焦点之一在于劳动关系的存续时间。谭某上诉主张,应依据增城市碧桂园物业公司在仲裁期间的自认,认定双方劳动关系存续至2020年。然而,法院并未采纳这一主张,因为涉及身份关系(包括确认劳动关系)的事实,不适用自认的有关规定。同时,增城市碧桂园物业公司的自认与已经查明的事实不符。因此,一审法院对增城市碧桂园物业公司的自认不予采纳,这一做法并无不当。本案表明,在涉及身份关系的法律事实认定上,法院需严谨审查,不能仅凭当事人自认,而应依据相关证据和法律规定作出判断。

3. 执行异议之诉中,被执行人的自认受到限制

问:执行异议之诉中,被执行人对案外人的权利主张表示承认的,是否可以免除案外人的举证责任?

答:当事人对自己提出的诉讼请求所依据的事实,有责任提供证据加以证明,这是民事诉讼的基本举证原则。执行异议之诉案件同样应遵循上述原则。案外人作为原告方应举证其存在可以阻止执行的实体权利;在申请执行人执行异议之诉中,申请执行人则应举证证明执行标的可以强制执行。作为上述举证原则的例外情形,我国民事诉讼法律规定当事人对事实的承认可免除对方当事人的举证责任,即确立了自认制度。自认制

度暗含的适用前提应是诉讼程序本身具有对抗性,利益一致的双方当事人对事实的主张和自认,不能免除提出具体诉请或事实主张一方的举证责任。在执行异议之诉中,案外人和被执行人合谋通过共同确认案外人的实体权利,对抗申请执行人对执行标的的强制执行的情形,在实践中并不少见。因此,有意见认为,应加强法院在案件事实调查中的作用,同时引入禁止反言规则。

我们认为,在执行异议之诉中,为了真正避免当事人恶意利用自认制度,应当对被执行人的处分权利予以限制。而对被执行人的处分权予以限制需要正当理由,有观点认为,限制当事人处分权系因其有处分他人(申请执行人)可能的财产之虞,但是申请执行人对该财产是否享有权利依赖于本案诉讼的结果,如果案外人诉请成立,申请执行人可能的权利将被否定,可见,以此作为限制被执行人处分权的正当性理由不妥。被执行人处分权之所以被限制,是因为其处分行为本质上是在对抗形式上具有合法性的强制执行行为,而强制执行行为仅能由法院的裁判予以变动或否定,因为只有法院的裁判才可以否定强制执行行为的合法性。因此,在执行异议之诉中,对被执行人自认效力予以限制是正当的,亦是必要的。[1]

例 26:陕西崇立实业发展有限公司与中国信达资产管理股份有限公司陕西省分公司、西安佳佳房地产综合开发有限责任公司案外人执行异议之诉纠纷案[最高人民法院(2016)最高法民终 763 号]

【案情】 最高人民法院认为,2015 年《民诉法解释》第 311

---

[1] 最高人民法院民事审判第一庭编:《民事审判指导与参考》(2016 年第 3 辑,总第 67 辑),人民法院出版社 2017 年版,第 272—273 页。

条规定，案外人或者申请执行人提起执行异议之诉的，案外人应当就其对执行标的享有足以排除强制执行的民事权益承担举证证明责任。陕西崇立实业发展有限公司主张其基于合法建造事实享有案涉房屋所有权，应当承担举证证明责任。现其既未提交证据证明对于案涉项目的投资事实，亦未提交证据证明其对涉案房屋占有的权利外观，更未提交证据证明案涉房屋已经登记至其名下，应当承担举证不能的不利后果。

【裁判规则】案外人提起执行异议之诉的，应当就其对执行标的享有足以排除强制执行的民事权益承担举证证明责任，且需达到享有权益排除执行的高度盖然性证明标准。执行异议之诉中，利益和主张相对的双方首先是案外人和申请执行人，被执行人对案件事实的承认可以作为认定案件事实的证据，但不能据此当然免除案外人的举证证明责任。

本案是一起案外人执行异议之诉纠纷案。最高人民法院在审理中明确指出，案外人提起执行异议之诉的，应当就其对执行标的享有足以排除强制执行的民事权益承担举证证明责任，且需达到享有权益排除执行的高度盖然性证明标准。这一规定体现了法院对申请执行人权益的严格保护，要求案外人在提起执行异议之诉时，必须提供充分有效的证据来支持其主张。在本案中，陕西崇立实业发展有限公司未能提供足够的证据证明其对案涉房屋享有足以排除强制执行的民事权益，因此承担了举证不能的不利后果。这一裁判结果不仅维护了执行程序的稳定性和权威性，也提醒案外人在提起执行异议之诉时，应当充分准备证据，确保自己的主张能够得到法院的支持。

4. 当事人在调解或和解中的让步不能成为对其不利的证据

《民诉法解释》第107条明确规定，当事人在诉讼过程中，为促成调解或和解而作出的妥协性事实认可，不得在后续的诉讼程序中作为对其不利的证据使用，除非法律有特别规定或当事人双方均明确表示同意。这一规定的出台，旨在保护当事人在调解、和解过程中的真实意愿，避免因担心陈述后续被利用而不敢坦诚交流。

在调解与和解的语境下，当事人往往需要对某些事实作出一定的妥协或让步，以达成双方都能接受的解决方案。这些陈述往往并非完全基于事实真相，而是出于促成和解的考虑。因此，若将这些妥协性陈述视为自认，不仅可能违背当事人的真实意思表示，还可能导致案件事实与实际情况不符。

为了打消当事人的顾虑，鼓励他们积极参与调解、和解，法律明确规定，此类情境下的陈述不应被视作自认。这样，当事人在调解、和解过程中就能更加自由地表达意见，寻求共识，而不必担心自己的陈述会在后续诉讼中被用作于己不利的证据。这一规定不仅有助于提升调解、和解的成功率，还能更好地促进纠纷的高效解决。

例27：甲诉乙财产损害赔偿纠纷案，经法院庭前调解，乙对造成甲财产损害的事实予以承认，但双方就损害赔偿金额未能达成一致。

问：在其后的诉讼中，甲是否仍须对乙造成甲财产损害的事实承担举证责任？

答：甲仍须对乙造成甲财产损害的事实举证证明。《民诉法解释》第107条规定："在诉讼中，当事人为达成调解协议或者和解协议作出妥协而认可的事实，不得在后续的诉讼中作为对其不利的根据，但法律另有规定或者当事人均同意的除外。"诉讼调解或和解的过程是当事人双方平等协商，依自愿合法的原则处分其实体权利和诉讼权利，在互谅互让的基础上解决民事纠纷的过程。在这一过程中，当事人为达成调解或者和解协议，

五、自认事实：无需多言的"确凿"

往往对一些有争议的事实不再争辩，或者本着息事宁人的态度予以承认。在调解不能达成最终一致的情况下，依据上述司法解释的规定，这种表面上符合自认特征的诉讼行为不能发生自认的后果。作出这种规定主要是基于以下考虑：

第一，诉讼调解与和解过程中对事实的认可，是以达成协议为目的而作出的妥协和让步，与诉讼对抗过程中对事实的承认存在本质不同。

第二，如果承认调解或和解过程中对事实的认可能够发生自认的效果，无异于是对违反诚实信用原则的肯定，不利于鼓励当事人通过调解或和解的方式解决纠纷。当然，如果当事人双方均同意赋予这种对事实的认可以自认效果，则属于对自己程序利益的处分，人民法院应当予以尊重。[1]

例28：再审申请人王某华与被申请人郭某红、李某良合伙协议纠纷案〔最高人民法院（2016）最高法民申1279号〕

【**案情**】2015年《民诉法解释》第107条规定："在诉讼中，当事人为达成调解协议或者和解协议作出妥协而认可的事实，不得在后续的诉讼中作为对其不利的根据，但法律另有规定或者当事人均同意的除外。"该条是关于诉讼调解或者和解过程中对事实的认可不适用自认规则的规定，旨在确保一方当事人因调解或和解而对某种案件事实的认可不能对后续的诉讼产生不良影响，鼓励当事人以和解方式解决纠纷。该条规定适用于同一案件诉讼过程中，当事人希望达成调解协议或和解协议而未达成的情形，此时，在后续的诉讼中，不得将当事人为达

---

〔1〕 最高人民法院民事审判第一庭编：《民事审判实务问答》，法律出版社2021年版，第301—302页。

成调解协议或者和解协议作出妥协而认可的事实作为对其不利的根据。

一方面，该条规定未将当事人为达成调解协议或和解协议而认可的全部事实均排除在后续诉讼或另案诉讼中作为认定事实依据使用的可能；另一方面，该条规定亦未排除将当事人之间已经达成的调解协议或和解协议在另一诉讼案件中作为书证使用的可能。对于此类证据的证明力，人民法院审查判断所遵循的原则与其他证据并无不同，均应按照法定程序，全面、客观地审核，并根据当事人提交的其他证据，结合相关事实，综合认定待证事实存在的可能性。

因此，一方当事人欲推翻调解协议或和解协议所证明的事实的，应承担提供相应证据加以证明的责任。本案系王某华与李某良、郭某红之间的合伙协议纠纷，与曾某齐和以上三人的退伙纠纷系不同诉讼，自行和解协议能够作为书证在本案中使用，王某华以2015年《民诉法解释》第107条为依据排除自行和解协议证据效力的主张，不合该条规定的精神，于法无据，二审法院将自行和解协议中相关当事人认可的事实作为认定案件事实的依据，并无不当。

【裁判规则】2015年《民诉法解释》第107条规定未将当事人为达成调解协议或和解协议而认可的全部事实均排除在后续诉讼或另案诉讼中作为认定事实依据使用的可能，亦未排除将当事人之间已经达成的调解协议或和解协议在另一诉讼案件中作为书证使用的可能。

本案核心争议在于自行和解协议能否作为认定案件事实的依据。再审申请人王某华主张，根据2015年《民诉法解释》第107条，当事人为达成调解或和解而认可的事实，不得在后续诉讼中作为对其不利的根据。然而，最高人民法院指出，该条并未完全排除调解或和解中认可的事实在后续其他诉讼中的使用,而是旨在保护当事人的利益不因调解或和解中的妥协而在后续同一诉讼中受损。同时,已达成的调解或和解协议可作为书证在另一诉讼中使用,其证明力需按法定程序全面、客观地审核,并结合其他证据综合认定。因此,二审法院将自行和解协议中相关当事人认可的事实在其他案件中作为认定案件事实的依据,并无不当。这一裁判规则既保护了当事人的调解、和解积极性,又确保了诉讼的公正。

(四)自认能否反悔

自认在民事证据法中扮演着重要的角色,其一旦形成,便会为整个诉讼进程带来一系列深远的法律效应。首先,自认直接免除了对方当事人原本需承担的举证责任。这是因为自认本质上是对于己不利事实的明确承认,从而使得对方当事人无需再费力去搜集和提供证据来证明该事实的存在。其次,自认对法院的裁判也具有约束力。法院在审理案件时,必须充分尊重当事人的自认,不得作出任何与自认事实相悖的认定。这一原则确保了诉讼的一致性,防止法院对同一事实作出截然不同的判断,从而有效维护了司法裁判的权威性和可信度。

民事诉讼中的自认制度,作为诚信原则的重要体现,要求司法裁决必须严格依据当事人真实、自愿的诉辩。若当事人因正当理由违背其真实意愿作出承认,法律为其提供了纠正或寻求救济的渠道。广义上,当事人在以下三种情形下,可在法庭辩论结束前撤销自认:

第一,对方当事人同意。此时,撤销自认需征得对方当事人同意,这体现了双方当事人对诉讼权利的自主处分及对意思自治的尊重。撤销请求必须在法庭辩论终结前提出,以保障诉讼的顺利进行。

第二，受胁迫或存在重大误解。若当事人在受胁迫或存在重大误解的情况下作出自认，该自认可撤销，因为自认必须基于自由、真实的意思表示，而胁迫或重大误解会破坏这一前提。当事人需提供相应证据，证明胁迫或重大误解的存在，以支持其撤销请求。与2001年《民事诉讼证据规定》相比，当前规定在撤销自认条件上有所放宽，删除了"有充分证据证明"和"与事实不符"的限制。这一调整不仅减轻了当事人的举证负担，还更贴近撤销自认的本质——违背当事人真实意思。

第三，当事人还可通过另一途径推翻自认，即利用《民事诉讼证据规定》中自认事实与查明事实不符的规定。若当事人能举证证明其自认与事实不符，即便无法证明自认是在受胁迫或存在重大误解的情况下作出，也可达到撤销自认的法律效果。

鉴于撤销自认的严肃性，《民事诉讼证据规定》规定，法院在准许当事人撤销自认时，应作出口头或书面裁定。裁定作出后，方产生撤销自认的法律效力。这一规定确保了撤销自认程序的规范性和严肃性，也有效保障了当事人的合法权益。[1]

例29：马某红与被上诉人刘某芬、丁某令、中国大地财产保险股份有限公司天津市南开支公司及原审被告袁某虎机动车交通事故责任纠纷案［天津市第一中级人民法院（2020）津01民终2327号］

【案情】马某红在一审庭审中自认丁某令系其雇用的司机，二审中，马某红又主张其与丁某令系租赁关系，并提交了两组租赁协议予以佐证。但马某红仅提交租赁协议，未提交双方租

---

〔1〕 王新平编著：《民事诉讼证据规则编注》，法律出版社2023年版，第360、361页。

金支付的相关证据,且签订租赁协议的另一方即本案被上诉人丁某令经法院依法传唤未出庭参加诉讼,无法对所签协议真实性进行核实,故马某红主张其与丁某令系租赁关系的证据不足。二审庭审中,马某红陈述其是为帮助丁某令解决事情才自认其与丁某令系雇佣关系的,二审中推翻原来自认系因为丁某令不支付赔偿,另提交病历证明其在一审开庭期间意识不清醒。法院认为,马某红的病历显示其因肝部疾病入院,入院记录中记载"神志清楚",二审中刘某芬与中国大地财产保险股份有限公司天津市南开支公司均认为马某红应当根据其自认承担赔偿责任,马某红撤回自认的行为既未得到对方当事人同意,又不符合当事人的自认是在受胁迫或者存在重大误解情况下作出的情形,故对马某红撤销自认行为不予准许。一审法院认定马某红与丁某令之间系雇佣关系并无不当。

【裁判规则】撤销自认的行为既未得到当事人同意,又不符合当事人的自认是在受胁迫或存在重大误解情况下作出的情形,不予准许。

本案涉及马某红与丁某令之间关系的认定,核心争议在于双方是租赁关系还是雇佣关系。一审中,马某红自认丁某令为其雇用的司机,但在二审中又主张双方为租赁关系,并提交了租赁协议作为证据。法院并未采纳其在二审中的主张,因为马某红仅提供了租赁协议,未提交租金支付的相关证据,且丁某令未出庭,无法核实协议真实性。更重要的是,马某红撤回自认的行为既未得到对方当事人同意,也不符合自认是在受胁迫或存在重大误解情况下作出的情形。马某红提交的病历证明其在一审开庭期间意识清楚,因此撤回自认的理由不成立。法院最终维持了一审对雇佣关系的认定。这一裁判规则强调了自认的严肃性和稳定性,除非符合法定条件,否则不允许随意撤销自认。

例 30：贵州省松桃民族中学、贵州鑫前（集团）建设工程有限公司与原审第三人陈某飞建设工程施工合同纠纷案［贵州省铜仁市中级人民法院（2020）黔 06 民终 496 号］

【案情】 贵州省铜仁市中级人民法院认为，一审中贵州鑫前（集团）建设工程有限公司（以下简称"鑫前公司"）在起诉书中认可收到贵州省松桃民族中学（以下简称"民族中学"）已付工程款为 420 万元，其中包含 2013 年 1 月 24 日支付工程款 200 万元、1 月 25 日支付 10 万元、2 月 1 日支付 20 万元，2014 年 1 月 28 日支付 40 万元，2015 年 2 月 17 日支付 50 万元，2016 年 2 月 5 日支付 50 万元，2017 年 1 月 23 日支付 50 万元。民族中学在一审中举证证明 2013 年 8 月 21 日代鑫前公司向第三人陈某飞支付工程款 30 万元，2014 年 1 月 28 日另支付 40 万元，鑫前公司认可 2014 年 1 月 28 日另支付 40 万元，辩称支付给陈某飞的 30 万元包含在 420 万元中，是陈某飞 2013 年 8 月 21 日领取的 30 万元。鑫前公司在代理词中提出，"起诉状中陈述的民族中学于 2013 年 1 月 25 日支付 10 万元、2013 年 2 月 1 日支付 20 万元，因时间久远，陈述错误"。在二审中，鑫前公司提供证据证实李某智的银行账户上于 2013 年 1 月 25 日经支票汇入 10 万元、同年 2 月 1 日经支票汇入 20 万元，并非民族中学支付，原自认系重大误解。

根据《民事诉讼证据规定》第 3 条和第 9 条的规定，鑫前公司存在重大误解，且于一审庭审辩论终结前撤回自认及相应证据证明其为重大误解，该院依法对鑫前公司撤回自认予以确认。民族中学没有证据证实 2013 年 1 月 25 日支付鑫前公司 10 万元、2013 年 2 月 1 日支付鑫前公司 20 万元。故民族中学已付鑫前公司工程款为 460 万元，尚欠工程款为 977 865.85 元。

【裁判规则】 自认是在重大误解情况下作出的，当事人在法

五、自认事实：无需多言的"确凿"

庭辩论终结前撤销自认的，法院应当准许。

本案核心争议在于民族中学已付鑫前公司工程款的数额。一审中，鑫前公司自认收到民族中学420万元工程款，并详细列出了支付时间和金额。然而，在二审中，鑫前公司提出原自认存在重大误解，指出其中两笔款项（2013年1月25日的10万元和2月1日的20万元）并非由民族中学支付，而是由其他方式获得，并提供了相应证据予以证明。法院根据《民事诉讼证据规定》的相关规定，认为鑫前公司在法庭辩论终结前撤回了原自认，并提供了充分证据证明其为重大误解，因此依法对鑫前公司撤回自认予以确认。

(五) 自认规则存在的问题

我国民事诉讼中的自认机制，是在传统职权主义探究模式与引进的辩论主义诉讼理念交汇融合下应运而生的一种制度。鉴于我国尚未广泛建立起与辩论主义相匹配的系统性诉讼理论框架及思维模式，加之当前民事自认的相关规定显得较为抽象且缺乏具体操作性，司法实践中，法官往往需依赖个人的审判经验和逻辑推理来解读并应用自认规则。这一现状导致了自认制度——这一辩论主义在制度层面的体现——在实际操作中面临诸多挑战与理解上的分歧。[1]

1. "于己不利"的判断标准是什么？

在探讨"于己不利"的界定时，我们面临证明责任论与败诉风险论两种观点。证明责任论认为，不利陈述指应由对方证明的事实，但它忽略了自认制度仅免除对方主观举证责任，非客观证明责任，尤其在证明责任倒置案件中，这导致了逻辑上

---

[1] 康晓、包彬：《民事自认的理论辨识与审判适用》，载 https://weibo.com/ttarticle/p/show?id=2309404713888880132442，最后访问日期：2024年11月16日。

的不足。若依此理论，自认适用将取决于证明责任分配，增加了复杂性，因为并非所有事实都需证据证明。法官审判时通常先确认无争议事实，再处理争议或真伪不明事实，因此自认应用应先于证明责任分配。颠倒此顺序可能造成逻辑混乱，加大实务难度。

相对而言，败诉风险论提供了更合理、更易操作的标准。败诉风险非诉讼结束时才确定，而是诉讼过程中法官基于已知事实对诉讼请求可能得到的支持程度进行预先判断。此判断是相对的，支持一方往往意味着另一方风险增加。败诉风险论从诉讼结果角度界定"于己不利"，既符合实际需求，也便于法官操作应用。因此，在界定"于己不利"时，败诉风险论显得更为合理和实用。

2. 如何区分对事实的自认与对诉讼请求的认可、对权利的承认以及对证据的认可？

在诉讼过程中，对事实的自认、对诉讼请求的认可、对权利的承认以及对证据的认可，都是涉及当事人意思表示的重要概念，且各自具有独特的法律效果。为确保诉讼的清晰与公正，我们有必要对它们进行明确的区分。

（1）对事实的自认，通常被称为"自认"，它是指当事人在诉讼过程中，对对方当事人所主张的于己不利的事实明确表示承认。这种承认具有法律上的约束力，一旦作出，除非有法定情形，否则不得随意撤回。自认的效果在于简化诉讼程序，免除对方当事人的举证责任，并作为法官判断案件事实的重要依据。

（2）对诉讼请求的认可，我们可以称之为"认诺"或"承诺"。这是指当事人对对方当事人提出的诉讼请求表示接受和同意，愿意承担相应的法律后果。认诺的效果在于直接导致诉讼的终结,法院将依据认诺的内容作出判决,无需再对案件事实进行审理和判断。

(3)对权利的承认,即"权利自认",它是指当事人承认对方当事人对某一事实所属法律关系性质或应适用法律的陈述或意见为正确。然而,需要注意的是,对法律关系的定性和法律的适用属于法官的职权范围,当事人无权干涉。因此,大多数情况下,权利自认并不具有法律上的约束力。但对于某些先决性法律关系的自认,如所有权的归属等,以及具体事实符合法律规定要件的陈述,如承认"过失",这些自认可能具有一定的法律效力。

(4)对证据的认可与自认有着本质的区别。对证据的认可仅仅表明该项证据具有证明力,可能支持提出证据方所主张的案件事实。但对证据的认可并不意味着对事实的承认,因为案件事实的成立可能需要多个证据的综合证明。因此,仅对其中一项证据的认可,并不能免除相对人对认定该事实所需要的其他证据的举证证明责任。

3."明知"规范、缺席审判和当事人自认

我们结合两个案例来阐述:

例31:民间借贷纠纷,当事人均到庭,甲承认乙借款用于赌博,乙对此否认,法院确认甲明知借款用于非法目的,而确认借款合同无效。问:法院的做法正确吗?

本案关键在于甲对自己"明知"状态的陈述。

首先,甲的"明知"是一种主观心理状态,是对自己行为性质或可能造成结果的认识。这种认识是甲对自己心理状态的描述和判断,无需他人提出事实予以证明。因此,当甲明确表示自己事先明确知道借款用于非法目的时,这种陈述就构成了一种直接的认知表达。

其次，法律对"明知"这种状态直接设定了某种法律效果，即如果借款人明知借款用于非法目的，则借款合同无效。这种法律效果是基于对"明知"状态的直接判定和适用的，而无需通过自认制度来确认。因此，在这个案例中，甲的陈述并不构成自认，而是直接作为认定案件事实的依据。

最后，"明知"与"应知"不同。"明知"是行为人对自己心理状态的直接描述，无需他人通过列举行为来反推，而"应知"则涉及对他人的分析、判断和评价，需要以一定事实为基础，并涉及举证方面。在这个案例中，甲的陈述是"明知"，因此直接作为认定案件事实的依据，无需通过自认或举证来确认。

例32：民间借贷纠纷，甲诉请乙归还本金10万元，乙未到庭答辩，甲承认乙已还本金5万元，法院确认5万元还款事实，判决乙归还剩余本金5万元。法院的做法正确吗？

首先，缺席审判模式下，法院并不直接对缺席方作出不利判决，而是对其提交的诉讼材料进行审查，并将其中主张的事实和理由视为缺席方所作陈述。这种"虚拟辩论"的方式努力使双方当事人接近攻击和防御的平等对抗状态。

其次，在这个案例中，甲作为原告提出了一个于己不利的事实，即乙已还本金5万元。这个事实对于甲来说是不利的，因为它减少了甲可以主张的债权金额。然而，在缺席审判模式下，这个不利事实被视为乙所作的陈述，即视为乙自动援引了甲的这一陈述。

最后，由于乙未到庭答辩，无法对甲的陈述提出异议或反驳，法院在审查了甲的陈述和相关证据后，确认了乙已还本金5万元的事实，并据此作出判决。这个判决是基于甲的不利陈述和缺席审判模式下的"虚拟辩论"原则作出的,体现了缺席审判的公正性和合理性。

4. 如何对当事人在他案及本案中分别就同一事实作不同表述的行为进行规制?

有人担忧,若法官不能通过自认规则对此类行为进行约束,会纵容当事人的不诚信行为,甚至鼓励说谎。然而,这种担忧其实是对自认规则与证据规则之间关系的误解。

首先,必须明确的是,当事人在其他案件中的陈述,即使对本案不利,也不能直接作为自认而适用。这是因为自认规则主要适用于同一诉讼程序中的当事人陈述,其目的是简化诉讼程序,提高诉讼效率。在不同诉讼程序中,当事人的陈述可能受到多种因素的影响,包括诉讼策略、证据情况的变化等,因此不能简单地将其他案件中的陈述作为自认来处理。

然而,这并不意味着我们对此类行为束手无策。对方当事人完全可以将当事人在其他案件中作出的不利陈述作为证据提交给法庭。这些陈述,无论是以书状、庭审笔录等书证形式存在,还是以视听资料、电子数据等形式呈现,都可以作为证明特定事实的证据。在诉讼过程中,这些证据将经过举证、质证和认证等程序,由法官根据证据规则进行评判。

重要的是,法官在审理案件时,应秉持公正、客观的原则,对当事人提交的所有证据进行全面、细致的审查。对于当事人在不同案件中作出的不一致陈述,法官应要求当事人作出合理解释,并根据案件的具体情况进行综合判断。如果当事人的陈述存在明显的不一致或矛盾之处,且无法作出合理解释,那么这些陈述的可信度将受到质疑,进而影响法官对案件事实的认定。

5. 关于附条件自认的认定

在处理附条件自认的认定问题时,我们应当采取一种综合且细致的分析方法，以确保既尊重当事人的真实意图，又维护诉讼的公正与效率。

首先，对于当事人提出的附加条件的承认，我们不能简单地将其与承认的事实割裂开来单独考虑。相反，我们应当将两者视为一个整体，综合判断它们之间的逻辑关系。如果承认的事实与附加条件在法律上属于同一关系范畴，那么我们在认定是否构成自认时，必须将这两个方面一并纳入考量范围。这是因为，在这种情况下，附加条件往往是对所承认事实的一种限定或补充，两者相互依存，共同构成了当事人的完整意思表示。

然而，如果承认的事实与附加条件在法律上并不具有直接的关联性，即它们分属于两个不同的法律关系，那么我们可以分别进行认定。在这种情况下，我们可以将当事人的承认事实视为自认，而将其附加条件视为当事人另行提出的一个独立请求或抗辩。对于这一独立请求或抗辩，我们应当要求当事人承担相应的举证证明责任。

其次，我们需要明确区分附条件自认与当事人的抗辩。抗辩是当事人在诉讼中针对对方的权利请求而采用的一种防御手段，其目的在于通过主张与对方请求要件事实不同的事实来排斥对方的主张，从而使对方的诉讼请求被驳回。因此，在抗辩的情况下，当事人应当对其所提的抗辩事由承担举证证明责任。在附条件自认中，如果当事人以另一事实进行独立的攻击或防御，并且这一事实与对方主张的事实并不具有法律上的关联性，那么自认当事人应当就其附加条件承担举证证明责任。这是因为，在这种情况下，附加条件构成了一个独立的诉讼主张，需要当事人提供相应的证据来支持其真实性。由于附加条件在这种情况下本属于对方当事人应当举证证明的内容，法官应当根据案件的具体情况综合考虑举证责任的分配。这可能意味着，在某些情况下，对方当事人也需要承担一定的举证责任来反驳或质疑附加条件的真实性。

6. 默认的设定及适用

在司法实践中，自认规则是处理当事人所作事实陈述的重要原则，它可以根据自认主体的主动性和被动性分为明示的自认和默认。默认作为一种特殊形态的自认，在处理当事人消极应诉行为时发挥着重要作用。

（1）默认的设定。默认是指一方当事人面对对方当事人主张的对己不利的事实，不作任何必要的争辩，对于对方当事人提交的对其不利的相关证据，不发表必要的质证意见，由此让法官产生该当事人认可对方主张事实的内心确信。这种默认行为，虽然不如明示的自认那样直接和明确，但同样可以产生相应的法律后果。

在一些国家的民事诉讼法中，如《德国民事诉讼法典》，对默认有明确的规定。这些规定为法官在司法实践中处理当事人消极应诉行为提供了法律依据。

（2）默认的适用。在司法实践中，默认的适用需要注意以下几点：①法官的说明义务。当法官发现当事人对对方当事人主张的于己不利的事实消极应诉时，有义务明确告知当事人消极应诉可能产生的法律后果。法官还应询问当事人消极应诉的具体原因，以判断其是否有合理的理由。②对默认行为的认定。如果法官已经履行了说明义务，但当事人仍然拒绝发表意见或进行质证，那么法官可以认定当事人对对方当事人主张的于己不利的事实作出默认。这种默认行为将产生与明示自认相同的法律后果，即免除对方当事人的举证责任，并作为法官认定案件事实的依据。③防止滥用默认规则。虽然默认规则可以有效遏制当事人消极应诉的行为，但也需要防止其被滥用。法官在认定默认行为时,应充分考虑当事人的具体情况和案件的实际情况。如果当事人能够对其沉默给出合理的理由,法官就不能简单地适用默认规则。

(3) 默认的意义。默认规则作为自认规则的有益补充,在司法实践中具有重要意义:①简化争点。通过默认规则,法官可以快速认定当事人无异议的事实,从而简化案件的争点,提高审判效率。②促进诉讼。默认规则可以促使当事人在庭审过程中更加积极地参与诉讼活动,避免消极应诉和拖延举证等不良行为的发生。③保障公正。默认规则确保了当事人在庭审过程中享有平等的诉讼权利,防止一方当事人利用消极应诉行为损害另一方当事人的合法权益。

7. 诉讼代理人是否适用默认规则

在诉讼过程中,诉讼代理人的角色至关重要,他们代表当事人参与诉讼活动,行使诉讼权利,承担诉讼义务。然而,有时诉讼代理人会采取不配合、消极应诉的策略,如一问三不知或拒不合作,这不仅会影响案件的审理效率,还可能损害当事人的合法权益。那么,诉讼代理人是否适用默认规则呢?我们可以从以下几个方面进行分析:

(1) 代理制度的性质要求:代理人只有在授权范围内作出积极的意思表示,方可对当事人产生约束力。这是代理制度的基本原则。然而,这并不意味着诉讼代理人可以无限制地消极应诉。在代理权限范围内,诉讼代理人有义务积极行使诉讼权利,履行诉讼义务。

(2) 经验法则的角度:当事人在诉讼中对另一方当事人对案件事实的陈述会作出肯定或否定的意思表示,其沉默也可推定为确有其事。但诉讼代理人则不同,其对对方主张的事实表示沉默,可能出于不了解案情的原因。因此,不能简单地将诉讼代理人的沉默视为自认。

（3）诉讼诚信原则的要求：诉讼代理人在诉讼过程中应当遵循诉讼诚信原则，积极、诚实地参与诉讼活动。如果诉讼代理人毫无顾忌地消极应诉，不仅违反了诉讼诚信原则，还可能损害当事人的合法权益。因此，对诉讼代理人的消极应诉行为应当进行规制。

（4）默认规则的具体适用：在特定情况下，如诉讼代理人经法官释明后仍无正当理由拒不配合诉讼活动开展，法官可以结合案件的具体情况确定是否适用默认规则。但需要注意的是，默认的运用应当谨慎，必须结合本案的其他证据来综合判定。

总之，诉讼代理人并非完全不适用默认规则。在特定情况下，如诉讼代理人经法官释明后仍无正当理由拒不配合诉讼活动，法官可以结合案件的具体情况确定是否适用默认规则。但这一规则的适用应当谨慎，并需结合其他证据进行综合判定。同时，法官在适用默认规则时也应充分履行说明义务，确保当事人的合法权益不受损害。

此外，对于诉讼代理人不配合质证等消极应诉行为，法官还可以采取其他措施进行规制，如要求诉讼代理人通过电话或远程视频方式联系其委托人进行询问，或者传唤当事人本人到场接受询问等。

8. 对虚假自认和恶意参加诉讼行为如何进行规制？

（1）关于虚假自认的识别与规制。

第一，识别虚假自认。①审查自认事实与案件其他证据的关联性。法官应仔细审查自认事实与案件其他证据是否相互印证，是否存在矛盾之处。如果自认事实与案件其他证据明显不符，或者与常识、经验法则相悖，则应警惕可能存在虚假自认。②考察自认的动机和目的。法官应关注当事人自认的动机和目的，特别是当自认对当事人明显不利时。如果当事人无法合理解释其自认的动机，或者自认行为与其在诉讼中的其他行为明显不一致，则应考虑是否存在虚假自认。③加强法庭调查。法官应加强对案件事实的调查，通过询问当事人、证人，以及查阅相关证据材料等方式，尽可能还原案件真相，从而判断自认的真实性。

第二，规制虚假自认。①明确虚假自认的法律后果。法律应明确规定虚假自认的法律后果，包括罚款、拘留等处罚措施，以及虚假自认对当事人诉讼权利的影响，如丧失某些诉讼权利、承担不利诉讼后果等。②加强法官的释明义务。法官在庭审过程中应加强对虚假自认的释明，告知当事人虚假自认的法律后果，并引导当事人如实陈述案件事实。③建立虚假自认的识别机制。法院可以建立虚假自认的识别机制，通过技术手段或专家辅助等方式，提高虚假自认的识别率。

（2）关于恶意参加诉讼的规制。

第一，如何看待特别申明无权对案件事实表态的诉讼代理人单独出庭的行为？①明确诉讼代理人的权限。当事人应在授权委托书中明确诉讼代理人的权限，包括是否可以对案件事实进行表态等。如果诉讼代理人特别申明无权对案件事实表态，则其单独出庭时，法官应尊重其权限限制，不向其询问案件事实。②对委托人的缺席进行处理。如果当事人仅委派无权对案件事实表态的诉讼代理人单独出庭，且本人拒不到庭，法官应视为当事人放弃相关诉讼权利，并依法进行缺席审理。③对诉讼代理人提交的证据进行审查。如果诉讼代理人当庭提交与案件事实有关的证据，法官应传唤当事人本人到庭进行确认，以确保证据的真实性。当事人本人拒不到庭的，视为放弃对该证据的质证权利。

五、自认事实：无需多言的"确凿"

第二，诉讼代理人面对法官询问的应对方式。①明确代理人身份和权限。诉讼代理人应清楚自己的身份和权限，对于超出权限范围的问题，应明确告知法官并拒绝回答。②如实转述当事人意见。对于当事人授权范围内的问题，诉讼代理人应如实转述当事人的意见和陈述，不得歪曲或篡改。③积极配合法庭调查。诉讼代理人应积极配合法庭的调查工作，提供必要的证据材料，协助法官查明案件事实。④及时与当事人沟通。在庭审过程中，如果诉讼代理人对案件事实存在疑问或需要进一步了解，应及时与当事人进行沟通，以确保代理行为的准确性和有效性。

9. 当事人撤回自认的时间是否局限于法庭辩论终结前？一审中的自认，二审中能否撤回？

我们认为，在讨论自认撤回的时间问题时，需平衡法律逻辑与实践需要。自认作为当事人对诉讼权利的一种处分行为，一旦作出便产生约束力，但也不应过于僵化。现行规定将撤回时间限于法庭辩论终结前，显得不够灵活。实际上，当事人在整个诉讼期间都有权对案件事实进行自认，因此，自认的撤回也应贯穿整个诉讼过程。若对方当事人同意撤回，即使法庭辩论结束，只要判决未出，法院就应尊重双方意愿，重启调查并给予举证机会。若对方不同意，法院也应恢复调查，此时撤回方需承担举证责任，证明自认存在胁迫或重大误解，并需遵守举证时限制度。

即使一审判决已出，当事人在二审中仍应有权撤回一审自认。自认规则旨在提高诉讼效率，若禁止在二审中撤回一审自认，当事人可能会通过审判监督程序申请再审，这不仅降低效率，还增加司法成本，与自认初衷不符。

因此，自认的撤回时间应更具灵活性，根据诉讼实际情况和当事人意愿来确定。同时，应允许在二审中撤回一审自认，以保障诉讼效率和公正性。这样的调整既尊重了当事人的诉讼权利，又兼顾了诉讼的效率和公正性，是更为合理和可行的做法。

正所谓：
自认事实无需言，法律后果紧相连。
免除举证对方乐，拘束裁判法院前。
口头书面皆可认，明确默认亦同然。
完全限制附条件，自认并非无界限。
法院查明不适用，事实不符相认难。
反悔虽非不可行，准确适用展新篇。

六、逾期的证据是否有效

举证期限如同法庭上的时钟,它提醒着每一位当事人:时间宝贵,证据需及时提交。(举证时限如时钟,滴滴答答催人行。)

——题记

(一)从证据"随时提出主义"到"适时提出主义"

1. 举证时限制度的演变过程

举证时限是指由法律明确规定、法院具体指定或当事人通过协商确定的,用于提交证据的特定时间限制。我国举证时限制度的发展,大致经历了四个显著的演变阶段。

最初,我国实行的是证据随时提出制度。在这一阶段,整个诉讼过程都向当事人敞开了提交证据的大门,无论何时发现新证据,当事人都有权随时向法庭提出。

随后,举证期限的概念首次在1992年《最高人民法院关于适用〈中华人民共和国民事诉讼法〉若干问题的意见》中被明确提出。该意见规定,法院有权根据案件的具体情况,为当事人指定一个合理的证据提交期限。若当事人在指定期限内提交证据存在困难,可在期限届满前向法院申请延期,延期的具体长度则由法院决定。然而,这一阶段的规定尚不完善,对于举证期限的再次申请延长以及逾期提交证据的法律后果均未作出明确规定。

接下来,举证时限制度进入了发展阶段。1999年《人民法院五年改革纲要》强调了建立举证时限制度的重要性。随后，2001年《民事诉讼证据规定》对举证期限进行了全面而系统的规范，不仅明确了举证期限的具体要求，还首次规定了证据逾期失权的法律后果，即当事人未在举证期限内提交的证据，将可能失去其证明效力。

最后，举证时限制度在立法层面得到了确立。2012年《民事诉讼法》对逾期提交证据的处理方式进行了灵活调整，摒弃了2001年《民事诉讼证据规定》中严格的证据逾期失权原则，转而要求当事人及时提出证据，并赋予了法官在程序正义与实体公正之间进行价值权衡的自由心证判断权。这一变化不仅体现了法律对当事人诉讼权利的尊重，也反映了法官在审理案件时面临的困难和挑战。

现行《民事诉讼法》第68条第2款规定："人民法院根据当事人的主张和案件审理情况，确定当事人应当提供的证据及其期限。当事人在该期限内提供证据确有困难的，可以向人民法院申请延长期限，人民法院根据当事人的申请适当延长。当事人逾期提供证据的，人民法院应当责令其说明理由；拒不说明理由或者理由不成立的，人民法院根据不同情形可以不予采纳该证据，或者采纳该证据但予以训诫、罚款。"对此现行《民诉法解释》和《民事诉讼证据规定》进行了细化。根据现行《民诉法解释》和《民事诉讼证据规定》，有许多事项必须在举证期限届满前提出，例如申请证人出庭作证、申请责令对方提交证据、申请证据保全、申请法院调查取证等，如果超过了举证期限，就不能再提出。

六、逾期的证据是否有效

例1：再审申请人李某华与被申请人张某文农村建房施工合同纠纷案［新疆维吾尔自治区高级人民法院（2021）新民申367号］

【案情】新疆维吾尔自治区高级人民法院认为，关于二审法院程序是否违法的问题，《民事诉讼证据规定》第54条规定："当事人申请延长举证期限的，应当在举证期限届满前向人民法院提出书面申请。申请理由成立的，人民法院应当准许，适当延长举证期限，并通知其他当事人。延长的举证期限适用于其他当事人。申请理由不成立的，人民法院不予准许，并通知申请人。"李某华申请证人出庭作证，应当在法院规定的举证期限届满前向法院提出书面申请，但李某华在二审开庭前未向法院书面申请延长举证期限，故二审法院根据李某华的主张及案件审理情况，对其庭后申请证人出庭作证不予准许，亦无不当。

【裁判规则】当事人申请证人出庭作证应在举证期限届满前向法院提出书面申请，法院对其庭后申请证人出庭作证不予准许，并无不当。

《民事诉讼证据规定》第54条之规定旨在确保诉讼的公正与效率，防止诉讼程序的拖延。本案中，李某华申请证人出庭作证，却未在法院规定的举证期限届满前提出书面申请延长举证期限，因此，二审法院根据其主张及案件审理的实际情况，对李某华庭后申请证人出庭作证的请求不予准许，这一做法符合法律规定。

2. 举证时限制度的功能

举证时限制度在诉讼程序中扮演着至关重要的角色，其核心功能在于显著提升诉讼效率，确保司法资源的合理分配。具体而言：

首先，举证时限制度通过设定明确的证据提交期限，有效防止了诉讼进程的拖延。在没有这一制度约束的情况下，当事人可能倾向于随时提出新证据，这不仅打乱了诉讼的节奏，还迫使法院多次组织质证，大大增加了审理的复杂性和时间成本。此外，这种无限制的举证方式也可能被某些当事人恶意利用，以拖延诉讼为手段，达到不正当的目的。举证时限制度的引入，从源头上遏制了这种滥用行为，保障了诉讼的顺利进行。

其次，举证时限制度有助于法院实现集中审理，提高审判效率。在举证期限内，双方当事人需完成证据的提交，这使得法官能够在审理过程中紧扣案件争议焦点，进行有针对性的裁判。若允许随时举证，法官将不得不频繁应对新证据的出现，这不仅会打乱原有的审理计划，还可能导致已形成的裁判观点被反复推翻，从而延长案件审理周期。举证时限制度的实施，为法院提供了稳定的证据基础，确保了审判的连贯和高效。

最后，举证时限制度还促进了当事人之间的证据开示，为庭前和解创造了有利条件。在举证期限内，双方当事人需全面展示各自所掌握的证据，这有助于双方更清晰地了解彼此的诉求和主张。在此基础上，对于争议不大的案件，法院可以积极介入，引导双方达成和解协议，从而使更多的纠纷在庭前得到解决。这种做法不仅减轻了法院的审判压力，还极大地节约了司法资源，提高了整个诉讼体系的运行效率。[1]

(二) 举证期限如何确定

在民事诉讼中，法院需综合考虑当事人的诉求及案件的实际审理状况，来合理确定举证期限。由于民事案件通常具有复杂多变性，为了贴合实际审判工作的要求和灵活应对各种案件，法律赋予法院在决定举证期限时的自由裁量权。

---

[1] 肖峰：《最高人民法院民事诉讼证据规则条文解析与实务运用》，法律出版社2022年版，第269页。

六、逾期的证据是否有效

1. 举证期限的确定时间

《民事诉讼证据规定》第50条规定:"人民法院应当在审理前的准备阶段向当事人送达举证通知书。举证通知书应当载明举证责任的分配原则和要求、可以向人民法院申请调查收集证据的情形、人民法院根据案件情况指定的举证期限以及逾期提供证据的法律后果等内容。"该规定要求在举证通知书中告知举证期限及逾期举证的后果。

那么,如何确定当事人的举证期限?在案件受理时确定还是在审理前的准备阶段确定?最高人民法院认为,应当在审理前准备阶段确定当事人提供证据的期限。《民诉法解释》第99条第1款第1句规定:"人民法院应当在审理前的准备阶段确定当事人的举证期限。"与之相符,《民事证据规定》第50条第1款规定:"人民法院应当在审理前的准备阶段向当事人送达举证通知书。"

根据《民事诉讼法》第12章第2节的规定,审理前的准备阶段是答辩期届满后至开庭审理前的阶段。在审理前的准备阶段确定举证期限,主要基于以下考虑:①在案件受理时即指定举证期限会导致双方当事人举证期限届满时间不一致,当诉讼中出现追加当事人等稍微复杂的情况时,当事人举证期限届满时间不一致会导致程序操作上的混乱。②根据《民事诉讼法》第136条第4项的规定,需要开庭审理的案件,都要通过证据交换等方式明确争议焦点。这意味着凡是开庭审理的案件,均应有以整理焦点、固定证据为目的的审理前准备。③在审理前的准备阶段,特别是在双方当事人到场的情况下指定举证期限,双方期限届满时间相同,有利于诉讼程序的操作。因此,应当在审理前的准备阶段确定当事人的举证期限。[1]

---

[1] 最高人民法院民事审判第一庭编:《民事审判指导与参考》(2016年第3辑,总第67辑),人民法院出版社2017年版,第296—297页。

另外，按照《民事诉讼程序繁简分流改革试点问答口径（二）》（法〔2020〕272号），审理前的准备阶段为立案后至开庭审理前的阶段，该阶段包含了答辩期，因此小额诉讼程序的答辩期和举证期限可以合并计算。

2. 举证期限的确定方式

《民事证据规定》第51条规定："举证期限可以由当事人协商，并经人民法院准许。人民法院指定举证期限的，适用第一审普通程序审理的案件不得少于十五日，当事人提供新的证据的第二审案件不得少于十日。适用简易程序审理的案件不得超过十五日，小额诉讼案件的举证期限一般不得超过七日。举证期限届满后，当事人提供反驳证据或者对已经提供的证据的来源、形式等方面的瑕疵进行补正的，人民法院可以酌情再次确定举证期限，该期限不受前款规定的期间限制。"

（1）举证期限的确定，依据确定主体的不同，主要分为两种方式：一是由当事人通过协商来确定，这种方式需要得到法院的认可；二是由法院直接为当事人指定举证期限。2001年的《民事诉讼证据规定》虽然强调了当事人协商的优先性，但在实际操作中，法院指定举证期限的情况仍然占据主导地位，当事人协商确定的情况相对较少。

这种现状主要受到以下几个因素的影响：首先，法院在送达举证通知书时，通常会一并指定举证期限，而这一过程往往发生在被告还未进行答辩的阶段。法院此时仅了解了原告的诉求和事实依据，对被告的抗辩情况尚不了解，因此很难在全面把握案情的基础上，提出一个既合理又科学的举证期限。其次，立案部门在发送受案通知书和应诉通知书时，案件卷宗通常仍在立案阶段，尚未转至审判部门。若要求立案部门在制作举证通知书时，对案件进行实体审查以确定举证期限，显然超出了

六、逾期的证据是否有效

其职责范围。最后，如果法院在送达受案通知书、应诉通知书的同时就确定了举证期限，这无疑会限制当事人协商确定举证期限的权利。

然而，完全由当事人协商确定举证期限也存在诸多弊端。例如，当事人可能因久商不决而恶意拖延，导致司法效率的降低；或者当事人可能滥用诉讼权利，随意协商举证期限，从而使法院的审理工作陷入被动。

因此，为了平衡当事人的诉讼权利与法院的审判效率，有必要将当事人协商确定举证期限的相关事项的最终裁量权交给法院行使。法院可以在充分了解案情、考虑当事人取证难易程度以及案件审理需要的基础上，对当事人协商确定的举证期限进行审查和调整。这样既可以保障当事人的诉讼权利，又可以确保案件的及时、公正审理。同时，法院也应加强对当事人协商过程的指导和监督，防止当事人滥用诉讼权利或恶意拖延诉讼进程。

（2）为实现繁简分流，根据不同案件的性质和特征，法院指定的举证期限不尽相同：①适用第一审普通程序审理的案件，举证期限不得少于15日；②当事人提供新的证据的第二审案件，举证期限不得少于10日；③适用简易程序审理的案件，举证期限不得超过15日；④小额诉讼案件的举证期限一般不得超过7日。

（3）关于再次确定举证期限。举证期限届满后，当事人提供反驳证据或者对已经提供的证据的来源、形式等方面的瑕疵进行补正的，人民法院可以酌情再次确定举证期限，该期限不受《民事诉讼证据规定》第51条第2款规定的期间限制。在司法实务中，举证期限届满后，当事人因抗辩对方主张或对方对己方证据提出质疑而需要补充或反驳证据的情况时有发生，为了维护当事人的平等诉讼地位和尊重其诉讼权利，法院在特定情况下会酌情再次为当事人确定举证期限。这一规定的出发点在于保障当事人的诉讼权利，确保案件事实的查清和纠纷的公正解决。法院如果认为再次确定举证期限有助于案件的审理和裁判，且不会过分拖延诉讼进程，就有可能批准当事人的申请。值得注意的是，虽然法院可以酌情再次确定举证期限，但这一期限并不受之前规定期间的限制。这意味着法院在确定新的举证期限时，可以根据案件的实际需要来灵活设定，以确保诉讼程序的公正和高效。

例2：北京市中国旅行社有限公司与德国跃动旅行责任有限公司委托合同纠纷案［北京市高级人民法院（2021）京民终661号］

【案情】《民事诉讼证据规定》第51条第3款规定："举证期限届满后，当事人提供反驳证据或者对已经提供的证据的来源、形式等方面的瑕疵进行补正的，人民法院可以酌情再次确定举证期限，该期限不受前款规定的期间限制。"该案一审中，德国跃动旅行责任有限公司（以下简称"德国跃动公司"）、北京市中国旅行社有限公司（以下简称"北京中旅"）经过第一次证据交换后，均提交了补强证据。依据前述规定，举证期限针对主要证据发挥作用，补强证据作为佐证，不受举证期限的限制。此外，德国跃动公司主张的笔录删除的相关意见，经查，一审中，北京中旅的委托诉讼代理人已经在该次谈话笔录上签字确认，并未表示异议。综上，北京中旅关于一审程序存在严重瑕疵的上诉理由不成立，北京市高级人民法院不予采信。

【裁判规则】举证期限针对主要证据发挥作用，补强证据作为佐证，不受举证期限的限制。

在本案中，双方当事人在一审中首次证据交换后均提交了补强证据，北京市高级人民法院依据《民事诉讼证据规定》第51条第3款指出，举证期限针对主要证据发挥作用，而补强证据作为佐证，并不受举证期限的严格限制。这一判决明确了举证期限的适用范围，指出补强证据的使用具有灵活性。

例3：章某与付某民间借贷纠纷案［江西省上饶市中级人民法院（2021）赣11民终872号］

【案情】付某向一审法院提供其汇款给章某共计107万元的银行汇款凭证，其中2012年11月26日20万元、2012年12月5日13万元的银行转账凭证是在该案一审第二次开庭时由付某补充提交的证据。对此，章某在该次庭审中当即要求法院另行给予其举证期限，以便针对付某补充的证据，收集提供相应的反驳证据进行抗辩。但是，一审法院没有另行赋予章某相应的举证期限，且在章某庭后提交反驳证据后也没有另行组织证据交换和质证，更没有在该案判决书中对章某的反驳证据进行审查评判。因此，一审法院的行为违反了《民事诉讼证据规定》第51条第3款"举证期限届满后，当事人提供反驳证据或者对已经提供的证据的来源、形式等方面的瑕疵进行补正的，人民法院可以酌情再次确定举证期限，该期限不受前款规定的期间限制"的规定，属于审判程序不当。鉴于该案一审基本事实不清且审判程序不当，为查明案件事实、保护当事人的审级利益，该案应当发回重审。

【裁判规则】上诉人在一审庭审中当即要求法院另行给予其举证期限，以便针对对方当事人补充的证据，收集提供相应的反驳证据进行抗辩，一审法院没有另行赋予其相应的举证期限违反了相关规定，属于审判程序不当，应发回重审。

在本案中，一审法院在处理举证期限问题上的不当行为导致了审判程序的瑕疵。付某在一审第二次开庭中补充提交了关键证据，章某随即请求法院另行给予举证期限以收集反驳证据，这是当事人依法享有的诉讼权利。然而，一审法院未予准许，且在章某庭后提交反驳证据后，也未组织证据交换和质证，更未在判决书中对反驳证据进行审查评判。这一行为违反了《民事诉讼证据规定》关于举证期限的灵活性规定，剥夺了章某的举证权利，构成了审判程序的不当。因此，江西省上饶市中级人民法院裁定发回重审，体现了对当事人举证权利的尊重。

（三）逾期举证有何后果

《民诉法解释》第101条规定："当事人逾期提供证据的，人民法院应当责令其说明理由，必要时可以要求其提供相应的证据。当事人因客观原因逾期提供证据，或者对方当事人对逾期提供证据未提出异议的，视为未逾期。"第102条规定："当事人因故意或者重大过失逾期提供的证据，人民法院不予采纳。但该证据与案件基本事实有关的，人民法院应当采纳，并依照民事诉讼法第六十八条、第一百一十八条第一款的规定予以训诫、罚款。当事人非因故意或者重大过失逾期提供的证据，人民法院应当采纳，并对当事人予以训诫。当事人一方要求另一方赔偿因逾期提供证据致使其增加的交通、住宿、就餐、误工、证人出庭作证等必要费用的，人民法院可予支持。"该规定对于逾期且无正当理由提交的证据，并未采取一刀切的失权处理，而是赋予了法院根据案件具体情况进行裁量的权力。法院可以选择采纳这些证据，并视情况对当事人采取训诫、罚款等制裁措施。这一规定的背后，蕴含着对举证时限制度与民事诉讼根本目的之间关系的深刻理解。

民事诉讼的核心目的在于查清案件事实，公正、高效地解决纠纷,举证时限制度作为诉讼程序中的一项重要规则,其初衷是提高诉讼效率,防止诉讼拖延,确保当事人及时提供证据,以便法院能够基于充分的证据作出准确的判决。然而,如果过分强调举证期限的刚性,可能会导致一些关键证据因逾期提交而被排除,进而影响案件事实的查清和纠纷的公正解决。我国的现行规定体现了对举证时限制度的灵活适用。法院在审理案件时,应当综合考虑案件的具体情况,包括逾期提交证据的原因、证据的重要性以及对诉讼进程的影响等因素,决定是否采纳逾期提交的证据。这种灵活处理的方式,既保证了诉讼效率,又确保了案件事实的查清和纠纷的公正解决。同时,对逾期提交证据的当事人采取训诫、罚款等制裁措施,也是对其行为的一种约束和惩罚,这体现了法律的严肃性,促使当事人在未来的诉讼中更加遵守举证时限制度。

根据以上论述,逾期举证有以下几种后果:

第一,因客观原因逾期提供证据:若当事人因客观原因,如不可抗力、意外事件等无法避免的情况,逾期提供证据,且对方当事人对此未提出异议,则视为未逾期,法院将接纳该证据,并不对当事人进行处罚。

第二,因故意或重大过失逾期提供的证据:若当事人因故意或重大过失逾期提供证据,且该证据与案件基本事实无关,法院将不予采纳该证据。此举旨在惩罚那些明知故犯或严重疏忽的当事人,以维护诉讼的公平与效率。

第三,因故意或重大过失逾期提供但与案件基本事实有关的证据:尽管当事人因故意或重大过失逾期提供证据,但若该证据与案件基本事实密切相关,法院仍将采纳该证据。然而,为了维护诉讼秩序,法院将依照相关法律规定对当事人进行训诫或罚款,以示惩戒。

第四，非因故意或重大过失逾期提供的证据：若当事人并非出于故意或重大过失而逾期提供证据，法院将采纳该证据，但会对当事人进行训诫，以提醒其注意诉讼时限和举证责任的重要性。

第五，逾期举证导致对方增加费用：当事人逾期提供证据，除了会拖延诉讼进程，影响对方当事人行使诉讼权利，还会给对方当事人的生活、工作带来一定负面影响。例如，当事人再次出庭还要支付的住宿、车旅、误工等必要费用，再次传唤证人出庭所需支付的费用，都是由于逾期举证的当事人未能及时提交证据才产生的。所以，出于平衡双方当事人利益的考量，《民诉法解释》规定，若一方当事人因逾期提供证据导致另一方当事人增加了交通、住宿、就餐、误工、证人出庭作证等必要费用，法院将支持另一方当事人的赔偿请求。

例4：王某与昆明泰中房地产开发经营有限公司等民间借贷纠纷案［最高人民法院（2018）最高法民再116号］

【案情】 最高人民法院认为，王某提交两份保证合同作为二审新证据，虽然王某解释一审未提交是因未找到，且合同上存在列明的"保证人"和"借款人"不完全一致等情形，但在没有相反证据否定其真实性的情况下，二审法院不予采信，依据不足。本案中，保证期间的认定直接关系到保证人是否承担保证责任，对于债权人的实体权益至关重要，属于证明本案基本事实的证据。根据《民诉法解释》第101条、第102条的规定，即使王某逾期提交证据存在一定过失，法院也不宜轻易否定与案件基本事实有关的证据。

【裁判规则】 当事人逾期提交证据存在一定过失的，人民法院不宜轻易否定与案件基本事实有关的证据。

本案是一起民间借贷纠纷案，争议焦点在于王某逾期提交的两份保证合同是否应被采信，以及这些证据与案件基本事实的关系。最高人民法院在本案的裁判中明确了一个重要的规则：即使当事人逾期提交证据存在一定过失，人民法院也不宜轻易否定与案件基本事实有关的证据。这一规则体现了司法公正和实体正义的价值取向，强调了证据在查明案件事实中的重要性。

案件分析：①逾期提交证据的原因。王某解释一审未提交两份保证合同是因未找到，且合同上存在列明的"保证人"和"借款人"不完全一致等情形。虽然这种解释可能表明王某在证据管理上存在疏忽，但并不能直接否定证据的真实性和关联性。②证据的重要性。本案中，保证期间的认定直接关系到保证人是否承担保证责任，对于债权人的实体权益至关重要。因此，两份保证合同作为证明本案基本事实的证据，其重要性不言而喻。③二审法院的处理。二审法院未采信王某逾期提交的证据，在一定程度上可能影响了案件的公正审理。根据《民诉法解释》的相关规定，即使证据存在逾期提交的情形，只要其与案件基本事实有关，人民法院仍应审慎处理，不宜轻易否定。④最高人民法院的裁判。最高人民法院在再审中纠正了二审法院的错误，明确指出了即使王某逾期提交证据存在一定过失，人民法院也不宜轻易否定与案件基本事实有关的证据。

例5：江西圳业房地产开发有限公司与江西省国利建筑工程有限公司建设工程施工合同纠纷案［最高人民法院（2006）民一终字第52号］

【案情】最高人民法院认为，江西圳业房地产开发有限公司（以下简称"圳业公司"）虽主张已付清全部工程款，但不能提出有效证据加以证明。因此，一审法院只能以江西省国利建筑工程有限公司（以下简称"国利公司"）提供的证据为计算工程款的依据。尽管圳业公司提出了通过鉴定确定工程款数额的请求，且这一请求因其未按期交纳鉴定费而未能得到支持，但在确定工程款数额问题上，圳业公司仍享有抗辩权。对于其抗辩，法院仍应进行审查。圳业公司提出，国利公司计算工程款有误，导致一审判决认定的工程款数额多了 1 879 343.98 元。最高人民法院二审期间，国利公司对误算工程款一事予以确认并明确表示放弃向圳业公司主张 1 879 343.98 元工程款，法院对此依法予以确认。圳业公司关于一审判决多算上述工程款的抗辩有理，法院予以支持。

【裁判规则】根据 2001 年《民事诉讼证据规定》第 34 条的规定，当事人应当在举证期限内向人民法院提交证据材料，当事人在举证期限内不提交的，视为放弃举证权利，人民法院可以根据对方当事人提供的证据认定案件事实。但是，被视为放弃举证权利的一方当事人依法仍享有抗辩权，人民法院对其抗辩应当依法审查，抗辩有理的应当予以采纳、支持。

2001 年《民事诉讼证据规定》第 34 条规定了当事人应在举证期限内向法院提交证据材料，若逾期未提交，则视为放弃举证权利，此时法院可依据对方当事人提供的证据来认定案件事实。此规定强调了举证期限的重要性，旨在保证诉讼的高效与公正。然而，在本案中，圳业公司因未能在举证期限内提出有效证据支持其已付清工程款的主张，看似失去了举证权利，但法院并未因此剥夺其抗辩权。圳业公司依然有权对国利公司的工程款计算提出质疑，并且其抗辩得到了法院的审查与支持。这体现了司法实践中对当事人权利的全面保护，即使错过举证时限，只要抗辩有理有据，法院仍会依法采纳并支持。此案例诠释了举证期限与抗辩权之间的平衡与协调。

六、逾期的证据是否有效

例 6：天津福特斯有限公司与天津市蓟县供热服务中心占有物返还纠纷案［最高人民法院（2015）民一终字第 105 号］

【案情】针对天津福特斯有限公司（以下简称"福特斯公司"）在二审中提交的相关证据，最高人民法院认为，嘉信集团于 2015 年 5 月 10 日出具的证明材料及鑫泰物业公司诉华奥公司追偿权纠纷案的诉讼材料形成于一审程序结束之后，从形式上看，其属于二审程序中的新证据。福特斯公司提交鑫泰物业公司诉华奥公司追偿权纠纷案的诉讼材料，旨在证明鑫泰物业公司为本案标的物的使用人和经营者，应追加鑫泰物业公司为本案被告。最高人民法院（2015）民一终字第 105-1 号民事裁定书认定，鑫泰物业公司实际占有使用案涉供热设施系根据天津市蓟县（今蓟州区）供热服务中心（以下简称"供热中心"）的指示，从占有类型看，属他主占有和辅助占有，其占有状态能否持续，依赖于供热中心的授权意思。据此，鑫泰物业公司并非必须参加本案诉讼的必要共同诉讼人。于此情况下，在对本案当事人诉争实体权利义务的认定和处理过程中，该证据不具有证明力。

最高人民法院认为，即使福特斯公司所述逾期提供证据的事由属实，该情形也显然不属于"客观原因"。此外，当事人之间重要协议的废止显属本案争议的极端重要事项。但本案事实表明，福特斯公司在一审期间向人民法院提交了其主张已经废止的相关协议等证据，明确提出华奥公司基于该等协议享有案涉资产所有权且其已通过买卖合同等享有案涉供热资产的所有权等权利的诉讼理由，而没有向一审法院提及该重要事实。即便福特斯公司确因交接问题未能如期提交相关证据，上述事实亦使福特斯公司二审所述逾期提交相关"新证据"的理由欠缺起码的合理性。由于福特斯公司逾期提供该等证据不属于客观原因所致，其所持理由也明显不能成立，依照法律、司法解释的规定，应认定其构成重大过失，最高人民法院均不予采信。但根据有关证据与案件基本事实的关系，最高人民法院就前述 6 份证据以及嘉信集团于 2015 年 5 月 10 日出具的证明材料分别作出认定。

【裁判规则】当事人逾期提供证据不属于客观原因所致，其所持理由明显不能成立的，应认定其构成重大过失，均不予采信。但根据有关证据与案件基本事实的关系，人民法院可分别作出认定。

在本案中，福特斯公司二审提交的相关证据，因形成于一审程序结束之后，被视为二审中的新证据。然而，最高人民法院在审查后认为，即便福特斯公司所述逾期提供证据的事由属实，该情形也不构成客观原因，且其在一审期间未提及该重要事实，显属重大过失。因此，法院对其逾期提供的证据不予采信，但根据证据与案件基本事实的关系，仍对相关证据进行了分别认定。这体现了法院在司法实践中对逾期举证行为的严格审查与灵活处理，对于指导当事人依法举证、维护诉讼秩序具有重要意义。

第六，罚款的数额：现行《民事诉讼法》第 118 条第 1 款规定了对个人的罚款金额为人民币十万元以下，对单位的罚款金额为人民币五万元以上一百万元以下。对于自由裁量的幅度，《民事诉讼证据规定》第 59 条规定，人民法院对逾期提供证据的当事人处以罚款的，可以结合当事人逾期提供证据的主观过错程度、导致诉讼迟延的情况、诉讼标的金额等因素，确定罚款数额。

六、逾期的证据是否有效

例7：览海公司不服罚款决定复议案［湖北省武汉市中级人民法院（2021）鄂01司惩复1号］

【裁判规则】2017年《民事诉讼法》第65条规定："当事人对自己提出的主张应当及时提供证据。人民法院根据当事人的主张和案件审理情况，确定当事人应当提供的证据及其期限。当事人在该期限内提供证据确有困难的，可以向人民法院申请延长期限，人民法院根据当事人的申请适当延长。当事人逾期提供证据的，人民法院应当责令其说明理由；拒不说明理由或者理由不成立的，人民法院根据不同情形可以不予采纳该证据，或者采纳该证据但予以训诫、罚款。"2020年《民诉法解释》第102条第1款规定："当事人因故意或者重大过失逾期提供的证据，人民法院不予采纳。但该证据与案件基本事实有关的，人民法院应当采纳，并依照民事诉讼法第六十五条、第一百一十五条第一款的规定予以训诫、罚款。"本案中，览海公司在原一审、二审诉讼过程中，未按照法院指定的时间到庭参加诉讼，亦未积极举证证明自己的主张，其在再审过程中提交证据，导致案件被发回重审，严重浪费司法资源，对其行为应予以民事制裁。2019年《民事诉讼证据规定》第59条规定："人民法院对逾期提供证据的当事人处以罚款的，可以结合当事人逾期提供证据的主观过错程度、导致诉讼迟延的情况、诉讼标的金额等因素，确定罚款数额。"结合览海公司在案件审理过程中妨害民事诉讼的性质、情节、后果以及诉讼标的等因素，原决定罚款金额过高，本院依法予以调整。

本案中，览海公司在原一审、二审诉讼过程中未按时到庭参加诉讼、未积极举证，而在再审过程中提交证据导致案件被发回重审的行为，严重浪费司法资源，应予以民事制裁。这一认定体现了法院对当事人诉讼行为的严格监督和对司法资源的合理保护。当事人应当尊重法院的审判权，积极配合诉讼活动，不得故意拖延诉讼或浪费司法资源。湖北省武汉市中级人民法院根据2019年《民事诉讼证据规定》第59条，结合览海公司的主观过错程度、导致诉讼迟延的情况、诉讼标的金额等因素，对原决定罚款金额进行了调整。这一做法体现了对当事人违法行为的惩罚，又避免了过度惩罚可能带来的不公正后果。

（四）举证期限能否延长

《民事诉讼证据规定》第52条规定："当事人在举证期限内提供证据存在客观障碍，属于民事诉讼法第六十五条第二款规定的'当事人在该期限内提供证据确有困难'的情形。前款情形，人民法院应当根据当事人的举证能力、不能在举证期限内提供证据的原因等因素综合判断。必要时，可以听取对方当事人的意见。"《民事诉讼法》第68条关于举证期限延长的规定，体现了法律对当事人举证能力的现实考量与灵活变通。"确有困难"作为举证期限延长的必备条件，被严格限定于两种客观障碍情形。

第一种情形是因不可抗力、社会事件等外部因素导致当事人在法定期限内无法完成举证。这类障碍具有突发性和不可抗拒性，如自然灾害等，它们可能严重阻碍当事人的取证活动，使其无法在举证期限内完成举证。在此情况下，允许当事人申请延长举证期限，是法律对处于困境的当事人的必要救济。

第二种情形是当事人客观上不能举证或难以举证。这类障碍主要源于证据本身的特殊性或取证过程的复杂性。例如，需要勘验、鉴定、评估、审计才能提供的证据，往往涉及专业知识和技术手段，当事人在短时间内难以自行完成；涉及国家秘密、商业秘密的资料，可能受到法律保护和限制，当事人难以获取；当事人提供的证据相互矛盾，且已不能继续举证的情况，也需要更多时间来澄清和补充证据；当事人及其诉讼代理人因客观原因不能自行收集的其他证据，如证人下落不明、证据材料在第三方手中等。在这些情形下，允许当事人申请延长举证期限或申请法院调查收集证据，是保障当事人举证权利、确保案件事实查明的必要措施。

例8：陕西众源绿能天然气有限责任公司与陕西建工安装集团有限公司建设工程施工合同纠纷案 [陕西省高级人民法院（2021）陕民终755号]

【案情】 陕西省高级人民法院认为，上诉人在二审中将施工组织设计（方案）报审表作为新证据提交，因其原审中未提交该证据的理由是"我方企业档案管理比较混乱，没有找到该证据"，不符合《民事诉讼证据规定》第52条"当事人在举证期限内提供证据存在客观障碍"之规定，故应认定其逾期提供证据缺乏正当理由。

【裁判规则】 因企业档案管理比较混乱，没有找到相关证据，不属于在举证期限内提供证据存在客观障碍，当事人逾期提供证据缺乏正当理由。

在本案中，上诉人将施工组织设计（方案）报审表作为新证据提交，并解释原审中未提交的理由是企业档案管理混乱，未能找到该证据。然而，法院认为这并不构成《民事诉讼证据规定》第52条所规定的"当事人在举证期限内提供证据存在客观障碍"，因为企业档案管理混乱属于内部管理问题，而非外部不可抗力或法律、技术上的客观障碍，不足以成为逾期提供证据的正当理由。

例9：沈某、四川中营建筑工程有限公司与长泰县三营房地产开发有限公司建设工程施工合同纠纷案［福建省漳州市中级人民法院（2021）闽06民终737号］

【案情】关于2020年11月9日四川中营建筑工程有限公司（以下简称"中营公司"）付给敬某松34 830元、雷某华56 600元、王某4170元，福建省漳州市中级人民法院认为，《民事诉讼证据规定》第52条规定："当事人在举证期限内提供证据存在客观障碍，属于民事诉讼法第六十五条第二款规定的'当事人在该期限内提供证据确有困难'的情形。前款情形，人民法院应当根据当事人的举证能力、不能在举证期限内提供证据的原因等因素综合判断。必要时，可以听取对方当事人的意见。"该证据系中营公司在举证期限届满后、判决前提供的，其所主张的事实发生在举证期限届满后，属于当事人在举证期限内提供证据确有困难的情形，中营公司依沈某2018年12月13日委托项目部代为发放工人工资的发放证明，付给敬某松34 830元、雷某华56 600元、王某4170元的行为并无不当，故2020年11月9日中营公司付给敬某松34 830元、雷某华56 600元、王某4170元，应认定为中营公司已付给沈某工程款。

【裁判规则】案涉证据系当事人在举证期限届满后、判决前提供的，其所主张的事实发生在举证期限届满后，属于当事人在举证期限内提供证据确有困难的情形。

在本案中，法院认为，中营公司在举证期限届满后、判决前提供的证据，虽然超出了原定的举证期限，但其所主张的付款事实发生在举证期限届满之后，这构成了在举证期限内提供证据确有困难的特殊情形。法院综合考量了中营公司的举证能力、不能在举证期限内提供证据的具体原因以及对方当事人沈某的可能意见，最终认定中营公司的付款行为有效，并将其计入已付工程款。

《民事诉讼证据规定》第54条规定："当事人申请延长举证期限的，应当在举证期限届满前向人民法院提出书面申请。申请理由成立的，人民法院应当准许，适当延长举证期限，并通知其他当事人。延长的举证期限适用于其他当事人。申请理由不成立的，人民法院不予准许，并通知申请人。"由此可对申请延长举证期限的条件分析如下：

（1）申请延长举证期限的主体。该法条明确规定了申请延长举证期限的主体是"当事人"，即案件中的原告、被告、第三人等所有参与诉讼的主体均有权提出申请。

（2）时间要求。当事人必须在"举证期限届满前"向人民法院提出书面申请。这一规定强调了申请的时效性，即当事人不能在举证期限届满后才提出延长申请，而必须在举证期限届满之前提出。

（3）形式要求。申请必须以"书面"形式提出，这是为了确保申请的正式性和可追溯性，避免口头申请可能带来的不确定性和混乱。

（4）理由要求。当事人必须提供充分的理由来支持其延长举证期限的请求。这些理由应当能够说明当事人为何无法在原有的举证期限内完成举证，以及延长举证期限对其诉讼权利的重要性。

（5）法院对申请的审查与决定。①审查与决定。法院在收到当事人的申请后，应当对申请理由进行审查。如果认为申请理由成立，即当事人确实存在无法在原有举证期限内完成举证的情况，且延长举证期限对其诉讼权利具有重要影响，那么法院应当准许申请，并"适当延长举证期限"。同时，法院还需要将这一决定通知其他当事人,以确保诉讼的公平性和透明度。②通知其他当事人。延长举证期限的决定不仅适用于提出申请的当事人,还适用于其他所有当事人。因此,法院在作出决定后,必须及时通知其他当事人,以便他们了解新的举证期限,并据此调整自己的诉讼策略。③申请理由不成立的处理。如果法院经审查认为当事人的申请理由不成立,即不存在无法在原有举证期限内完成举证的情况,或者延长举证期限对其诉讼权利没有重要影响,那么法院应当不予准许申请,并通知申请人。这一决定同样需要说明理由,以体现司法的公正性和说服力。

(6)适用范围。延长的举证期限不仅适用于提出申请的当事人,也"适用于其他当事人"。这一规定确保了诉讼的公平性和一致性,避免了因个别当事人延长举证期限而对其他当事人造成的不公平影响,体现了平等保护。

例 10:古迪菲斯公司与聂某勉等追收未缴出资纠纷案[浙江省嘉兴市中级人民法院(2021)浙 04 民终 2099 号]

【裁判观点】 当事人申请延长举证期限的,应当在举证期限届满前向人民法院提出书面申请。古迪菲斯公司于 2019 年 11 月 22 日即向一审法院起诉,正因考虑到聂某勉身在南非,行使诉讼权利确有困难,一审法院在审理过程中裁定中止诉讼,直至 2021 年 2 月 2 日才开庭审理。聂某勉有充分的时间请求国内亲友帮助其找寻证据,亦可联络证人出庭提供证言,如有必要,也可委托诉讼代理人代为行使诉讼权利。但聂某勉在一审开庭前一年多的时间内均未提交证据,也未在举证期限届满前书面提出延期举证申请。一审法院已经根据实际情况充分保障了聂某勉的诉讼权利,并无程序违法之处。

六、逾期的证据是否有效

根据《民事诉讼证据规定》，当事人如需延长举证期限，应当在举证期限届满前向人民法院提出书面申请。本案中，聂某勉因身在南非，行使诉讼权利确实存在困难。为此，一审法院在审理过程中裁定中止诉讼，为聂某勉提供了充分的时间来准备诉讼材料、找寻证据、联络证人出庭提供证言。这一做法体现了法院对当事人诉讼权利的充分保障和尊重。尽管一审法院为聂某勉提供了充分的时间，但聂某勉在一审开庭前一年多的时间内均未提交证据，也未在举证期限届满前书面提出延期举证申请。这表明聂某勉并未充分利用法院提供的时间和机会来行使自己的诉讼权利。一审法院已经根据实际情况充分保障了聂某勉的诉讼权利，包括裁定中止诉讼、给予充分时间准备诉讼材料等。因此，一审法院在程序上并无违法之处。

例 11：青岛永和迅物流储运有限公司与日照荣兴水产食品有限公司运输合同纠纷案［山东省日照市中级人民法院（2021）鲁 11 民终 500 号］

【案情】山东省日照市中级人民法院认为，根据《民事诉讼证据规定》第 54 条"当事人申请延长举证期限的，应当在举证期限届满前向人民法院提出书面申请。申请理由成立的，人民法院应当准许，适当延长举证期限，并通知其他当事人。延长的举证期限适用于其他当事人。申请理由不成立的，人民法院不予准许，并通知申请人"的规定，当事人的延期举证申请应在举证期限内以书面形式提出。日照荣兴水产食品有限公司在一审法庭调查过程中，因提交的视频证据无法播放而口头申请庭后补充提交，不符合上述法律规定的当事人申请延长举证期限的形式要求，不属于青岛永和迅物流储运有限公司上诉主张的当事人申请延长举证期限的情形，一审法院在庭审过程中未表示准许日照荣兴水产食品有限公司对该证据延期举证，无须另行通知青岛永和迅物流储运有限公司，不影响一审法庭辩论终结及对其作出认定。

【**裁判规则**】当事人的延期举证申请应在举证期限内以书面形式提出，在一审法庭调查过程中，一方当事人因提交的视频证据无法播放而口头申请庭后补充提交，不符合法律规定的当事人申请延长举证期限的形式要求。一审法院在庭审过程中未表示准许一方当事人对相关证据延期举证，无须另行通知另一方当事人。

根据《民事诉讼证据规定》第54条，当事人若需延长举证期限，必须在举证期限届满前以书面形式向法院提出申请，并需阐述充分的理由。此规定旨在确保诉讼程序的规范性与公正性。本案中，日照荣兴水产食品有限公司在一审法庭调查过程中，因视频证据无法播放而口头申请庭后补充提交，这一做法显然不符合法律规定的延期举证申请的形式要求。因此，一审法院在庭审过程中未予准许，是符合法律规定的，且无须另行通知青岛永和迅物流储运有限公司。

（五）何时重新指定举证期限

《民事诉讼证据规定》第53条规定："诉讼过程中，当事人主张的法律关系性质或者民事行为效力与人民法院根据案件事实作出的认定不一致的，人民法院应当将法律关系性质或者民事行为效力作为焦点问题进行审理。但法律关系性质对裁判理由及结果没有影响，或者有关问题已经当事人充分辩论的除外。存在前款情形，当事人根据法庭审理情况变更诉讼请求的，人民法院应当准许并可以根据案件的具体情况重新指定举证期限。"

六、逾期的证据是否有效

1. 当事人主张的法律关系性质或者民事行为效力与法院的认定不一致时，如何处理？

这在2001年《民事诉讼证据规定》第35条中有所规定，但在司法适用中引发了诸多争议。

第一，法官释明与法官中立原则的冲突。①法官释明的必要性。在当事人主张的法律关系性质或民事行为效力与法院认定不一致时，法官的释明有助于当事人明确诉讼方向，避免裁判突袭，保障当事人的诉讼权利。②中立原则的维护。法官的过度释明可能被视为对一方当事人的偏袒，从而损害法官的中立形象，引发当事人对裁判公正性的质疑。

第二，当事人拒不变更诉讼请求时的后续处理。①继续审理与驳回起诉/诉讼请求。在法官释明后，当事人仍拒不变更诉讼请求的，法院面临继续审理并可能驳回诉讼请求，或直接驳回起诉的选择。这一选择直接影响当事人的诉讼权利和实体权益。②法律适用与裁判逻辑。不同法院在处理此类情况时，可能存在法律适用不一致、裁判逻辑不清晰的问题，导致当事人对裁判结果的不理解和不满。③二审法院的裁判困境。首先，直接改判与发回重审的权衡：在二审法院发现一审法院对法律关系性质或民事行为效力的认定错误时，直接改判可能违反两审终审原则，而发回重审则浪费司法资源、降低诉讼效率、增加当事人诉讼成本。其次，裁判一致性与公正性的挑战：二审法院在处理此类问题时，需要兼顾裁判的一致性和公正性，这对法院的裁判能力和水平提出了更高的要求。

针对以上问题，我们建议：

第一，明确法官释明的边界和方式。①适度释明。法官在释明时应保持中立，避免对当事人进行过度引导或偏袒。释明的内容应限于法律关系性质或民事行为效力的认定问题，避免涉及当事人的实体权益。②公开透明。法官的释明过程应公开透明，确保双方当事人都有机会了解并发表意见。同时，释明的内容应记录在案，以备后续审查。

第二，完善当事人拒不变更诉讼请求时的处理机制。①明确法律适用和裁判逻辑。法院在处理此类情况时，应明确法律适用和裁判逻辑，确保裁判结果的合法性和合理性。同时，法院应向当事人充分解释裁判理由和依据，增强裁判的可接受性。②提供救济途径。对于因法律适用或裁判逻辑问题导致当事人权益受损的情况，法院应提供相应的救济途径，如允许当事人上诉或申请再审等。③优化二审法院的裁判方式。首先，要加强二审审查力度。二审法院应加强对一审法院裁判的审查力度，确保裁判结果的准确性和公正性。对于法律关系性质或民事行为效力的认定问题，二审法院应进行充分审查并作出正确判断。其次，要灵活选择裁判方式。在二审法院发现一审法院裁判错误时，应根据案件具体情况灵活选择裁判方式。对于可以通过改判纠正的错误，二审法院可以直接改判；对于需要发回重审的案件，二审法院应明确发回重审的理由和依据，并指导一审法院正确审理。

最高人民法院认为，在当事人主张的法律关系性质或者民事行为效力与法院的认定不一致时，不能简单驳回当事人的诉讼请求，应尽量避免裁判突袭的情形。同时，亦不应由法院根据自己的认识径行作出裁判，以致出现超出当事人诉讼请求的严重违反处分原则和辩论主义的裁判。现行《民事诉讼证据规定》第53条第1款的规定，使当事人能够充分行使辩论权，实现保障当事人合法权益、最大限度节约司法资源以及促进人民法院依法审判的有机结合。同时，对于法律关系性质对裁判理由及结果没有影响的情形，法院便没有将其作为焦点问题进行审理的必要，而如果有关问题本来就是案件中双方当事人的争议焦点，已经由法院主持双方当事人进行了充分辩论，也没有再次进行审理的必要，法院可以根据自己的认识对法律关系性质和民事行为效力问题作出认定，并以此为基础进行裁判。[1]

2. 当事人变更诉讼请求时，法院应如何处理？

当事人根据法庭审理情况变更诉讼请求的，法院应当准许，并可以根据案件的具体情况重新指定举证期限，而不是必须重新指定举证期限，赋予了法院自由裁量权。

例12：再审申请人商丘宏地置业有限公司与被申请人季某忠、一审被告苏州康德森建筑工程有限公司、倪某建设工程施工合同纠纷案［最高人民法院（2021）最高法民申7057号］

【案情】最高人民法院认为，关于一审法院是否程序违法的问题，《民事诉讼证据规定》第53条第1款规定，"诉讼过程中，当事人主张的法律关系性质或者民事行为效力与人民法院根据案件事实作出的认定不一致的，人民法院应当将法律关系性质或者民事行为效力作为焦点问题进行审理。但法律关系性质对裁判理由及结果没有影响，或者有关问题已经当事人充分辩论的除外"，一审法院在上述司法解释施行后向季某忠释明可以变更诉讼请求，确有不妥。季某忠对商丘宏地置业有限公司（以下简称"宏地公司"）变更前的诉讼请求为宏地公司在欠付工程款的范围内对苏州康德森建筑工程有限公司的给付义务承担连带清偿责任，变更后的诉讼请求为宏地公司承担给付工程款及利息、返还质保金及利息、赔偿损失及利息等责任，变更后的诉讼请求涉及的给付金额较变更前减少了，并未增加宏

---

[1] 最高人民法院民事审判第一庭编：《民事审判指导与参考》（2016年第3辑，总第67辑），人民法院出版社2017年版，第303—304页。

地公司的法律责任，故上述问题不属于应予再审的情形。

【裁判规则】一审法院在 2019 年修正的《民事诉讼证据规定》施行后向被申请人释明可以变更诉讼请求，确有不妥；但被申请人变更后的诉讼请求涉及的给付金额较变更前减少了，并未增加再审申请人的法律责任，故上述问题不属于应予再审的情形。

在本案中，虽然一审法院在《民事诉讼证据规定》修正后向季某忠释明可以变更诉讼请求的做法存在不妥，但考虑到季某忠变更后的诉讼请求并未增加宏地公司的法律责任，反而减少了给付金额，这一问题并不构成应予再审的情形。此裁判要旨体现了法院在处理当事人变更诉讼请求问题时的灵活性与审慎性，同时也提醒法院，在审理过程中应严格遵循法定程序，确保诉讼活动的规范性与合法性。

例 13. 再审申请人中铁二局瑞隆物流有限公司成都分公司与被申请人四川中恒信实业有限公司、洪雅县鑫顺实业有限公司、刘某钊、田某东买卖合同纠纷案［最高人民法院（2021）最高法民申 5624 号］

【案情】最高人民法院认为，该案审查的重点是原审认定案涉法律关系的性质以及民事行为的效力是否不当。《民事诉讼证据规定》第 53 条第 1 款规定："诉讼过程中，当事人主张的法律关系性质或者民事行为效力与人民法院根据案件事实作出的认定不一致的，人民法院应当将法律关系性质或者民事行为效力作为焦点问题进行审理……"该案中，因案涉系列粮食产品购销合同的结算不具有商业上的合理性，中铁二局瑞隆物流有限公司（以下简称"瑞隆公司"）亦未提交充分证据证明案涉系列粮食产品购销合同存在真实的货物流转，不足以证明瑞隆公司、四川中恒信实业有限公司（以下简称"中恒信公司"）形成真实的买卖合同关系，原审法院据此认定双方签订的一系列协议、合同系以虚假的意思表示实施的民事法律行为，案涉协议、合同无效，具有事实和法律依据。原审法院综合证据情况认定中恒信公司与瑞隆公司之间更可能是借贷关系或其他法律关系。经一审法院多次释明，瑞隆公司仍坚持依买卖合同法律关系主张权利，不变更诉讼请求，该案难以认定隐藏的法律行为的性质和效力。故原审法院判决驳回瑞隆公司的诉讼请求，同时告知瑞隆公司可就真实的法律关系另行主张权利，并无不当。

【裁判规则】原告主张该案系买卖合同纠纷，原审法院综合证据情况认定当事人之间更可能是借贷关系或其他法律关系，经多次释明，原告仍坚持依买卖合同法律关系主张权利，不变更诉讼请求，该案难以认定隐藏的法律行为的性质和效力，原审法院判决驳回原告的诉讼请求，同时告知其可就真实的法律关系另行主张权利，并无不当。

根据《民事诉讼证据规定》第53条第1款，当当事人主张的法律关系性质与法院认定不一致时，法院应将法律关系性质作为焦点问题进行审理。在本案中，由于案涉购销合同的结算缺乏商业合理性，且瑞隆公司未能提供充分证据证明存在真实的货物流转，法院据此认定双方签订的协议、合同系虚假意思表示，无效。经法院多次释明，瑞隆公司仍坚持按买卖合同法律关系主张权利，不变更诉讼请求，导致难以认定隐藏的法律行为的性质和效力。因此，原审法院判决驳回瑞隆公司的诉讼请求，并告知其可就真实法律关系另行主张权利，是符合法律规定的。

例 14. 金某与李某民间借贷纠纷案〔宁夏回族自治区固原市中级人民法院（2022）宁 04 民终 13 号〕

【案情】 宁夏回族自治区固原市中级人民法院认为，除了《民事诉讼证据规定》第 53 条的规定，2021 年 1 月 1 日施行的《最高人民法院关于印发修改后的〈民事案件案由规定〉的通知》要求，人民法院受理民事案件后，经审理发现当事人起诉的法律关系与实际诉争的法律关系不一致的，人民法院结案时应当根据法庭查明的当事人之间实际存在的法律关系的性质，相应变更个案案由。各级人民法院应当依法保障当事人依照法律规定享有的起诉权利，不得将修改后的《民事案件案由规定》等同于 2017 年《民事诉讼法》第 119 条（现行《民事诉讼法》第 122 条）规定的起诉条件，不得以当事人的诉请在修改后的《民事案件案由规定》中没有相应案由可以适用为由，裁定不予受理或者驳回起诉，损害当事人的诉讼权利。因此，一审法院以金某起诉错误为由裁定驳回起诉的行为不当。

【裁判规则】 当事人主张的法律关系性质或者民事行为效力与法院根据案件事实作出的认定不一致的，法院应当将法律关系性质或者民事行为效力作为焦点问题进行审理，不得裁定不予受理或者驳回起诉，一审法院以原告起诉错误为由裁定驳回起诉的行为不当。

在本案中，法院指出，根据《民事诉讼证据规定》第 53 条，当当事人主张的法律关系性质与法院认定不一致时，法院应将法律关系性质作为焦点问题进行审理，而非直接裁定驳回起诉。同时，依据《最高人民法院关于印发修改后的〈民事案件案由规定〉的通知》，法院在受理案件后，若发现当事人起诉的法律关系与实际诉争的法律关系不一致，结案时应当根据查明的法律关系性质变更案由,以保障当事人的起诉权利。一审法院以金某起诉错误为由裁定驳回起诉,显然不当,既违反了法律规定,也损害了当事人的诉讼权利。

3. 特殊情形的举证期限

《民事诉讼证据规定》第55条规定:"存在下列情形的,举证期限按照如下方式确定:(一)当事人依照民事诉讼法第一百二十七条规定提出管辖权异议的,举证期限中止,自驳回管辖权异议的裁定生效之日起恢复计算;(二)追加当事人、有独立请求权的第三人参加诉讼或者无独立请求权的第三人经人民法院通知参加诉讼的,人民法院应当依照本规定第五十一条的规定为新参加诉讼的当事人确定举证期限,该举证期限适用于其他当事人;(三)发回重审的案件,第一审人民法院可以结合案件具体情况和发回重审的原因,酌情确定举证期限;(四)当事人增加、变更诉讼请求或者提出反诉的,人民法院应当根据案件具体情况重新确定举证期限;(五)公告送达的,举证期限自公告期届满之次日起计算。"该条规定了特殊情形下的举证期限的确定和计算,具体而言:

(1)当事人若依据现行《民事诉讼法》第130条提出管辖权异议,举证期限将中止计算,直至异议被驳回的裁定生效后才恢复。此规定明确了管辖权异议对举证期限的中止效果,即异议驳回后,举证期限从中止点继续,而非重新开始。

(2)新加入诉讼的当事人,无论是被追加的当事人、具有独立请求权的第三人还是无独立请求权的第三人,其举证期限均依据《民事诉讼证据规定》第51条的一般原则确定,起算点可能晚于其他当事人,以确保诉讼的公平与效率。

(3)对于发回重审的案件,区分两种情形:一是原判决事实不清,法院可根据案件具体情况灵活确定举证期限,以便当事人补充或强化证据；二是原判决存在严重程序违法情形，法官可依据相关规定自主裁量举证期限，以应对程序违法的多样性。

（4）当事人增加、变更诉讼请求或提起反诉时，考虑到这些变动对举证期限的影响不同，法院可根据具体案情重新确定举证期限。特别是反诉，作为独立诉讼行为，其举证期限由法院根据案件实际单独确定，独立于本诉。

（5）公告送达的案件，举证期限自公告期满的次日起算。公告送达作为推定送达方式，公告期满即视为送达，举证期限也相应从次日开始计算。

例15：江门市蓬江区展宏针织梭织布有限公司与开平兴国纺织工业有限公司合同纠纷案〔广东省江门市中级人民法院（2021）粤07民终1034号〕

【案情】关于举证期限的问题，经查，广东省江门市中级人民法院于2020年5月18日作出（2020）粤07民辖终64号民事裁定，驳回江门市蓬江区展宏针织梭织布有限公司（以下简称"展宏公司"）对该案提出的管辖权异议，并于2020年5月20日发生法律效力。一审法院于2020年6月20日发出开庭传票，定于2020年7月2日开庭审理。2020年6月24日，展宏公司向一审法院提出重新指定举证期限。根据《民事诉讼证据规定》第55条第1项"当事人依照民事诉讼法第一百二十七条规定提出管辖权异议的，举证期限中止，自驳回管辖权异议的裁定生效之日起恢复计算"的规定，一审法院对展宏公司重新指定举证期限的申请不予准许并无不当。况且，从2020年5月20日至7月2日，展宏公司已有不少于30日的举证期限，一审法院并未损害展宏公司的合法权益。

【裁判规则】当事人提出管辖权异议的，举证期限中止，自

六、逾期的证据是否有效

驳回管辖权异议的裁定生效之日起恢复计算,一审法院对当事人重新指定举证期限的申请不予准许,并无不当。

根据《民事诉讼证据规定》第55条第1项,当事人提出管辖权异议时,举证期限中止,自驳回管辖权异议的裁定生效之日起恢复计算。在本案中,展宏公司提出的管辖权异议被驳回后,其举证期限应自裁定生效之日起恢复计算。一审法院在此基础上,对展宏公司重新指定举证期限的申请不予准许,既符合法律规定,也未损害展宏公司的合法权益,因为从裁定生效至开庭日,展宏公司已拥有足够的举证时间。

例16:王某香、贵州盘骄贸易有限公司、贵州宏科建设工程有限责任公司等与唐某、刘某、强某志建设工程施工合同纠纷案[贵州省六盘水市中级人民法院(2020)黔02民终995号]

【案情】王某香、贵州盘骄贸易有限公司、贵州宏科建设工程有限责任公司称,应当对第三人强某志参加诉讼后一审的送达程序是否合法进行审查。经审查,一审中,唐某提起诉讼后,第三人强某志申请作为有独立请求权的第三人参加诉讼,一审法院依法予以准许后,依照法律规定向各方当事人送达了相关诉讼材料,并重新指定了举证期限。贵州省六盘水市中级人民法院认为,这符合《民事诉讼证据规定》第55条第2项"追加当事人、有独立请求权的第三人参加诉讼或者无独立请求权的第三人经人民法院通知参加诉讼的,人民法院应当依照本规定第五十一条的规定为新参加诉讼的当事人确定举证期限,该举证期限适用于其他当事人"的规定,未影响各方当事人诉讼权利的行使,故送达程序合法。

【裁判规则】申请作为有独立请求权的第三人参加诉讼,一审法院依法予以准许后，依照法律规定向各方当事人送达了相关诉讼材料，并重新指定了举证期限，符合《民事诉讼证据规定》，送达程序合法。

根据《民事诉讼证据规定》第55条第2项，当追加当事人、有独立请求权的第三人参加诉讼或者无独立请求权的第三人经人民法院通知参加诉讼时，法院应依法为新参加诉讼的当事人确定举证期限，且该期限适用于其他当事人。在本案中，第三人强某志申请作为有独立请求权的第三人参加诉讼后，一审法院依法准许，并按照法律规定向各方当事人送达了相关诉讼材料，同时重新指定了举证期限，送达程序合法。

例17：珠峰财产保险股份有限公司北京分公司与刘某兰机动车交通事故责任纠纷案［北京市第三中级人民法院（2021）京03民终13476号］

【案情】北京市第三中级人民法院认为，《民事诉讼证据规定》第55条第4项规定，当事人增加、变更诉讼请求或者提出反诉的，人民法院应当根据案件具体情况重新确定举证期限。该案缺席审理针对的是刘某兰864 616.39元的诉讼请求，一审法院在刘某兰当庭增加近70万元诉讼请求的情况下，未依法通知珠峰财产保险股份有限公司北京分公司，亦未为其重新确定举证期限，剥夺了其对刘某兰增加诉讼请求部分的辩论权。该案缺席判决严重违反法定程序。

【裁判规则】一审法院在原告当庭增加近70万元诉讼请求的情况下，未依法通知上诉人，亦未为上诉人重新确定举证期限，剥夺了上诉人对原告增加诉讼请求部分的辩论权，该案缺席判决严重违反法定程序。

根据《民事诉讼证据规定》第55条第4项，当原告增加、变更诉讼请求时，法院应根据案件具体情况重新确定举证期限，以确保各方当事人的诉讼权利得到充分保障。本案中，一审法院在原告刘某兰当庭增加近70万元诉讼请求的情况下，未依法通知珠峰财产保险股份有限公司北京分公司，也未为其重新确定举证期限，这一做法剥夺了该公司对原告增加诉讼请求部分的辩论权，严重违反了法定程序，应当发回重审。

综上，《民事诉讼证据规定》通过详细规定，确保了在不同诉讼情境下举证时限的合理确定与计算。

（六）举证期限适用中有何问题

1. 举证通知书内容不全或者没有送达，是否构成严重程序瑕疵？

针对该问题，存在两种截然不同的观点。一种观点认为，举证通知书作为诉讼程序中的重要文件，其内容的完整性和送达的及时性对于保障当事人的诉讼权利至关重要。特别是考虑到我国部分当事人诉讼能力水平较低的现状，他们可能并不完全清楚举证责任、申请法院调查收集证据的情形、举证期限以及逾期提供证据的法律后果等关键信息。因此，如果举证通知书未送达或内容残缺，将直接影响当事人正确行使诉讼权利，甚至可能事实上剥夺当事人的诉权，从而构成严重违反法定程序。另一种观点则认为，虽然举证通知书的送达和内容完整性对于当事人行使诉讼权利具有重要意义，但判断其是否构成严重程序瑕疵，应更多地从当事人实际行使诉讼权利的情况出发。即使举证通知书未送达或内容不全，如果当事人在后续诉讼过程中并未因此受到实质性的影响，能够及时、正确地行使自己的诉讼权利，这种情况就不应被视为严重程序瑕疵。例如，虽然举证通知书未载明当事人有申请法院调查收集证据的权利，但当事人在实际诉讼中仍然提出了相关申请,并得到了法院的处理,那么举证通知书的内容不全就并未实际妨碍当事人的举证权利。[1]

笔者倾向于支持第二种观点。这是因为,诉讼程序的核心目的在于保障当事人的诉讼权利,促进公正、高效地解决纠纷。判断某一程序瑕疵是否严重,应以其是否实际影响了当事人的诉讼权利行使和案件公正处理为标准。如果举证通知书未送达或内容不全并未对当事人的诉讼权利造成实质性影响,或者当事人通过其他途径仍然能够有效行使自己的权利,就不应将该瑕疵视为严重违反法定程序。

第二种观点在实务中也得到了案例的佐证。在某些案件中,虽然举证通知书存在未送达或内容不全的问题,但当事人在后续诉讼中仍然能够积极举证、申请法院调查收集证据等,法院也依法进行了处理,最终确保了案件的公正审理。这些案例表明,举证通知书未送达或内容不全并不一定构成严重程序瑕疵,关键在于当事人的诉讼权利是否得到了有效保障。

例18:何某余、张某香与中国平安财产保险股份有限公司莒县支公司追偿权纠纷案[山东省日照市中级人民法院(2020)鲁11民终2282号]

【案情】何某余、张某香主张一审法院未向其送达举证通知书,导致其证据失权,一审程序违法。《民事诉讼证据规定》第50条规定:"人民法院应当在审理前的准备阶段向当事人送达举证通知书。举证通知书应当载明举证责任的分配原则和要求、可

---

[1] 肖峰:《最高人民法院民事诉讼证据规则条文解析与实务运用》,法律出版社2022年版,第270页。

以向人民法院申请调查收集证据的情形、人民法院根据案件情况指定的举证期限以及逾期提供证据的法律后果等内容。"指导当事人举证除向当事人送达举证通知书外,亦可通过法官在庭审中口头指导或释明。但何某余、张某香在收到开庭传票后拒绝出庭,虽然一审法院未送达举证通知书,但这并不必然导致何某余、张某香证据失权,故其认为一审程序违法的上诉理由不成立,山东省日照市中级人民法院不予支持。

【裁判规则】当事人在收到开庭传票后拒绝出庭,一审法院虽然未送达举证通知书,但并不必然导致当事人的证据失权。

本案中,举证通知书的送达并非举证期限的唯一体现,法官在庭审中亦可进行口头指导或释明。何某余、张某香在收到开庭传票后拒绝出庭,虽然一审法院未送达举证通知书,但此举并不构成程序违法,亦不必然导致何某余、张某香证据失权,因为举证通知书的目的在于指导当事人举证,而当事人出庭参与诉讼是其基本义务。何某余、张某香拒绝出庭,应自行承担由此产生的法律后果。二审法院认为何某余、张某香上诉理由不成立,此判决体现了举证期限与当事人诉讼义务的独立性。

例19:林某进与济南市济钢医院劳动争议纠纷案[山东省济南市中级人民法院(2020)鲁01民终6789号]

【裁判要旨】一审法院使用电子送达,通过12368平台向林某进发送了"https://hub2.cn/LYjP"的内容,里面只有传票,并无举证通知书和受理案件通知书。该案举证通知书和受理案件通知书为林某进于案件庭审后签署。林某进认为一审法院的行为违反2001年《民事诉讼证据规定》第33条第1款第1句"人民法院应当在送达案件受理通知书和应诉通知书的同时向当事人送达举证通知书"的规定。但是，山东省济南市中级人民法院认为，林某进所主张的一审法院在程序上存在的问题，并不足以推翻一审法院认定的事实及对该案的处理结果。

在本案中，一审法院采用电子送达方式，通过12368平台向林某进发送了传票，但遗漏了举证通知书和受理案件通知书，直至庭审后林某进才签署。林某进据此认为一审法院违反了2001年《民事诉讼证据规定》第33条第1款第1句，即举证通知书应与案件受理通知书和应诉通知书同时送达。然而，山东省济南市中级人民法院认为，尽管一审法院在送达程序上存在瑕疵，但这并不足以推翻一审法院认定的事实及对该案的处理结果。此判决强调了送达程序虽重要，但并非决定案件结果的唯一因素，需综合考虑案件事实与证据。

2. 二审或再审审查阶段是否应送达举证通知书并指定举证期限？

有人认为，由于一审阶段已经送达了举证通知书并确定了举证期限，超过一审举证期限提交的证据都应被视为新的证据。在二审阶段，由于我国实行续审制，新的证据不仅包括一审期间逾期提交的证据，还包括二审期间提交的任何新证据。从这一角度来看，二审再确定举证期限似乎没有必要。再审审查阶段则因其并非审级制下的一个独立审判程序，也被认为没有必要发送举证通知书并告知举证期限。

然而，笔者认为，在二审期间，应当送达举证通知书并确定举证期限。原因有二：①现行司法解释有明确要求，人民法院在确定举证期限时，第一审普通程序案件不得少于15日，而当事人提供新的证据的第二审案件则不得少于10日。这一规定明确指出了二审案件中也需要确定举证期限。②确定举证期限有助于减少当事人在二审庭审中通过提交新证据进行诉讼突袭的情况。通过设定明确的举证期限，可以促使当事人在二审庭审前充分准备并提交所有相关证据，从而确保庭审的顺利进行和案件的公正审理。

再审审查阶段虽然不存在开庭审理中的所谓新证据诉讼突袭问题，且现行法律、司法解释也未对该阶段的举证期限作出明确规定，但我们认为，在特定情况下，如再审审查过程中发现新的证据线索或需要当事人进一步补充证据时，法院也可以根据实际情况，酌情向当事人送达举证通知书并指定合理的举证期限。

3. 当事人对人民法院关于是否准许当事人延期举证申请的通知不服，应如何处理？

对此，现行法律并未明确规定具体的程序救济手段，然而，从司法实务和法理角度出发，可以采取以下两种途径进行处理：

（1）从滥用诉权角度进行规制。如果法院认为当事人滥用申请延期举证的权利以拖延诉讼，可以依据《民事诉讼法》第13条第1款规定的"民事诉讼应当遵循诚信原则"进行处理。诚信原则要求当事人在诉讼过程中应当诚实、守信用，正当行使权利和履行义务。对于滥用诉权的行为，法院有权对相关当事人作出罚款等处罚，以维护诉讼秩序和司法效率。

（2）从侵权角度进行救济。如果一方当事人滥用申请延期举证的权利，导致另一方当事人因此承担了额外的诉讼成本支出，受害方可以考虑提起侵权损害赔偿之诉。根据实务界的普遍观点，滥用诉讼权利可以构成侵权。在此类诉讼中，受害方需要证明对方当事人的行为构成了侵权，且己方因此遭受了实际的损失。如果法院认定侵权成立，受害方有权要求对方赔偿相应的损失。[1]

---

[1] 肖峰：《最高人民法院民事诉讼证据规则条文解析与实务运用》，法律出版社2022年版，第280页。

（3）具体操作建议。①收集证据。对于滥用诉权或侵权的情况，当事人需要积极收集相关证据，以证明对方当事人的不当行为。②提出异议或申请。在收到法院关于延期举证申请的通知后，如果当事人认为法院的决定不当，可以及时向法院提出异议或申请复议。③寻求法律帮助。如果当事人对法律程序或自身权利存在疑问，建议咨询专业律师或法律机构，以获取更准确的法律意见和帮助。

4. 举证期限能否多次延长？

关于人民法院同意延长举证期限后，当事人是否仍可以再次申请延长举证期限的问题，存在两种观点。

第一种观点持支持态度。①支持理由。举证期限的设立旨在保护当事人收集证据的正当权利，确保裁判的公正性不受举证不能的影响。当当事人因客观障碍无法在延长的举证期限内完成举证时，再次申请延期举证是合理的。②法律依据。2001年《民事诉讼证据规定》第36条第2句曾明确规定，当事人在延长的举证期限内提交证据材料仍有困难的，可以再次提出延期申请，是否准许由人民法院决定。这一规定体现了对当事人举证权利的尊重和保护。③个案考量。是否准许再次延期举证，应由人民法院根据个案的具体情况来确定，以确保诉讼的公正性和效率性。

第二种观点持反对态度。①反对理由。延长举证期限可能被当事人滥用，导致诉讼进程的拖延。既然已经给予过一次延期举证的机会，就没有必要再次给予。②规定变化。2001年《民事诉讼证据规定》中的相关条款已被删除，这被视为司法机关对此问题态度的一种变化，即倾向于不再允许再次延期举证。[1]

---

[1] 肖峰：《最高人民法院民事诉讼证据规则条文解析与实务运用》，法律出版社2022年版，第292页。

笔者赞同第一种观点，理由是：

（1）保护当事人权利。举证是当事人进行诉讼的重要权利，也是法院查明案件事实的基础，在当事人因客观障碍无法按时举证的情况下，再次申请延期举证是对其诉讼权利的合理保护。

（2）确保裁判公正。若因举证不能而导致案件事实无法查清，将严重影响裁判的公正性。允许当事人在确有困难时再次申请延期举证，有助于确保裁判的准确性和公正性。

（3）个案灵活处理。是否准许再次延期举证，应由人民法院根据个案的具体情况灵活处理。这既体现了对当事人诉讼权利的尊重，也确保了诉讼的公正性和效率性。

（4）法律精神与实际操作。虽然2001年《民事诉讼证据规定》中的相关条款已被删除，但这并不意味着完全禁止再次延期举证。人民法院在实际操作中，仍应根据案件的具体情况和当事人的实际情况，灵活处理举证期限问题。

5. 当事人多次提交逾期证据、一次性提交逾期证据是否属于人民法院确定罚款金额的考量因素？

针对当事人逾期提交证据的情形，是否将多次提交逾期证据或一次性提交多份逾期证据作为确定罚款金额的考量因素，是一个值得探讨的问题。司法实践中，此类情形复杂多变，有的当事人可能分次提交不同性质的逾期证据，而有的则可能一次性提交多份。针对此，存在两种截然不同的观点。一种观点主张，无论是多次还是一次性提交逾期证据，都反映出当事人的严重主观过错，可能导致诉讼进程的延误，因此应一并从重罚款。另一种观点则认为，这两种情况应区别对待。对于一次性提交多份逾期证据的情况，可以因当事人明显的故意或重大过失，采取一次性从重罚款的措施。对于分次提交不同性质逾期证据的情况，则应每次分别考虑罚款，而非一次性加重处罚。

笔者更倾向于后一种观点，理由在于，《民事诉讼法》第68条所规定的罚款，是针对当事人逾期提供证据这一具体行为的，该行为妨害了法院对案件事实的查明，影响了诉讼的正常进行。每一次逾期提交证据，都是对诉讼进程的一次独立干扰，都应当受到相应的处罚。因此，罚款应当针对每一次具体的妨害民事诉讼行为，而非对所有妨害民事诉讼行为的合并处罚。这一观点在《民诉法解释》第184条中得到了进一步的支持。该条规定明确指出，对于同一妨害民事诉讼行为的罚款、拘留不得连续适用。只有当发生新的妨害民事诉讼行为时，法院才可以重新考虑罚款、拘留的措施。这也意味着，对于当事人分次提交的逾期证据，每一次都应视为独立的妨害民事诉讼行为，分别进行处罚。[1]

6. 二审法院根据案件事实对民事法律行为效力作出的认定与一审法院的认定不一致时，应如何处理？

对此存在两种观点：

第一种观点主张将民事法律行为效力作为二审的焦点问题进行审理，且允许当事人根据法庭审理情况变更诉讼请求，并可根据案件具体情况重新指定举证期限。例如，若一审认定合同有效，二审法院认为合同无效，则二审法院应将合同效力作为焦点，允许上诉人变更上诉请求，并继续审理新的上诉请求。

第二种观点参照《全国法院民商事审判工作会议纪要》，主张，若一审法院未予释明，而二审法院认为应对合同不成立、无效或被撤销的法律后果作出判决的，可直接释明并改判。但释明并改判应有限制，即双方当事人需同意放弃审级利益，由二审法院一并审理。若返还财产或赔偿损失范围难以确定或争

---

[1] 肖峰：《最高人民法院民事诉讼证据规则条文解析与实务运用》，法律出版社2022年版，第316页。

议较大,可告知当事人通过另行起诉解决。[1]

笔者倾向于第二种观点,理由是:

(1) 效率与公正并重。在双方当事人同意的情况下,直接释明并改判可以节省司法资源,提高诉讼效率,同时确保案件得到公正处理,避免因一审错误导致的不公。

(2) 尊重当事人意愿。允许当事人在二审中变更诉讼请求,体现了对当事人诉讼权利的尊重。双方当事人同意由二审法院一并审理,是当事人对自身诉讼权利的处分。

(3) 符合司法解释精神。《民诉法解释》第326条的规定为二审中变更诉讼请求提供了法律依据。在此基础上,对直接释明并改判加以限制,既符合法律精神,又兼顾了实际操作的可行性。

(4) 避免诉讼拖延。通过直接释明并改判,可以避免因发回重审而导致的诉讼拖延。对于争议较大的部分,告知当事人另行起诉,也是为了提高诉讼效率。

例20:陈某能、刘某迪民间借贷纠纷案 [贵州省安顺市中级人民法院 (2022) 黔04民终209号]

【裁判观点】从双方微信聊天记录看,在2020年4月21日被上诉人在微信上提出"我们在一起吧"后,双方均是在微信上聊天,仅见过一面,且上诉人还在微信上表述过时常联系不上被上诉人,故双方虽有恋爱关系,但结合双方感情发展及聊天记录,本院确认双方最终形成民间借贷的合意。因上诉人一审未完整提交其与被上诉人的微信聊天记录,导致一审未将双方之间系赠与合同关系还是民间借贷关系作为争议焦点进行审

---

[1] 肖峰:《最高人民法院民事诉讼证据规则条文解析与实务运用》,法律出版社2022年版,第287页。

理，根据《民事诉讼证据规定》第 53 条第 1 款"诉讼过程中，当事人主张的法律关系性质或者民事行为效力与人民法院根据案件事实作出的认定不一致的，人民法院应当将法律关系性质或者民事行为效力作为焦点问题进行审理。但法律关系性质对裁判理由及结果没有影响，或者有关问题已经当事人充分辩论的除外。"的规定，二审法院认定双方系民间借贷法律关系。虽然上诉人一审系基于赠与法律关系主张返还，但一审、二审经依法传唤，被上诉人均不到庭，视为对自身诉讼权利的放弃。

  本案的核心争议在于双方当事人之间法律关系的性质，即双方是构成赠与合同关系还是民间借贷关系。二审法院在审理过程中，通过细致审查双方聊天记录及案件其他证据，最终认定双方之间形成了民间借贷的合意，而非赠与合同关系。首先，二审法院依据双方聊天记录这一关键证据，分析了双方当事人的交往过程和沟通内容。特别是在 2020 年 4 月 21 日被上诉人提出"我们在一起吧"后，双方虽然确立了恋爱关系，但聊天记录显示双方更多是通过微信进行联系，实际见面次数有限，且上诉人曾表示时常联系不上被上诉人。这些细节表明，双方之间的情感联系并不紧密，为后来法院认定双方形成民间借贷合意而非赠与合同关系奠定了基础。其次，二审法院注意到上诉人一审时未完整提交其与被上诉人的微信聊天记录，导致一审法院未能就双方之间法律关系的性质进行充分审理。根据《民事诉讼证据规定》第 53 条的规定，二审法院认为有必要将法律关系性质作为焦点问题进行审理。最后，二审法院在认定双方系民间借贷法律关系后，指出上诉人一审时虽基于赠与法律关系主张返还，但由于被上诉人一审、二审均不到庭，视为对自身诉讼权利的放弃，体现了法院对缺席审判程序的严格适用。

六、逾期的证据是否有效

正所谓：
举证期限如令箭，指引人们快向前。
逾期证据难采纳，诉讼效率需当先。
法院裁量应灵活，查明事实是关键。
延长申请须书面，重新指定有空间。
程序瑕疵需审视，通知送达要全面。
二审再审需严谨，举证期限不可偏。
多次逾期应考量，罚款金额有界限。
举证期限多次延？公正效率两相兼。

七、证据是否需要披露

证据交换,诉讼之钥,开启真相之门。
庭前会议,审判的前哨,明争点,促调解。

——题记

证据交换,亦被称作证据开示或证据披露,是人民法院主导下的一项重要程序,要求当事人双方相互展示各自所掌握的证据材料,是审判前程序的重心。证据交换的目标,在于通过一种常规手段来梳理争议的核心问题并固定相关证据,对于推动审理的集中化,以及维护诉讼的公正性与秩序性,避免诉讼突袭,具有积极的作用。

证据交换的效能主要体现在以下三个方面:首先,它有助于明确当事人之间的主要争议点,从而锁定案件的审理焦点;其次,那些双方均无异议的事实,可直接作为裁判的依据;最后,它为后续的庭审工作奠定了坚实的基础,确保了庭审的高效与有序。

值得一提的是,证据交换已远远超越了简单的准备活动总结与开庭计划制定的范畴。为了加快当事人的准备步伐,有效避免诉讼的冗长拖延,法官可以通过组织庭前会议来对诉讼程序进行精细化管理。同时,庭前会议还承载着另一重要使命,即力求促成当事人的和解,或引导其利用多元化的诉讼内纠纷解决机制,实现在开庭前化解矛盾、定分止争的目标。

七、证据是否需要披露

(一) 证据交换时间如何确定

《民事诉讼证据规定》第56条规定:"人民法院依照民事诉讼法第一百三十三条第四项的规定,通过组织证据交换进行审理前准备的,证据交换之日举证期限届满。证据交换的时间可以由当事人协商一致并经人民法院认可,也可以由人民法院指定。当事人申请延期举证经人民法院准许的,证据交换日相应顺延。"该条规定了人民法院在组织证据交换进行审理前准备时,举证期限的确定方式以及证据交换时间的灵活性。

首先,关于举证期限与证据交换日的关系。该条明确指出,当人民法院依照现行《民事诉讼法》第136条第4项的规定,通过组织证据交换进行审理前准备时,证据交换之日即为举证期限届满之时。这意味着,在证据交换日之后,当事人原则上不得再提交新的证据,除非符合法律规定的例外情形。

其次,证据交换时间的确定方式有两种,法条赋予了当事人和人民法院在确定证据交换时间上的灵活性。一方面,当事人可以通过协商一致并经人民法院认可的方式来确定证据交换的时间;另一方面,在当事人无法达成一致意见时,人民法院也有权直接指定证据交换时间。

最后,延期举证对证据交换时间的影响。如果当事人因正当理由申请延期举证并经人民法院准许,那么证据交换日也会相应顺延。这一规定反映了证据交换时间的确定和举证期限紧密相关。

证据交换的实施有助于促进民事诉讼的审理前准备工作的规范化和高效化。通过明确举证期限和证据交换时间,可以促使当事人在规定的时间内充分准备证据,提高庭审的效率和质量。同时,赋予当事人和人民法院在确定证据交换时间上的灵活性,允许当事人协商确定证据交换时间,允许当事人在正当理由下申请延期举证，体现了当事人的自主性。

例1：何某荣与东海建设集团有限公司劳动争议案〔山东省德州市中级人民法院（2021）鲁14民终1341号〕

【案情】关于一审是否必须送达证据副本的问题，《民事证据规定》第56条规定："人民法院依照民事诉讼法第一百三十三条第四项的规定，通过组织证据交换进行审理前准备的，证据交换之日举证期限届满。证据交换的时间可以由当事人协商一致并经人民法院认可，也可以由人民法院指定。当事人申请延期举证经人民法院准许的，证据交换日相应顺延。"由此可知，人民法院可以根据案件具体情况，依申请或依职权组织证据交换，但证据交换并非所有民事案件审理前的必经程序。该案一审中，双方当事人均未提出证据交换申请，一审法院在庭审中依法组织质证，充分听取各方当事人质证意见，其审理程序并无不当。

【裁判规则】人民法院可以根据案件具体情况，依申请或依职权组织证据交换，但证据交换并非所有民事案件审理前的必经程序。

本案核心在于明确证据交换非民事案件审理前的必经程序。二审法院依据《民事诉讼证据规定》第56条，指出证据交换可由法院依申请或依职权组织，但非强制。本案中，一审法院未组织证据交换，而是在庭审中直接质证，符合程序规定。此判决强调了法院应根据案件实际灵活处理，不拘泥于固定流程，确保了诉讼的高效与灵活。

例2：中国平安财产保险股份有限公司垫江支公司与黎某鹏、皮某婷、皮某权机动车交通事故责任纠纷案［重庆市第三中级人民法院（2020）渝03民终864号］

【案情】重庆市第三中级人民法院认为，因中国平安财产保险股份有限公司垫江支公司在2020年3月26日已经签收了重庆市云阳司法鉴定所出具的云阳司鉴所（2020）医鉴字第018号司法鉴定意见书，一审法院于2020年4月17日组织庭审对该证据进行质证审查时，中国平安财产保险股份有限公司垫江支公司就该鉴定意见并未向一审法院提交书面的鉴定人出庭申请和书面的重新鉴定申请，而是在庭审后的2020年4月20日才向一审法院提交鉴定人出庭申请和重新鉴定申请，根据《民事诉讼证据规定》第56条"人民法院依照民事诉讼法第一百三十三条第四项的规定，通过组织证据交换进行审理前准备的，证据交换之日举证期限届满"的规定，中国平安财产保险股份有限公司垫江支公司在2020年4月20日向一审法院提出的上述鉴定人出庭申请和重新鉴定申请超过了法定的举证期限，一审法院对其未予采纳的行为正确。

【裁判规则】通过组织证据交换进行审理前准备的，证据交换之日举证期限届满。本案当事人在证据交换后才提交鉴定人出庭申请和重新鉴定申请，超过了法定的举证期限，一审法院对其未予采纳的行为正确。

本案关键在于举证期限的认定。重庆市第三中级人民法院指出，中国平安财产保险股份有限公司垫江支公司在签收司法鉴定意见书后，未在一审庭审时提出鉴定人出庭申请和重新鉴定申请，而是在庭审后才提交，已超法定举证期限。根据《民事诉讼证据规定》第56条，证据交换之日举证期限届满，故其后提交的申请不被采纳。本案强调了举证期限的重要性，当事人需严格遵守，否则可能影响自身权益。同时，本案也提醒法院应严格审查举证期限，对当事人没有根据的请求不予支持。

（二）证据交换的程序

《民事诉讼证据规定》第57条规定："证据交换应当在审判人员的主持下进行。在证据交换的过程中，审判人员对当事人无异议的事实、证据应当记录在卷；对有异议的证据，按照需要证明的事实分类记录在卷，并记载异议的理由。通过证据交换，确定双方当事人争议的主要问题。"第58条规定："当事人收到对方的证据后有反驳证据需要提交的，人民法院应当再次组织证据交换。"这两条规定了证据交换的流程。

1. 证据交换由谁主持？

证据交换应当在审判人员的主持下进行，那么何为"审判人员"？审判人员既包括审判员，也包括陪审员，不包含书记员。法官助理能否主持庭前会议？2017年7月25日发布的《最高人民法院司法责任制实施意见（试行）》第13条规定，法官助理可以在法官指导下协助法官组织庭前证据交换，但不能代替承办法官主持证据交换。

应当说，由主审法官主持证据交换，能使其提早洞悉案件争议点，激发当事人参与热情，助力法官高效行使审判权。此程序聚焦实体问题审理，有效筛选无争议事实，减轻庭审负担。通过法官的主动引导，证据交换得以充分发挥其预筛功能，促进诉讼流程优化，确保审判工作更加集中、高效。

七、证据是否需要披露

例 3：陈某云与中国平安人寿保险股份有限公司东莞中心支公司人身保险合同纠纷案［广东省东莞市中级人民法院（2021）粤 19 民终 891 号］

【案情】广东省东莞市中级人民法院认为，首先，一审卷宗材料显示，2020 年 6 月 3 日仅为庭前证据交换，并非开庭。《民事诉讼证据规定》第 57 条第 1 款"证据交换应当在审判人员的主持下进行"之规定只要求审判人员在场，并未要求法官必须全程在场，故一审法官未全程参与庭前准备工作，并未违反相关法律程序。其次，2020 年 6 月 3 日当天未能如期开庭，系由于当事人未做好庭前证据整理。双方当事人对于法官要求先做好庭前准备工作再开庭的意见未提出异议，并在庭前证据交换笔录上签名确认。最后，庭前证据交换笔录记录完整，法官亦有到庭询问双方的质证意见，并且在第二次开庭时，一审法院亦给予双方再次提交证据以及质证的权利，保障双方当事人充分行使诉讼权利，未损害任何一方当事人诉讼权益，程序合法。陈某云主张一审程序违法，缺乏理据，本院不予采纳。

【裁判规则】证据交换只要求审判人员在场，并未要求法官全程在场，故一审法官未全程参与庭前准备工作，并未违反相关法律程序。

本案核心在于证据交换的程序要求。二审法院认为，一审卷宗显示 2020 年 6 月 3 日为庭前证据交换，非开庭。根据《民事诉讼证据规定》，证据交换仅需审判人员在场，未要求法官全程参与。因此，一审法官未全程参与庭前准备，不违反法律程序。此案例明确了证据交换的程序要求，强调了审判人员在场即可，未对法官全程参与作出强制性规定，有助于理解证据交换与正式开庭的区别，确保诉讼程序的合法性与灵活性。

例 4：刘某与江苏省和声琴行有限公司徐州分公司买卖合同纠纷案〔江苏省徐州市中级人民法院（2020）苏 03 民终 6392 号〕

【案情】江苏省徐州市中级人民法院认为，关于上诉人所称法官助理违法组织证据交换的问题，《民事诉讼证据规定》第 57 条第 1 款列明，"证据交换应当在审判人员的主持下进行"，但根据《最高人民法院司法责任制实施意见（试行）》的规定，法官助理的职能包括在法官的指导下，组织双方进行证据交换。该事项不属于 2017 年《民事诉讼法》第 170 条第 1 款第 4 项规定的严重违反法定程序的事项，不足以据此撤销原判决。

【裁判规则】法官助理组织双方进行证据交换不属于《民事诉讼法》规定的严重违反法定程序的事项。

本案焦点在于法官助理组织证据交换是否违法。江苏省徐州市中级人民法院指出，虽然《民事诉讼证据规定》要求证据交换由审判人员主持，但《最高人民法院司法责任制实施意见（试行）》允许法官助理在法官指导下组织证据交换。因此，法官助理的行为不违反法定程序，不属于《民事诉讼法》规定的可撤销原判决的情形。此案例明确了法官助理在证据交换中的角色，法官助理主持证据交换不构成严重违反法定程序，不需要发回重审。

例 5：江门市陈工装饰设计工程有限公司与四川正恒建业建设工程有限公司广州分公司等建设工程合同纠纷案〔广东省珠海市中级人民法院（2020）粤 04 民终 2148 号〕

【案情】广东省珠海市中级人民法院认为，《民事诉讼证据规定》规定"证据交换应当在审判人员的主持下进行"，但一审法院审理该案时指派法官助理主持案涉当事人的证据交换，违反法定程序且致该案事实不清，影响了案件的正确处理。根据2017年《民事诉讼法》第170条第1款第4项的规定，裁定如下：①撤销广东省珠海横琴新区人民法院（2020）粤0491民初80号民事判决；②该案发回广东省珠海横琴新区人民法院重审。

【裁判规则】一审法院指派法官助理主持证据交换，违反法律程序且致该案事实不清，影响了案件的正确处理，发回重审。

本案核心在于证据交换的程序合法性。广东省珠海市中级人民法院认为，一审法院指派法官助理主持证据交换，违反了《民事诉讼证据规定》中"证据交换应在审判人员的主持下进行"的要求，属于程序违法。此程序瑕疵导致案件事实不清，影响了案件的正确处理，因此，广东省珠海市中级人民法院依据《民事诉讼法》相关规定，裁定撤销原判，发回重审。

本案和例4的区别在于，例4中仅仅是法官助理主持证据交换，虽然是程序违法，但是不构成严重违反法定程序；本案中，法官助理主持庭前会议不仅违反了法定程序，还导致该案事实不清，影响了案件的正确处理，所以构成严重违反法定程序，应裁定撤销原判，发回重审。

2. 当事人认可的事实，可以作为定案依据

在证据交换环节，当事人认可的证据视为经过质证，可作为定案依据，此点司法解释已明确。审判人员在组织证据交换时，应整理证据，让当事人提前了解对方证据，做好辩论准备，减少庭审时间。通过整理，当事人可因司法认知、对方自认而免于举证，对无异议证据免于辩论，法庭可集中资源审理争议证据，围绕争议的焦点进行庭审。记录无异议的事实、证据，作为庭审免证及质证认可的事实，有助于提高诉讼效率，增强审判对当事人的说服力。

例 6：洪业公司与长城国兴公司等融资租赁合同纠纷案 [最高人民法院（2018）最高法民终 118 号]

【案情】最高人民法院认为，根据 2017 年《民事诉讼法》第 133 条第 4 项以及 2015 年《民诉法解释》第 224 条、第 225 条、第 226 条、第 324 条的规定，本院组织各方当事人召开庭前会议，交换了证据，整理了争点，进行了审理前的准备。洪业公司与长城国兴公司经过充分协商，达成本案应审理的争点问题协议，并一致同意在下列争点之外对原审判决认定的事实和适用的法律不持异议，本院予以确认：①原审判决是否遗漏案件当事人余某某；②本案案涉租赁物是否真实存在。针对上述争点问题，本院逐一进行了审理。

【裁判规则】在证据交换过程中，审判人员对当事人无异议的事实、证据应当记录在卷。

本案中，洪业公司与长城国兴公司经过充分协商，达成本案应审理的争点问题协议。这一做法体现了对当事人自主性的尊重，也表明当事人在司法程序中有权对案件审理范围进行一定的约定。同时，双方当事人在争点协议之外，对原审判决认定的事实和适用的法律不持异议。这一确认有助于法院更快地聚焦争点问题，减少不必要的审理负担，也体现了当事人对审理范围的确定。

3. 整理和固定争议焦点

争议焦点是指双方当事人发生争议、意见不统一且对于案件处理结果有重大影响的事实问题和法律适用问题。与刑事诉讼不同，由于受当事人处分原则和辩论原则的约束，民事案件不实行全面审查原则，除涉及国家利益、公共利益和第三人合法权益的情形外，法院围绕争议焦点实行有限审理，争议焦点以外的事项原则上不予审理。归纳和提炼当事人的争议焦点，可以使法官理顺审判思路，当事人明确攻防重点，提高庭审质量和效率，增强裁判的针对性。民事审判的过程，其实就是发现争点、固定争点、处理争点的过程。[1]

在证据交换的过程中，一个重要环节是对存在分歧的证据进行细致梳理与固定。具体而言，针对那些双方持有异议的证据材料，需依据其旨在证实的事实进行分类，并详细记录在案，同时明确记录每一方提出异议的具体理由。

依据《民诉法解释》第 226 条与第 228 条之精神，法院需综合考量原告的诉讼请求、被告的答辩意见以及证据交换的实际情况，来提炼并总结案件的主要争议点。此过程还需主动向双方当事人征询意见，确保争议焦点的准确性。随后的法庭审理，便应紧密围绕这些已明确的争议事实、相关证据及法律适用等核心问题展开。

通常情况下，经过审前证据交换的充分准备，案件的主要争议点会逐渐浮出水面。一审法院将依据这些归纳好的争议焦点来指导整个法庭调查与审理工作。值得注意的是，争议焦点也不是固定不变的，法庭上初步提炼的争议焦点只是基于双方初步诉辩意见的汇总。随着案件审理的不断深入，这些争议焦点可能会进一步得到细化与明确。

例 7：中交公司与津西公司等买卖合同纠纷案［最高人民法院（2018）最高法民终 578 号］

【案情】最高人民法院认为，关于一审是否存在程序违法的

---

[1] 房保国、石钰敬：《民事案件争议焦点的提炼与证明》，载《人民法院报》2022 年 12 月 15 日，第 8 版。

问题，根据2015年《民诉法解释》第226条之规定，本案中交公司的主要诉求为解除合同、返还预付货款及赔偿资金占用损失，而津西公司答辩并不认可，双方就此存在争议。解决双方争议需要在查明合同履行情况、津西公司发货情况等事实的基础上，认定双方合同是否应予解除以及津西公司是否应赔偿资金占用损失，一审庭审据此归纳的争议焦点并无不当。一审判决将诉讼主张是否具有事实和法律依据列为争议焦点，相比庭审焦点更加概括，并无遗漏问题。鉴于双方对收货确认函这一重要证据存在争议，且在原一审中，中交公司未提出鉴定申请，而是在案件发回重审后的一审期间又提出鉴定申请，一审判决在对收货确认函审查的基础上，将收货确认函的鉴定问题列为争议焦点，重点论证争议的问题，不违反法律规定。根据一审庭审笔录记载，双方充分行使了举证、质证、发表意见等诉讼权利，围绕争议的焦点问题充分发表了意见，中交公司未对庭审焦点提出异议。一审判决中所列争议焦点与庭审中归纳的焦点在文字表述上不一致，并不违反法律规定。中交公司据此所提上诉理由不成立，法院不予采纳。

【裁判规则】法院应当根据当事人的诉讼请求、答辩意见以及证据交换的情况，归纳争议焦点，并就归纳的争议焦点征求当事人的意见。

本案例体现了民事诉讼中争议焦点归纳的重要性。最高人民法院指出，法院应依据当事人诉求、答辩及证据交换，准确归纳争议焦点，并征求当事人意见。本案中，一审法院围绕合同履行、发货情况及赔偿依据等核心问题，合理归纳争议焦点，保障了双方诉讼权利。同时，法院对收货确认函的鉴定问题予以重点关注，体现了对证据审查的严谨性。中交公司虽对焦点归纳提出异议，但一审程序并无违法之处。此案例强调了争议焦点归纳在民事诉讼中的关键作用，对指导司法实践具有重要意义。

例8：朱某甲与资阳市雁江区老君镇人民政府合同纠纷案
[四川省高级人民法院（2020）川民申5081号]

【案情】二审法院经审查认为，根据2017年《民事诉讼法》第44条、第46条的规定，朱某甲以"主审法官刘某与朱某甲之间曾经有过矛盾和不愉快，担心办案不公"为由申请审判人员回避，不属于法定回避的情形。二审法院院长据此决定本案审判人员不回避，符合法律规定，程序并无不当。根据2017年《民事诉讼法》第147条的规定，法院调阅本案原审电子卷宗，2020年5月12日，在二审法院征询本案双方当事人是否同意采用庭询方式审理时，朱某甲以"合议庭成员不在场，程序不合法，我没有收到传票，事前得到的通知是庭审前的质证，而且电脑显示屏不显示，无法看书记员的笔录"为由不同意以庭询方式审理。鉴于此，审判人员随即口头通知于2020年5月15日下午3时在二审法院第九审判庭公开开庭审理本案。此后，二审法院如期开庭审理，朱某甲与资阳市雁江区老君镇人民政府（以下简称"老君镇人民政府"）的委托诉讼代理人周某林到庭参加诉讼，参与了全部庭审活动，书记员亦将法庭审理的全部活动记入笔录，本案二审审判人员、书记员及老君镇人民政府的委托诉讼代理人周某林均在庭审笔录上签名，但朱某甲拒绝签字，故不存在朱某甲所称二审开庭时未见书记员记录的问题。并且，如朱某甲认为庭审笔录记载的内容与其表达和主张的意思不一样，其可在阅读庭审笔录时进行修正和补充，但朱某甲拒绝签字的行为，表明其放弃了对自己陈述记录有遗漏或者差错申请补正的权利。因此，朱某甲所称书记员的记录与其表达和主张的意思不一样，甚至是歪曲事实的主张，没有事实根据，不能成立。根据《民事诉讼证据规定》第57条和2015年《民诉法解释》第226条的规定，争议焦点是民事诉讼中当事人之间意见相反、影响案件处理结果的事实问题和法律适用问题，主要体现在引起争议的事实、证据、法律规定、责任等方面，与案件处理结果无关的争议问题不在争议焦点之列。据此，经四川省高级人民法院审查，二审法院对本案争议焦点的归纳符合当事人的诉讼请求、答辩意见以及证据交换的情况，并无不当，不存在朱某甲主张的庭审记录和判决书故意避重就轻、转移焦点的问题。

【裁判规则】通过证据交换，确定双方当事人争议的主要问题，与案件处理结果无关的争议问题不在争议焦点之列。

本案例揭示了民事诉讼中回避、庭审及争议焦点归纳的司法实践。法院依法处理回避申请，确保审判公正，灵活调整庭审方式，保障当事人权益，通过庭审笔录的签名与修正机制，维护了记录准确性。争议焦点的归纳严格遵循法律规定，聚焦于影响案件处理的核心问题。

4. 再次证据交换

在司法实务中，首次证据交换之后，往往会出现一方当事人针对另一方提出的初步证据进行反驳的情况。这种反驳可能通过提供反证来实现，旨在削弱或否定对方证据的有效性或证明力，或是通过提交补充证据来增强自身论点的可信度。鉴于此，某一方当事人在接收到对方提交的证据材料后，若欲提出异议并有反驳证据需要提交，则表明之前的证据交换过程可能尚未达到充分的状态。此时，为了确保双方当事人在诉讼中的权利得到平等且充分的保护，根据《民事诉讼证据规定》第58条，人民法院有责任再次组织证据交换。这一规定确保了案件审理的全面性和深入性，通过再次证据交换，双方当事人能有机会更加充分地展示各自的证据，进一步阐明事实。

这里要注意区分反驳证据和相反证据的概念和性质：

（1）反驳证据作为一种重要的策略手段，其本质在于一方当事人并不直接提出与对方主张截然相反的证据，而是通过揭示对方证据中存在的缺陷或瑕疵，来间接削弱或否定对方所主张的事实。例如，在甲起诉乙要求还款的案件中，甲以乙出具的借条作为关键证据，而乙则可能通过提交另一份含有自己签名的文件，来质疑甲所持借条上签名的真实性，从而达到反驳的效果。

（2）相反证据，或称为反证，直接由不负有证明责任的一方提出，旨在否定对方所主张的事实。在司法实践中，相反证据通常由被告在首次证据交换时即针对原告的主张而提出，因此往往无需多次提交。

《民事诉讼证据规定》第58条聚焦的是反驳证据，而非相反证据。反驳证据的提出，可能动摇法院对于承担举证责任一方所提供证据真实性的初步判断。为了保障诉讼中双方当事人的权利平等，当一方提出反驳证据后，应给予对方当事人机会进行再反驳。因此，从维护诉讼公正和效率的角度出发，法院有必要再次组织证据交换，让双方当事人就反驳证据进行进一步的质证和辩论。

例9：云南瑞林木业有限公司与钦州市焕发木业有限公司买卖合同纠纷案〔广西壮族自治区钦州市中级人民法院（2020）桂07民终794号〕

【案情】云南瑞林木业有限公司（以下简称"瑞林公司"）主张钦州市焕发木业有限公司（以下简称"焕发公司"）提交出库凭证第二联超过举证期限，程序违法；一审判决适用买卖合同相关法律错误。广西壮族自治区钦州市中级人民法院认为，该案一审审理过程中，因送达不到位，在一审法院经公告后如期进行庭审时，瑞林公司缺席了第一次庭审。随后瑞林公司主动联系一审法院，一审法院为查清案件事实，于2020年4月29日复庭审理。焕发公司提交的出库凭证第二联，是在瑞林公司提交出库凭证第三联后，对瑞林公司主张的事实进行抗辩所举的反驳证据。依据《民事诉讼证据规定》第51条第3款"举证期限届满后，当事人提供反驳证据或者对已经提供的证据的来源、形式等方面的瑕疵进行补正的，人民法院可以酌情再次确定举证期限，该期限不受前款规定的期间限制"及第58条"当事人收到对方的证据后有反驳证据需要提交的，人民法院应当再次组织证据交换"的规定，焕发公司的举证并未超过举证期限，一审法院程序合法，并无不当。

【裁判规则】当事人收到对方的证据后有反驳证据需要提交的，人民法院应当再次组织证据交换。该案当事人的举证并未超过举证期限，一审法院程序合法。

本案核心在于举证期限与证据交换。广西壮族自治区钦州市中级人民法院认为，焕发公司提交的出库凭证第二联，作为对瑞林公司主张的反驳证据，是在瑞林公司提交出库凭证第三联后提出的。根据《民事诉讼证据规定》，当事人收到对方证据后有反驳证据需提交的，法院应再次组织证据交换，且反驳证据不受原举证期限限制。

例10：张某、王某兰、杨某甲、杨某乙与阳光财产保险股份有限公司遵化支公司人身保险合同纠纷案 [河北省遵化市人民法院（2020）冀0281民初1582号]

【案情】河北省遵化市人民法院认为，被保险人杨某丙于

2018年9月6日与被告阳光财产保险股份有限公司遵化支公司签订的"驾乘无忧"保险合同,系双方当事人的真实意思表示,且不违反法律、法规的强制性规定,双方均应依据合同约定履行己方义务。本院于2020年7月17日组织原告、被告双方进行庭前质证,被告当庭提交个人投保单,该投保单中投保人、被保险人签名处均有杨某丙签名。原告为证明投保单中杨某丙签名不是本人所签,于质证结束后提交了杨某丙生前与被告工作人员孔某文的微信聊天记录、河北省登记注册网上实行实名认证的文件,以及申请证人翟某出庭作证。依据《民事诉讼证据规定》第58条"当事人收到对方的证据后有反驳证据需要提交的,人民法院应当再次组织证据交换"的规定,本院应当组织双方再次质证,故被告抗辩原告庭后提交的证据超过举证期限,不应作为证据使用的主张理据不足,本院不予采信。

【裁判规则】 依据"当事人收到对方的证据后有反驳证据需要提交的,人民法院应当再次组织证据交换"的规定,对于被告抗辩原告庭后提交的证据超过举证期限,不应作为证据使用的主张,法院不予采信。

本案核心在于反驳证据的提交与证据交换。河北省遵化市人民法院认为,原告为反驳被告提交的投保单中杨某丙签名的真实性,于质证后提交微信聊天记录、实名认证文件及申请证人出庭,符合《民事诉讼证据规定》中"当事人收到对方的证据后有反驳证据需要提交的,人民法院应当再次组织证据交换"的规定。因此,被告抗辩原告庭后提交证据超期,不应作为证据使用的主张不成立。此案例体现了诉讼中证据交换的灵活性与必要性,保证当事人有机会提交反驳证据,维护自身权益。

(三)如何看待庭前会议

庭前会议是在开庭以前,审判人员召集双方当事人和诉讼代理人,对回避、出庭证人名单、证据交换等与审判相关的问题,了解情况,听取意见的一种会议。我国首先在刑事诉讼中确立了庭前会议制度,后在2015年纳入民事诉讼中。

《民诉法解释》第224条规定:"依照民事诉讼法第一百三十六条第四项规定,人民法院可以在答辩期届满后,通过组织证据交换、召集庭前会议等方式,作好审理前的准备。"第225条规定:"根据案件具体情况,庭前会议可以包括下列内容:(一)明确原告的诉讼请求和被告的答辩意见;(二)审查处理当事人增加、变更诉讼请求的申请和提出的反诉,以及第三人提出的与本案有关的诉讼请求;(三)根据当事人的申请决定调查收集证据,委托鉴定,要求当事人提供证据,进行勘验,进行证据保全;(四)组织交换证据;(五)归纳争议焦点;(六)进行调解。"《最高人民法院司法责任制实施意见(试行)》第29条规定:"遇有重大、疑难、复杂案件或上诉案件有新证据的,合议庭可以召集庭前会议交换证据、组织质证、排除非法证据等。对于适宜调解的案件,合议庭可以通过庭前会议促成当事人和解或达成调解协议。"这些规定确立了我国的庭前会议制度。

庭前会议程序,德国称之为中间程序,法国称之为预审程序,美国称之为审前会议[1],日本称之为庭前整理程序。不同国家关于此程序的规定略有差异,但总体而言,对回避人员、出庭证人的名单予以确定,对非法证据予以排除,从而确定庭审的重点,是庭前会议程序的主要内容。

庭前会议不是法庭审理前的必经程序,是人民法院在法庭审理前根据案件的复杂程度或者其他需要,召集相关人员了解事实与证据情况,听取控辩双方的意见,整理争点,为庭审确

---

[1] 美国的审前会议、诉答程序和证据开示程序,构成其审前准备程序。

七、证据是否需要披露

定重点的准备活动。

面对"案多人少"的司法困境,改革民事审前程序已成为不可逆转的趋势,民事庭前会议作为审前程序的核心节点,是改革的重中之重。庭前会议组织双方当事人进行证据交换、质证,以及就案件事实、法律适用等问题进行初步探讨,能够有效地提前解决一部分无争议或争议较小的问题。这样不仅减少了庭审中的重复劳动,提高了庭审的针对性和效率,还使得当事人能够更加清晰地了解案件进展,对诉讼结果形成更加合理的预期。可以说,庭前会议制度,犹如诉讼的"预热器",让争议在庭审前得以梳理,让真相在交流中更加清晰。

具体而言,庭前会议的功能,有如下几点:

第一,明确诉讼请求与答辩意见:庭前会议有助于明确原告的诉讼请求和被告的答辩意见,使双方当事人在正式庭审前即对案件的基本争议点有清晰的认识,为后续的审理奠定基础。

第二,处理诉讼变更与反诉:通过庭前会议,法院可以审查处理当事人增加、变更诉讼请求的申请,被告提出的反诉,还有第三人提出的与本案有关的诉讼请求。这有助于简化诉讼程序,避免庭审中的突然袭击,提高诉讼效率。

第三,证据管理与保全:庭前会议是证据交换的重要平台,法院可以根据当事人的申请决定调查收集证据,委托鉴定,要求当事人提供证据,进行勘验,以及进行证据保全。这有助于确保关键证据在庭审前得到妥善准备和保管,防止证据灭失或被篡改。

第四,归纳争议焦点:通过庭前会议,法院可以归纳案件的争议焦点,使庭审更加集中、高效。这有助于法官在庭审前对案件有全面的了解,提高庭审的针对性和有效性。

第五,促进调解与和解:庭前会议也是进行调解的重要时机。对于适宜调解的案件，合议庭可以通过庭前会议促成当事人和解或达成调解协议，有助于化解矛盾，减轻法院审判压力。

第六，提高庭审效率与质量：通过庭前会议的充分准备，可以大大减少庭审中的重复劳动和无效辩论，提高庭审的效率和质量，同时也有助于法官在庭审前对案件形成初步的心证，为公正、高效地审理案件打下基础。

例11：张某某与林某某民间借贷纠纷案［广东省深圳市中级人民法院（2016）粤03民终10142号］

【案情】2015年《民诉法解释》第224条、第225条规定，人民法院可以在答辩期届满后，通过组织证据交换、召集庭前会议等方式，做好审理前的准备。在庭前会议上可以处理当事人增加、变更诉讼请求的申请和提出的反诉。第232条规定，在案件受理后，法庭辩论结束前，原告增加诉讼请求，被告提出反诉，第三人提出与本案有关的诉讼请求，可以合并审理的，人民法院应当合并审理。根据上述规定，当事人可以在庭审前或法庭辩论终结前增加、变更诉讼请求或提出反诉。该司法解释于2015年2月4日起实施，根据新法优于旧法的原则，本案应适用上述司法解释的规定而非2001年《民事诉讼证据规定》。原审在庭审调查时允许林某某变更诉讼请求，符合法律规定。

【裁判规则】在庭前会议上可以处理当事人增加、变更诉讼请求的申请和提出的反诉。

本案例分析了民事诉讼中庭前会议处理诉讼请求变更与反诉的合法性。法院依据《民诉法解释》，指出当事人可在庭前或法庭辩论终结前增加、变更诉讼请求或提出反诉，体现了诉讼程序的灵活性。原审允许林某某变更诉讼请求，符合新法优于旧法的原则,彰显了司法实践的与时俱进。

例 12:海亮公司与凯捷公司建设工程施工合同纠纷案 [西藏自治区高级人民法院(2019)藏民终 8 号]

【案情】西藏自治区高级人民法院认为,根据 2015 年《民诉法解释》第 224 条之规定,庭前会议由主审法官主持,由双方当事人及其律师、证人参加,主要工作是由法官组织当事人交换证据材料和清单,明确案件争执点,对没有争执的事实庭审时不再质证,以及确定法庭开庭调查的重点事项。因此,庭前证据交换作为庭前准备工作,并不要求全体合议庭成员出席并进行同步录音录像,由书记员将质证意见及争执点等记录在案即可。在质证的过程中,主审法官作为主持者,有权根据案件诉争主要问题限制当事人重复或不必要的发言。鉴于本案中海亮公司的诉请为要求凯捷公司承担逾期竣工违约责任,主审法官对其就案涉工程质量不合格的论述及举证,基于与本案没有关联性进行限制并无不当。

【裁判规则】庭前会议中,法官有权基于证据的关联性和诉争主要问题,限制当事人重复或不必要的发言。

本案例分析了庭前会议中法官的权限与职责。法院依据《民诉法解释》,明确指出庭前会议的功能及法官作为主持者的角色。法官在质证过程中,有权基于证据的关联性和诉争主要问题,对当事人重复或不必要的发言进行限制,以确保庭前会议的高效与针对性。本案主审法官对海亮公司关于工程质量的论述进行适当限制,体现了法官对庭前会议目的的准确把握。

(四)证据交换适用中存在哪些问题

1. 举证期限未届满,人民法院能否组织进行证据交换?

对此,在实践中存在两种截然不同的观点。

一种观点主张，即便举证期限尚未届满，人民法院也有权组织双方当事人进行证据交换。其依据在于，相关法律规定了"证据交换之日举证期限届满"，并指出证据交换的时间可以由双方当事人协商确定并征得法院同意，或由法院直接指定。这意味着，法院在掌控证据交换时间方面拥有一定的灵活性。为了推动诉讼的高效进行，法院可以根据案件的复杂程度，在举证期限届满前的合适时机，组织双方进行证据交换。

另一种观点则持相反立场，认为在举证期限届满之前，法院不应主动组织证据交换。这一观点的理由在于，证据交换制度本身是与举证期限紧密相连的配套机制，它的核心目的在于确保双方当事人在举证期限结束时，能够全面、准确地展示各自所掌握的证据，并在此基础上进行固定。这样的制度设计可以防止当事人在举证期限之后随意提交新证据，从而维护诉讼的秩序和公正性。如果允许在举证期限未届满时进行证据交换，那么举证期限的确定性将受到挑战，当事人也可能以此为借口，拒绝或不完全交换其已掌握的证据。[1]

综合考量上述两种观点，我们更倾向于支持第二种观点，即在举证期限未届满的情况下，人民法院不应依职权组织双方当事人进行证据交换。这一立场不仅符合证据交换制度的初衷和目的，也有助于维护诉讼的公正性和效率性。当然，在双方当事人自愿，并征得法院同意的情况下，提前进行证据交换并导致举证期限届满的做法是可以接受的。但在一般情况下，仍应严格遵循举证期限的规定，确保诉讼程序的规范性和严谨性。

2. 当事人能否推翻证据交换过程中确认过的无异议的事实？

对此，存在两种截然不同的观点。第一种观点主张，证据

---

〔1〕 肖峰：《最高人民法院民事诉讼证据规则条文解析与实务运用》，法律出版社 2022 年版，第 303 页。

交换仅是审理前的一个预备环节,其间的质证仅为当事人对证据及事实的初步看法,并不具备最终决定性。因此,当事人在证据交换中的认可,在正式庭审时仍有权推翻。

我们更倾向于第二种观点。此观点认为,当事人在证据交换中对对方提出的证据和事实表示无异议,这至少构成了对对方所述不利事实的默认接受。依据《民事诉讼证据规定》第3条,这种默认可以被视作当事人的自认事实,从而免除了对方当事人在庭审中的举证责任。因此,除非系《民事诉讼证据规定》第8条和第9条所规定的特殊情形,即自认的例外和自认的撤销,否则,当事人在法庭上原则上不得否认或推翻其在证据交换中已确认的事实。[1]

这样的规定不仅有助于提升诉讼效率,减少庭审中的反复和不确定性,也体现了司法程序中的诚信原则和禁止反言原则。当事人在证据交换中的表态应当被视为其真实意思表示,除非有充分且合理的理由,否则不应轻易允许其推翻之前的陈述。这不仅是对对方当事人权益的尊重,也有助于落实诚信原则。

3. 证据交换能否进行多次?

证据交换的次数问题,在司法实践中一直备受关注。2001年《民事诉讼证据规定》曾明确规定证据交换一般不超过两次,但针对重大、疑难和特别复杂的案件,法院可根据需要再次组织。然而,2019年修正的《民事诉讼证据规定》删除了这一具体限制,转而赋予承办法官或合议庭更大的裁量权,以根据案件实际情况确定证据交换的次数。

实务中,证据交换的次数并非固定,而是应依据案件复杂程度灵活调整。例如,建设工程施工合同纠纷等复杂案件,可

---

[1] 肖峰:《最高人民法院民事诉讼证据规则条文解析与实务运用》,法律出版社2022年版,第308页。

能因工程量核实、造价鉴定等需求而需要多次交换证据。同时，为确保诉讼效率，法院应尽可能明确争议焦点，减少当事人随意提出新争点和证据的情况。

值得注意的是，多次证据交换主要针对反驳证据的提交。被告通常在首次交换中即提出相反证据，而后续的证据交换则更多是为了让当事人对反驳证据进行再反驳。考虑到反驳证据可能会动摇举证责任方证据的真实性，法院从平等保护当事人诉讼权利的角度出发，会再次组织证据交换。

2019年《民事诉讼证据规定》删除具体次数限制，旨在避免实践中的理解分歧和滥用。法院在行使裁量权时，需平衡发现案件事实与提高诉讼效率的关系，确保证据交换既满足查明事实的需要，又不至于拖延诉讼。因此，证据交换的次数最终由法院根据个案情形自由裁量。

4. 庭前会议制度实施有何问题？

民事诉讼庭前会议制度自2015年确立以来，在实施过程中暴露出一系列问题，主要体现在适用率低、功能定位不完善、程序设置空白、适用范围不明确、组织人员身份存在争议以及法律强制力存疑等方面。

第一，适用率低是庭前会议制度面临的显著问题。以成都市中级人民法院为例，庭前会议制度在该法院的适用率仅为0.1%，这反映出该制度在实践中并未得到广泛应用，其价值和功能未能得到充分发挥。

第二，庭前会议制度的功能定位不完善。现行法律规定的庭前会议与一审庭审内容高度重合，导致庭前会议实质上变成了法庭调查环节，而正式开庭则沦为法庭辩论环节。这种处理方式违背了庭前会议作为诉讼准备工作的初衷，使得庭前会议与正式庭审的功能定位模糊不清。

第三，程序设置空白是庭前会议制度面临的又一难题。现行法律对庭前会议的具体程序性事项规定不详，如召开方式、证人或鉴定人员参与情况、召开次数等均未明确，导致各地法院在实践中操作不一，可能不利于对当事人诉讼权利的保障。

第四，庭前会议制度的适用范围不明确。现行法律未对庭前会议的适用案件类型、程序阶段等作出明确规定，多由主办法官自由裁量。这导致适用简易程序的等本应快速审理的案件也适用了庭前会议制度，违背了设立简易程序的初衷。

第五，庭前会议组织人员的身份存在争议。现行法律未明确规定庭前会议必须由合议庭成员组织，导致法官助理、书记员等非合议庭成员也参与组织庭前会议。然而，庭前会议内容涉及民事诉讼实体权利处分和认定，由非合议庭成员组织确有不当之处。

第六，庭前会议制度的法律强制力存疑。由于庭前会议与正式庭审的区别不明显，诉讼参与人拒绝或未参与庭前会议时，庭前会议涉及的答辩、举证、质证等诉讼活动是否具备法律强制约束力成为争议焦点。现行法律对未参加或未按庭前会议要求答辩或举证是否会承担不利诉讼后果未作出明确规定，影响了主办法官和双方当事人在司法实践中适用庭前会议制度的积极性。[1]

综上所述，庭前会议制度在实施过程中存在诸多问题，亟待通过立法和司法实践加以完善。

5. 如何防止当事人进行证据突袭、有意不举证、不交换证据或者提交伪证？

在民事诉讼中，当事人进行证据突袭、有意不举证、不交

---

[1] 邹云华：《民事诉讼庭前会议制度研究》，内蒙古大学 2021 年硕士学位论文。

换证据或提交伪证,严重损害了诉讼的公平与效率。为有效应对这一问题,可从以下几个方入手:

第一,强化庭前证据交换制度。庭前证据交换是预防证据突袭的重要手段。通过庭前证据交换,当事人可以全面了解对方的证据情况,为庭审做好充分准备。法院应明确规定证据交换的时间、范围和方式,并督促当事人按时参加证据交换,对无故不参加证据交换的当事人,可采取相应的法律措施。

第二,严格把握新证据的认定标准。对于庭审中才提供的证据,法院应严格审查其是否属于新证据。根据《民事诉讼证据规定》,新证据应是在举证期限届满后新发现的证据或因客观原因无法在举证期限内提供的证据。法院在认定新证据时,应综合考虑证据的发现时间、客观原因及与案件事实的关联性等因素,防止当事人以新证据为名进行证据突袭。

第三,明确超期举证的法律后果。当事人应按规定时间举证,对于超期举证的,法院应依法处理。根据最高人民法院相关司法解释,因当事人原因超期举证,导致案件被发回重审或改判的,原审裁判不视为错误裁判,且超期举证方应承担由此增加的费用和损失。这一规定有助于促使当事人在规定时间内完成举证,减少证据突袭的发生。

第四,严厉打击伪证行为。伪证行为不仅严重干扰了诉讼秩序,还可能导致错判。法院应加强对证据的审核和鉴定,一旦发现伪证行为,应依法追究伪证者的法律责任,以维护诉讼的公正性和严肃性。

正所谓:
证据交换诉讼钥,揭示真相门自开。
庭前会议明争点,预热诉讼促调解。
举证期限法规定,交换程序有序来。

七、证据是否需要披露

审判人员主持下,异议事实记录裁。
反驳证据再提交,交换多次亦无妨。
问题诸多待解决,证据突袭需严防。
有意不举或伪证,诉讼公平受损伤。

八、证明责任如何分配

证明责任是"诉讼的脊梁"、"法律人真正的十字架"。

——题记

证明责任被称为"诉讼的脊梁",是提出主张和证据的责任、说服责任和不利后果承担责任的统一。证明责任与证明标准是证明制度中的关键问题,是证明过程的两个端口。证明责任是证明过程的开端,证明标准是终端。

(一) 什么是证明责任

证明责任这一概念在诉讼领域中占据着举足轻重的地位,它融合了举证与说服的双重职责。举证责任,简而言之,就是要求当事人或相关方在诉讼过程中提出证据以支持其主张;说服责任则更进一步,要求这些证据必须充分且有力,能够说服裁判者接受当事人所主张的事实。这两者与证明标准紧密相连,共同构成了证明责任的完整框架。

证明责任被形象地誉为"诉讼的基石"和"法律人肩上的重担",其重要性不言而喻。它起源于德国的诉讼法体系,后经日本传至中国,成为连接诉讼各个环节的纽带。在诉讼证明的过程中,证明责任不仅为证明行为提供了明确的指引,还为未尽证明责任的一方设定了承担败诉风险的责任,从而揭示了诉讼活动的根本动因。

在英美法系,证明责任被细分为提出证据的责任和说服责任。前者要求当事人在诉讼的不同阶段适时地提出证据,以证明其主张或反驳对方主张；后者则强调在整个诉讼过程中，当事人必须提供全面且充分的证据，以证明其主张的每一个要素，确保事实裁判者能够形成确信。

在大陆法系，特别是在德国法学理论中，证明责任被划分为主观责任和客观责任。主观责任，即行为责任或形式上的证明责任，侧重于当事人为避免不利判决而主动证明自己主张的事实；客观责任则更注重结果或实质上的证明责任，若法律规定的要件事实在审理结束时仍无法明确，则由对该事实负有举证责任的当事人承担不利后果。

综合来看，证明责任涵盖了以下四个核心方面：①主张的提出。诉讼的起点在于当事人或检察机关提出明确的诉讼主张。无主张则无诉讼，因此提出事实主张是证明责任的前提。②证据的提交。在诉讼过程中，当事人或检察机关需承担向法院提交证据的行为责任，以避免败诉的风险。这是证明责任中举证责任的具体体现。③说服的达成。提供充分且有力的证据，以说服裁判者接受当事人所主张的事实，要求当事人不仅要有证据，还要确保这些证据能够形成有力的论证链，使裁判者形成内心确信。④不利后果的承担。当案件事实不清、证据不足导致真伪难辨时，证明责任将决定由哪一方承担不利后果。这是为了防止法院因无法作出判决而拒绝裁判，确保诉讼的终结和法律的公正实施。

在探讨证明责任与举证责任的关系时，应明确证明责任是一个更为宽泛的概念，它包含了举证责任和说服责任。因此，在司法实践中，应避免使用可能引起混淆的术语，以确保法律概念的准确性和清晰性。

例1：广州市恒昊贸易有限公司与广州市海珠区南洲街东风经济联合社租赁合同纠纷案〔最高人民法院（2018）最高法民再465号〕

【案情】原审法院查明，涉案土地证载明有三种性质的土地，包括农用地、未利用地和建设用地。东风一社、东风联社主张涉案土地属于农用地，涉案合同因违反2004年《中华人民共和国土地管理法》第63条而无效，对此应承担举证证明责任。根据原审法院查明的事实，东风一社、东风联社自1995年以来一直将涉案土地出租，至本案起诉前从未主张合同因违反2004年《中华人民共和国土地管理法》第63条的强制性规定而无效。广州市恒昊贸易有限公司依据涉案土地所有权证的记载抗辩提出涉案土地是建设用地，而涉案土地证上确实记载有建设用地2.5661公顷，足以覆盖涉案土地，作为原告方和土地证权利人的东风一社、东风联社应承担进一步证明涉案土地是农用地而不是建设用地的举证责任。原审法院未要求东风一社、东风联社对此予以举证，而笼统认为涉案土地为农民集体所有土地，未合理排除涉案土地属于建设用地的可能，就进而认定涉案合同无效，举证责任分配确有不当，应予以纠正。

【裁判规则】主张土地属于农用地而非建设用地的，主张人应承担举证责任。

本案核心在于租赁合同纠纷中对土地性质的举证责任分配。最高人民法院明确指出，主张土地为农用地的一方需承担举证责任。原审中，东风一社、东风联社未充分举证证明土地性质，而广州市恒昊贸易有限公司依据土地证抗辩。原审举证责任分配不当，未要求原告方进一步证明土地非建设用地，最高人民法院纠正此错误，强调举证责任应合理分配。

例2：车某某与缑某某执行异议之诉案［最高人民法院（2020）最高法民申2482号］

【案情】 根据2015年《最高人民法院关于人民法院办理执行异议和复议案件若干问题的规定》第28条的规定，车某某在尚未办理涉案房屋产权变更登记的情况下，必须满足查封前已签订合法有效的书面买卖合同并合法占有该不动产，且对未办理过户手续没有过错等条件，才能产生阻却执行措施的结果。关于如何判断在查封前已经实际占有诉争房屋，应以实际控制原则为依据。

具体到本案，车某某主张其在查封前已合法占有涉案房屋，对该主张，其负有提供证据加以证明的责任，其应提供房屋交接单，物业进户单，水电等支付凭证，房屋钥匙以及物业、保安、邻居书面证明等相关证据。根据一审、二审查明的事实，车某某虽提交了弘基房地产公司开具的2014年5月30日入住手续书以及相关物业费收据，但上述入住手续书以及收据仅能从侧面说明弘基房地产公司同意物业公司为车某某办理入住手续以及物业费交纳情况，并不足以证明车某某在收到入住手续书之后是否办理了相关入住手续，是否领取了房屋钥匙并实际控制、占有了涉案房屋等事实。二审法院根据2015年《民诉法解释》第90条第1款的规定，认定车某某并未在查封前合法占有涉案房屋，并不缺乏依据。

【裁判规则】 当事人主张其在查封前已合法占有涉案房屋的，应当提供证据加以证明。

本案聚焦于执行异议之诉中关于查封前合法占有房屋的举证责任。依据《最高人民法院关于人民法院办理执行异议和复议案件若干问题的规定》，车某某需证明其在查封前已合法占有房屋,才能阻却执行。最高人民法院指出,判断是否构成实际占有应依据实际控制原则,车某某对此负有举证责任,应提供房屋交接单、物业进户单、水电支付等凭证,但车某某提交的证据不足以证明其实际控制、占有了涉案房屋。二审法院依据《民诉法解释》,认定车某某未充分证明其在查封前合法占有房屋,并不缺乏依据。

(二)如何理解"谁主张、谁举证"

《民诉法解释》第90条规定:"当事人对自己提出的诉讼请求所依据的事实或者反驳对方诉讼请求所依据的事实,应当提供证据加以证明,但法律另有规定的除外。在作出判决前,当事人未能提供证据或者证据不足以证明其事实主张的,由负有举证证明责任的当事人承担不利的后果。"该条规定了"谁主张、谁举证"原则,以及举证不能的后果。

要注意,这里的"主张"具有特定的含义,它指当事人提出的一种具有实体或程序意义的事实陈述,而不仅仅是一种主观态度或意见表达。这一概念的明确,为"谁主张、谁举证"原则奠定了坚实的基础,意味着当事人在提出自己的事实主张时,需承担相应的举证责任,以证明其主张的真实性。

"谁主张、谁举证"原则的确立,颠覆了法院包揽调查取证的传统做法,强调了当事人在诉讼中的主动性和责任。双方当事人均需对自己的事实主张承担举证义务,若未能提供足够证据支持其主张,则将面临败诉的风险。当证据缺失或不足以证明当事人所主张的事实时,负有证明责任的当事人将承担举证不能的后果,这样可以防止无根据的指控和滥诉现象的发生。

另外,诉讼中的"证据距离"概念值得探讨。通常情况下,提出支持其诉讼请求的当事人距离证据更近,更易于收集相关证据。这是因为他们更了解案件的事实情况,也更有动力去寻找和提供证据。相反,"证据距离远"则意味着某方当事人很难接触到或控制相关证据,因此其收集证据的难度会大大增加。

基于这一认识,让距离证据更近、收集证据能力更强的当事人承担证明责任,不仅符合公平原则,也提高了诉讼效率。这样的安排有助于确保诉讼的顺利进行,实现保护合法权益和解决纠纷的诉讼目的。通过合理分配证明责任,可以促使当事人更加积极地参与诉讼过程,提供充分证据支持其主张,从而推动案件的公正、高效解决。

1. 谁主张、谁举证

例3:颜某莲、程某环与周某霞、吉林天药科技有限公司、吉林天药生物科技有限公司侵权责任纠纷案〔安徽省高级人民法院(2015)皖民一终字第00001号〕

【案情】关于本案受害人苏某菊是否因为涉案产品的宣传延误治疗,苏某菊的死亡与涉案产品是否存在因果关系,上诉人颜某莲、程某环是否应承担因客观原因无法鉴定的法律后果的问题,安徽省高级人民法院认为,从苏某菊检查出病症、接受治疗直至死亡的过程来看,2010年8月苏某菊经医院诊断发现其右乳出现肿块并疑似恶性肿瘤时,苏某菊未作进一步检查和治疗,至次年8月经医院确诊为右乳癌伴右腋下淋巴结并转移至肝、肺等部位,此后苏某菊辗转多家医院进行治疗,后因医治无效于2013年1月5日死亡。苏某菊作为完全民事行为能力人,在医院诊断其右乳肿块疑似恶性肿瘤时,未及时接受医疗机构诊疗,疏于关注个人生命安危,是死亡的客观原因和主导因素。

在上诉人周某霞得知苏某菊右乳生有肿块时,苏某菊是否罹患乳腺癌尚未经医疗机构确诊。周某霞作为普通的个体经营者，对右乳肿块的发展、演化及后果不具备医务工作者的专业判断能力。周某霞在推销"活力宝"产品过程中的不实宣传行为，虽与苏某菊没有通过常规方法、程序治疗自身存在一定牵连，但鉴于苏某菊订购产品的包装盒、瓶身及产品说明书对产品疗效和注意事项予以了提示，苏某菊对此应具备常人的基本辨识能力，主观上对"活力宝"产品属性为"保健品"、产品功能限于"免疫调节、抗疲劳"以及"本品不能替代药物"的注意事项是知情的，其未及时寻医就诊，系其自身对所患肿瘤性质的错误预估和判断所致。

同时，癌症为凶险顽症，人类目前的医学水平难以治愈。颜某莲和程某环称苏某菊贻误诊疗时机并最终死亡与周某霞等夸大宣传"活力宝"产品的功效存在关联，应提供证据予以证明。

本案中，上诉人颜某莲和程某环虽申请就苏某菊死亡与周某霞等夸大宣传、贻误诊疗时机的因果关系及原因力大小进行鉴定，但因相关鉴定机构对其申请评定的事项无法鉴定等客观原因，苏某菊死亡、贻误诊疗时机与上诉人周某霞及吉林天药生物科技有限公司违规宣传之间的因果关系及参与度无法确定。因本案系一般侵权赔偿纠纷，根据"谁主张、谁举证"的举证规则，颜某莲、程某环应承担相应的不利法律后果。

【裁判规则】根据"谁主张、谁举证"原则，销售企业或经销商的虚假宣传行为与消费者延误治疗是否具有关联，以及与消费者死亡是否存在因果关系，应由死者近亲属承担相应证明责任。当事人未能提供证据或者证据不足以证明其事实主张的，依法由负有证明责任的当事人承担不利的后果。

本案涉及虚假宣传与消费者损害因果关系的认定。法院指出，销售者的不实宣传虽与消费者未进行常规治疗存在牵连，但消费者作为完全民事行为能力人，对自身健康负有主要责任。

在产品已明确提示为保健品且不能替代药物的情况下，消费者未及时就医系自身判断所致。同时，癌症的治愈难度大，不能简单归咎于宣传。因因果关系及参与度无法鉴定，法院依据"谁主张、谁举证"原则，判定死者近亲属承担证明责任，未能充分举证则承担不利后果。此案例强调了在侵权纠纷中，当事人需承担相应证明责任。

2. 举证不能的后果

例4：再审申请人苏州星瑞防务科技有限公司与被申请人厦门中林飞驰游艇俱乐部有限公司船舶买卖合同纠纷案 [最高人民法院（2019）最高法民申3041号]

【案情】关于原审判决认定苏州星瑞防务科技有限公司（以下简称"星瑞公司"）向厦门中林飞驰游艇俱乐部有限公司（以下简称"中林飞驰公司"）交付增值税专用发票的事实是否缺乏证据证明的问题，最高人民法院认为，2017年《民事诉讼法》第64条第1款规定："当事人对自己提出的主张，有责任提供证据。"2015年《民诉法解释》第90条规定："当事人对……反驳对方诉讼请求所依据的事实，应当提供证据加以证明……当事人未能提供证据或者证据不足以证明其事实主张的，由负有举证证明责任的当事人承担不利的后果。"第91条第1项规定："主张法律关系存在的当事人，应当对产生该法律关系的基本事实承担举证证明责任。"中林飞驰公司提起本案诉讼，请求星瑞公司交付已付价款的增值税专用发票，而星瑞公司主张其已经交付了发票，则星瑞公司应当承担相应的举证责任，其未能提交相应证据予以证明的，应承担举证不利的后果。因此，原审判决认定星瑞公司未向中林飞驰公司交付相应发票并无不当。

【裁判规则】 被告提出反驳主张，但未提供证据证明的，应承担举证不利的后果。

本案聚焦于船舶买卖合同中增值税专用发票的交付争议，最高人民法院依据《民事诉讼法》及《民诉法解释》，明确了举证责任分配原则。中林飞驰公司要求星瑞公司交付发票，星瑞公司则主张已交付，根据"谁主张、谁举证"原则，星瑞公司需承担举证责任。因星瑞公司未能提供充分证据证明交付事实，法院判定其承担举证不利后果，认定其未交付发票。

例 5：吴某与王某国合同、无因管理、不当得利纠纷案 ［最高人民法院（2015）民抗字第 43 号］

【案情】 最高人民法院认为，根据吴某的申诉意见以及检察机关的抗诉意见，本案需要解决的关键问题为：2002 年 5 月 8 日由广州大朗集装箱储运公司发送至乌鲁木齐的收货人为王某国的 27 件玻璃究竟系王某国自行从广州大明玻璃厂购买还是吴某从广州锦明玻璃厂购买。

本案中，吴某作为向王某国供应玻璃的一方，主张案涉 27 件玻璃系其从广州锦明玻璃厂购买，则应提供证据加以证明。对此，吴某提供了广州锦明玻璃厂出具的证明和收据、广州大朗集装箱储运公司出具的收款收据、提货铁路大票以及法院调取的证据及抗诉申请书等证据。上述证据确实充分，形成了有效的证据链，可以初步证明吴某从广州锦明玻璃厂购买玻璃 27 件并支付货款及运费共计 77 485.84 元，广州锦明玻璃厂委托广州大朗集装箱储运公司运输 27 件玻璃给王某国，后王某国从乌鲁木齐站提取了玻璃。

至于王某国抗辩主张，2002 年 5 月 8 日由广州大朗集装箱储运公司发送至乌鲁木齐的收货人为王某国的27件玻璃系王某国自行从广州大明玻璃厂购买,同样根据2015年《民诉法解释》第90条、第91条的规定,应提供相应的证据加以证明。对此,王某国提供了铁路货票、汇款单和收条等证据。但是,王某国提交的收条和汇款单等证据仅能证明其与广州大明玻璃厂之间的部分资金往来情况,无法充分证明与案涉27件玻璃有关。

证明标准是负担证明责任的人提供证据证明其所主张法律事实所要达到的证明程度。本案中,吴某已经完成案涉27件玻璃系其从广州锦明玻璃厂购买的举证证明责任,王某国主张案涉27件玻璃系其自行从广州大明玻璃厂购买,按照2015年《民诉法解释》第108条的规定,王某国之举证应当在证明力上足以使人民法院确信该待证事实的存在具有高度可能性。而基于前述,王某国为反驳吴某所主张事实所作的举证,没有达到高度可能性之证明标准。

而且,一审庭审中,王某国并未谈及27件玻璃是自己购买的,只是认为根据吴某提供的发货单及入库单(复印件),不能证明王某国已经收到这27件玻璃。二审期间,王某国提供了铁路货票用于说明27件玻璃已提货,但其所提的是自己购买的玻璃。王某国上述陈述前后不一。原审判决以广州锦明玻璃厂出具的货款凭证和广州大朗集装箱储运公司出具的运费凭证系收据而非发票为由,对相关证据的真实性不予采信,没有充分的事实及法律依据,也不符合前述司法解释的规定精神,二审法院予以纠正。

【裁判规则】被告对自己的反驳应当提供证据证明,该证据应达到高度可能性之证明标准。

本案的核心问题是证明责任与证明标准的运用。首先,吴某作为主张权利的一方,提供了包括收据、证明、运输单据等在内的多份证据，形成了完整的证据链，初步证明了其从广州锦明玻璃厂购买玻璃并交付给王某国的事实。而王某国作为反驳方，虽然也提供了一些证据，但这些证据未能达到高度可能性的证明标准，无法有效反驳吴某的主张。其次，在审查证据时，法院不仅关注证据的形式，更注重证据的真实性与关联性。本案中，王某国提供的收条和汇款单等证据，虽然能证明其与广州大明玻璃厂之间存在资金往来，但无法直接证明这些资金往来与案涉 27 件玻璃有关。相反，吴某提供的证据在真实性、关联性和完整性上均表现出较强的证明力，得到了法院的认可。最后，针对王某国陈述前后不一的问题，法院没有轻易采信其说辞，而是结合其他证据进行了综合判断，体现了法院的严谨和慎重。

3. 抗辩的举证责任。

例 6：三友环保公司与顺达公司承揽合同纠纷案 [最高人民法院（2015）民申字第 885 号]

【案情】最高人民法院认为，本案款项实际支付情况与两份合同约定的付款时间及数额均不相符，故款项支付情况不能单独作为认定双方实际履行合同事实的依据。

在顺达公司 2008 年 1 月 17 日向三友环保公司支付最后一笔工程款的付款单上，双方法定代表人及顺达公司财务人员均签字确认，本案案涉设备款项已全部结清。三友环保公司虽然对该付款单内容的真实性提出异议，但经一审法院委托鉴定，鉴定机构对付款单上时任三友环保公司法定代表人王某某的签字真实性，以及付款单上字迹是否为一次书写形成等进行了笔迹鉴定，鉴定结论认为王某某的签字是其本人书写，款项已经结清事项书写内容与付款单上其余书写内容系一次书写形成。

三友环保公司对上述内容为一次书写形成的鉴定结论不予认可，但未举出相反证据证明。鉴定机构在上述鉴定结论作出后出具的回复函中，并未改变鉴定结论，不能证明三友环保公司提出的款项已经结清事项系顺达公司事后单方添加的主张。根据一审、二审过程中法院查明的款项实际支付情况，顺达公司就案涉设备的定制，共向三友环保公司支付 1 280 670.25 元，该数额与价款为 128 万元的合同约定基本一致。法院认为，三友环保公司主张顺达公司欠付工程款，应当就其主张的事实负举证责任，在顺达公司提供相反证据反驳三友环保公司主张的情况下，二审法院综合本案证据情况，对三友环保公司所主张的事实未予认定，符合司法解释对证明标准的规定，并无不妥。

【裁判规则】 抗辩主张付款单上的内容是相对方事后添加的，抗辩方应承担举证责任。

本案聚焦于承揽合同纠纷中付款单的真实性及举证责任分配。最高人民法院指出，付款单作为证据，其真实性需经严格审查。三友环保公司对付款单及鉴定结论提出异议，但未提供相反证据。二审法院依据《民诉法解释》，结合案件事实，认为顺达公司已支付款项与合同约定基本一致，三友环保公司主张欠付工程款的事实真伪不明，故未予认定。

(三) 要件事实如何证明

《民诉法解释》第 91 条规定："人民法院应当依照下列原则确定举证证明责任的承担，但法律另有规定的除外：(一) 主张法律关系存在的当事人，应当对产生该法律关系的基本事实承担举证证明责任；(二) 主张法律关系变更、消灭或者权利受到妨害的当事人，应当对该法律关系变更、消灭或者权利受到妨害的基本事实承担举证证明责任。"关于证明责任的分配，该规定采取了法律要件分类说。

在法律体系中，证明责任的分配并非随意而为，而是遵循着一定的规则与逻辑。其中，法律要件分类规则便是探寻证明责任分配逻辑的重要依据。这一规则通过深入分析实体法律规范之间的相互关系，为我们提供了合理的证明责任分配框架。

各实体法律规范并非孤立存在，而是相互关联、相互影响的，它们之间或呈现补充关系，共同构建完整的法律体系；或存在相斥关系，对同一事项作出不同的规定。在这种复杂的法律关系中，法律要件分类规则显得尤为重要。

民事法律规范作为实体法律规范的重要组成部分，可以根据其功能的不同进行细致分类。具体来说，可以分为以下几类：

第一，权利发生规范。这类规范规定了权利产生的条件和情形，当满足这些条件时，相应的权利便得以产生。在诉讼中，若当事人主张某项权利存在，便需依据此类规范提供证据证明其满足权利产生的条件。

第二，权利妨害规范。与权利发生规范相反，权利妨害规范将某些事实视为妨害，认为其导致权利无法产生。合同订立者若缺乏行为能力，则合同无效，这便是权利妨害规范的具体体现。在诉讼中，若当事人主张某项权利因妨害而未能产生，便需依据此类规范提供证据证明妨害事实的存在。

第三，权利消灭规范。这类规范规定了权利消灭的条件和情形，当满足这些条件时，既存的权利便归于消灭。例如，合同的履行可能导致合同权利的消灭。在诉讼中，若当事人主张某项权利已经消灭，便需依据此类规范提供证据证明权利消灭的事实。

第四，权利制约规范。这类规范在权利产生之后，对权利的行使进行限制或制约。当满足一定条件时，权利的效果可能被遏制或消除，从而导致权利无法实现。例如，情势变更可能导致合同的解除，这便是权利制约规范的具体应用。在诉讼中，若当事人主张某项权利受到制约而无法实现，便需依据此类规范提供证据证明制约事实的存在。

通过法律要件分类规则，我们可以更加清晰地理解实体法律规范之间的关系，以及它们在诉讼中的证明责任分配逻辑。这一规则为当事人提供了明确的诉讼指引和预期。具体而言：

1. 主张法律关系存在的当事人，应当对产生该法律关系的基本事实承担举证证明责任。

例7：六加一公司与吴某甲特许经营合同纠纷案 [最高人民法院（2019）最高法民申5114号]

【案情】最高人民法院认为，根据2015年《民诉法解释》第91条第1项的规定，主张法律关系存在的当事人，应当对产生该法律关系的基本事实承担举证证明责任。六加一公司主张吴某乙为涉案合同的被许可方，应对此承担举证责任。本案中，六加一公司用于证明其与吴某乙之间存在合同关系的证据为六加一公司保存的涉案合同，该合同的首部记载的乙方柳州区域经销商为吴某甲/吴某乙，但是该合同落款签字的仅为吴某甲一人，且合同封面写明的经销商也仅包括吴某甲。在吴某甲保存的涉案合同中，乙方柳州区域经销商仅记载有吴某甲，而不包括吴某乙。在此情况下，不能认定吴某乙与六加一公司签订了涉案合同，也不能认定吴某乙作出过成为合同相对方的意思表示。

【裁判规则】主张存在合同法律关系的当事人，应当对该基本事实承担举证责任。

本案聚焦于特许经营合同纠纷中合同法律关系的存在与举证责任分配。最高人民法院依据《民诉法解释》的规定明确，主张合同法律关系存在的一方应承担举证责任。六加一公司主张与吴某乙存在合同关系，但所提供的证据不足以证明吴某乙为合同相对方。法院综合两份合同内容，认定吴某乙没有作出成为合同相对方的意思表示。

例 8：再审申请人青海中航资源有限公司与被申请人青海凯帝商贸有限公司买卖合同纠纷案［最高人民法院（2020）最高法民申 5084 号］

【案情】最高人民法院认为，本案审查的主要问题是青海中航资源有限公司（以下简称"青海中航公司"）认为提货人刘某康、徐某玉系青海凯帝商贸有限公司（以下简称"青海凯帝公司"）的员工，举证责任在青海凯帝公司的再审申请理由是否成立。经审查，青海中航公司诉请青海凯帝公司支付货款为 10 236 370 元。其中，通过铁路运输的 5428 吨氯化钾，价值 9 092 200 元，青海中航公司提供了铁路货单、青海凯帝公司提供的货物运输增值税专用发票及青海凯帝公司作出的回函，证明青海凯帝公司收到货物，并支付 6 036 000 元货款的事实。另外 5241 吨氯化钾，价值 7 180 170 元，供货方式为自提，提货人为刘某康、徐某玉。

青海中航公司对提货人系青海凯帝公司职员身份或提货行为是受青海凯帝公司所委托，均未提供证据予以证明。依据"谁主张、谁举证"的举证原则，青海中航公司对其诉讼请求负有举证责任。依据 2015 年《民诉法解释》第 90 条的规定，原判决以青海中航公司举证不能，驳回其诉讼主张，并无不当。

【裁判规则】当事人主张提货人系对方当事人员工的，应当提供证据加以证明。

本案聚焦于买卖合同中提货人身份的证明责任。最高人民法院明确，青海中航公司主张提货人刘某康、徐某玉为青海凯帝公司员工，需承担举证责任。根据"谁主张、谁举证"原则，青海中航公司未能提供充分证据证明提货人系青海凯帝公司员工或提货行为受委托于青海凯帝公司，因此承担举证不能的后果。原判决驳回青海中航公司的诉讼主张，符合《民诉法解释》的规定。此案例强调，在民事诉讼中，当事人需对其主张存在法律关系的基本事实承担证明责任，否则将面临不利法律后果。

2. 主张法律关系变更的当事人，应当对导致该法律关系变更的基本事实承担举证证明责任

例9：再审申请人陈某平与被申请人杭州永楠大酒店企业承包经营合同纠纷案［浙江省高级人民法院（2019）浙民申1949号］

【案情】浙江省高级人民法院认为，两审终审制是我国民事诉讼的基本制度，再审程序是针对生效裁判可能出现的重要错误而赋予当事人的特别救济程序，人民法院对于申请再审的案件，应当严格依照《民事诉讼法》及相关司法解释等的规定，对当事人主张的再审事由进行审查，而非按照第一审或者第二审程序对案件进行重新审理，以防止再审程序异化为普通程序。这样既可以保障生效裁判的既判力，又可以发挥审判监督程序的纠错功能。

本案中，杭州永楠大酒店以陈某平未腾退酒店为由提起本案诉讼，陈某平予以否认，主张其于2017年11月1日即已停止营业并于次日搬离酒店。根据2015年《民诉法解释》第91条第2项的规定，陈某平应当对此承担举证证明责任。原审判决根据现有证据情况并结合陈某平未能提供证据证明其已依约与

杭州永楠大酒店就相关设施设备进行移交验收等情况，对陈某平主张的前述内容不予采信，属通过对证据审核判断依法定裁量权作出的认定，不属行使自由裁量权显著不当及认定事实和适用法律错误。原审判决据此认定陈某平应向杭州永楠大酒店支付截至腾退交还酒店之日的承包金并无不当。

【裁判规则】当事人应当对法律关系已经变更的基本事实承担举证证明责任。

本案重点分析了证明责任在民事诉讼中的应用。依据《民诉法解释》，陈某平作为主张法律关系已变更的一方，应承担举证责任，证明其已停止营业并搬离酒店。然而，陈某平未能提供充分证据，特别是未能证明与杭州永楠大酒店进行了设施设备的移交验收，因此其主张未被法院采信。

例10：江西省汉威建设工程集团有限公司与海南永泰实业有限公司等建设工程施工合同纠纷案［最高人民法院（2020）最高法民申2601号］

【案情】最高人民法院认为，本案中建筑工程施工合同明确约定"本工程承包采用固定总价（含税）方式、按图纸标注的建筑面积计算，土建和水电、消防部分按1398元/㎡毛坯房综合单价包干，施工范围包括施工图（会审后）所有的土地、水电、消防范围内所有工程"，该约定具体明确。现江西省汉威建设工程集团有限公司（以下简称"汉威公司"）依照图纸会审确认书主张应对水电、消防工程另行计价，属于对建筑工程施工合同中工程施工范围及合同价款的重大变更，根据2015年《民诉法解释》第91条第2项的规定，汉威公司应当对建筑工程施工合同中约定的施工范围及工程价款经双方协议发生了变更承担举证责任。

【裁判规则】 主张法律关系变更的当事人，应当对该法律关系变更的基本事实承担举证责任。

本案聚焦于建设工程施工合同纠纷中合同变更的举证责任。依据《民诉法解释》，主张合同关系变更的一方应承担举证责任。根据 2015 年《民诉法解释》第 91 条第 2 项的规定，汉威公司主张水电、消防工程应另行计价，实则是对合同施工范围及价款的重大变更。法院要求汉威公司对此变更承担举证责任，符合举证责任分配原则。

3. 主张法律关系消灭的当事人，应当对导致该法律关系消灭的基本事实承担举证证明责任

例 11：再审申请人张北县油篓沟乡王家湾村民委员会与被申请人马某、赵某农村土地承包经营权纠纷案〔河北省高级人民法院（2017）冀民申 1291 号〕

【案情】 河北省高级人民法院认为，关于被申请人马某、赵某在承包期限内是否自愿交回土地的问题，双方有不同的主张。根据《河北省农业承包合同管理条例》第 25 条、第 26 条之规定，经协商解除农业承包合同的，应当用书面形式签订协议，并报乡级人民政府备案，协议签订前应继续履行原合同。同时，2015 年《民诉法解释》第 91 条第 2 项规定："主张法律关系变更、消灭或者权利受到妨害的当事人，应当对该法律关系变更、消灭或者权利受到妨害的基本事实承担举证证明责任。"

本案中，申请人张北县油篓沟乡王家湾村民委员会虽主张被申请人马某、赵某在承包期限内于 2001 年自愿将承包土地交回，双方已解除承包合同关系，但并未能提交双方的书面解除

协议，其主张的口头解除方式不符合《河北省农业承包合同管理条例》的相关规定。参照2005年《最高人民法院关于审理涉及农村土地承包纠纷案件适用法律问题的解释》第10条，对承包户自愿交回土地的事实应做严格审慎认定，故申请人张北县油篓沟乡王家湾村民委员会提交的证据不足以证实被申请人马某、赵某在承包期限内自愿交回土地，原一审、二审法院认定并无不当。

【裁判规则】当事人主张双方已解除承包合同关系的，应当举证证明。

本案聚焦于农村土地承包经营权纠纷中的举证责任问题。河北省高级人民法院依据相关法规及司法解释，明确张北县油篓沟乡王家湾村民委员会作为主张承包合同已解除的一方，应承担举证责任，但其未能提供书面解除协议，仅凭口头主张不符合法律规定，且对承包户自愿交回土地的事实应严格审慎认定。因此，张北县油篓沟乡王家湾村民委员会提交的证据不足以证明其主张，原一审、二审法院认定并无不当。

例12：宁夏元海房地产开发有限公司与景某等民间借贷纠纷案［最高人民法院（2016）最高法民申1534号］

【案情】关于涉案主债权是否因已获清偿而消灭的问题，最高人民法院认为，涉案借款合同、借条及还款承诺书等证据能够证实景某与游某某之间的借贷法律关系仍然存在。游某某虽主张自2012年起陆续向景某或其指定的代理人转款金额达13 535万元，但未明确主张已将涉案2000万元借款清偿完毕。景某、游某某均认可双方之间存在多次借贷往来，游某某未提交证据证实其与景某之间对清偿的债务或者清偿抵充顺序有约定。而根据《最高人民法院关于适用〈中华人民共和国合同法〉若干问题的解释（二）》第 20 条及 2015 年《民诉法解释》第 91 条第 2 项之规定，对主债权是否因已获清偿而消灭，应由主张主债权已消灭的游某某、宁夏元海房地产开发有限公司（以下简称"元海公司"）承担举证证明责任，但其并未提交证据证明 2000 万元的主债权根据前述规定已获得清偿，故原审关于 2000 万元未全部偿还的认定并不缺乏事实和法律依据。

【裁判规则】主张法律关系消灭的当事人，应当对导致该法律关系消灭的基本事实承担举证责任。

本案聚焦于民间借贷纠纷中关于债权消灭的举证责任。依据《最高人民法院关于适用〈中华人民共和国合同法〉若干问题的解释（二）》及《民诉法解释》，主张债权已消灭的一方应承担举证责任。元海公司及游某某主张已清偿涉案借款，但未证明 2000 万元借款已获得清偿，且双方存在多次借贷往来，未约定清偿顺序。法院要求元海公司、游某某承担举证不能的后果，符合举证责任分配原则。

例 13：再审申请人周某新与被申请人郭某村、一审被告张某正合伙协议纠纷案[最高人民法院（2017）最高法民申 2112 号]

【案情】最高人民法院认为，周某新与郭某村签订合作协议书，依法形成合伙关系。周某新作为合伙人，起诉请求解除与郭某村的合伙关系并分配合伙利润，但双方之前并未对合伙财产进行清算，且因其未实际参与管理合伙事务，无法提供合伙期间的相关资料，导致鉴定机构对本案合伙财产的盈亏无法鉴定，依据 2001 年《民事诉讼证据规定》第 2 条，应由周某新承担不利后果。即便周某新确实与郭某村就一方单独经营管理合伙事务有约定,周某新也未提交证据证明其起诉时双方合伙经营项目资产的具体状况。

至于 2011 年 3 月 21 日的 5 万元与郭某村 300 万元贷款的性质,周某新并未提交充分证据证明属于合伙债务,更无法证明周某新与郭某村合伙经营项目的盈亏状况。原审法院对于其该诉讼请求不予支持,并无不当。

一审法院判决郭某村返还周某新 10 万元并支付相应利息,依据的是郭某村在本案第一次审理中的自认,该项判决虽超出了周某新一审的诉讼请求,但对周某新的权益没有损害,郭某村也并未就此提起上诉,二审法院未予调整,并无不当。

【裁判规则】作为合伙人的原告,起诉请求解除与其他合伙人的合伙关系并分配合伙利润,但双方之前并未对合伙财产进行清算,且因原告未实际参与管理合伙事务,无法提供合伙期间的相关资料,导致鉴定机构对合伙财产的盈亏无法鉴定,依据"谁主张、谁举证"的原则,应由其承担不利后果。

本案聚焦于合伙协议纠纷中的举证责任与合伙财产清算问题。最高人民法院指出,周某新作为合伙人,请求解除合伙关系并分配合伙利润,但因其未参与合伙事务管理,无法提供合伙期间的资料,导致合伙财产盈亏无法鉴定。根据"谁主张、谁举证"原则,周某新应承担不利后果。本案强调,在合伙协议纠纷中,当事人需对其主张的合伙财产状况、盈亏情况等承担举证责任,否则将面临败诉风险。同时,本案也提醒合伙人在合伙过程中应积极参与管理,保留好相关资料,以便在纠纷发生时能够有效维护自身权益。

4. 主张权利受到妨害的当事人,应当对导致权利受到妨害的基本事实承担举证证明责任

八、证明责任如何分配

例14：向某华与刘某见民间借贷合同纠纷案[湖南省怀化市中级人民法院（2015）怀中民二终字第271号]

【案情】湖南省怀化市中级人民法院认为，首先，基于上诉人向某华与被上诉人刘某见之间的转账情况，及被上诉人在答辩状中的陈述，可以认定上诉人打入被上诉人账户的10万元系出借，即该10万元在性质上属于借款。其次，如前所述，本案争议的10万元在性质上属于借款，鉴于该10万元是上诉人打入了被上诉人的账户，上诉人主张该10万元是其出借给被上诉人的举证责任已经完成。

被上诉人提出的该10万元系上诉人通过他出借给第三人刘某玉的，并非上诉人出借给他的抗辩，在性质上属于主张权利妨害要件事实，故根据2015年《民诉法解释》第91条第2项之规定，被上诉人必须举证证明该权利妨害要件事实的存在。现被上诉人并未提交证据来证明，因此应当承担举证不能的不利后果。

【裁判规则】被上诉人提出的案涉10万元系上诉人通过他出借给第三人的，并非上诉人出借给他的抗辩，在性质上属于主张权利妨害要件事实，被上诉人须举证证明该事实的存在。

本案分析了民间借贷合同纠纷中权利妨害要件事实的证明责任分配。法院认为，上诉人向某华将10万元打入被上诉人刘某见账户，已完成借款事实的初步举证。被上诉人抗辩称该款项系上诉人通过其出借给第三人的，此抗辩属于主张权利妨害要件事实，根据《民诉法解释》的规定，被上诉人应承担举证责任。由于被上诉人未提供证据支持其抗辩，法院判定其承担举证不能的不利后果。

例 15：陈甲、徐某芳、陈乙与上海携程国际旅行社有限公司旅游合同纠纷案［上海市第一中级人民法院（2014）沪一中民一（民）终字第 2510 号］

【**案情**】上海市第一中级人民法院认为，上诉人陈甲、徐某芳、陈乙与被上诉人上海携程国际旅行社有限公司（以下简称"携程旅行社"）签订的上海市出境旅游合同系双方真实意思表示，于法不悖，应属有效，双方均应恪守履行。陈甲、徐某芳、陈乙基于自身原因要求退团，导致双方签订的旅游合同无法履行，系单方解约行为，陈甲、徐某芳、陈乙的行为构成违约，应当承担违约责任。关于违约责任的承担，在双方签订的上海市出境旅游合同中明确约定：旅游者不能出行造成违约的，旅游者应当提前 7 天（含 7 天）通知对方，此种情况下，旅游者应当支付旅游合同总价 5% 的违约金。上诉人陈甲、徐某芳、陈乙在 2013 年 9 月 6 日要求退团，属于该情形，故陈甲、徐某芳、陈乙应当承担以合同总价 53 598 元为基数，按 5% 标准计算的违约金计 2679.9 元。

双方合同还约定：旅行社已办理的护照成本、手续费、订房损失费、实际签证费、国际国内交通票损失费按实计算。被上诉人携程旅行社在上诉人陈甲、徐某芳、陈乙提出退团后，共计返还 29 751 元，其余款项未予退还。陈甲、徐某芳、陈乙主张携程旅行社应将余款退还，而携程旅行社则认为陈甲、徐某芳、陈乙的退团行为已导致其产生实际损失，故不应当退还。法院认为，关于"损失已实际产生"和"损失的合理性"的举证责任在于携程旅行社，如举证不力，则由携程旅行社承担不利后果。综观携程旅行社的证据材料，不论证据的效力和证据的证明力，还是直接证据、间接证据之间的相互印证，都无法形成令人信服的证据优势。携程旅行社为其酒店费用损失提供了相关证据,但"收费证明""取消政策"等境外证据未经公证、认证,部分证据无翻译件,形式上明显存有瑕疵,难以证明携程旅行社实际发生了酒店费用的支出。携程旅行社虽辩称其扣除的金额中还包括已经支付的签证费和保险费,但其未提供支付凭证。

法院在二审期间再次给予携程旅行社一个月的举证期限补充、补强相关证据,但其未能进一步有效举证,未提供经过公证、认证的境外证据,仅提供了与欧洲之星公司的邮件往来、报备文件,证明力较弱,难以印证损失已经实际产生并属合理,且均未得到陈甲、徐某芳、陈乙的认可。鉴于携程旅行社扣除相关费用欠缺证据证明,陈甲、徐某芳、陈乙的上诉请求中部分内容应予以支持。经二审法院核算,携程旅行社应退还陈甲、徐某芳、陈乙旅游费 22 895.1 元(旅游费合计 55 326 元-已退款 29 751 元-应承担的违约金 2679.9 元)。

被上诉人携程旅行社作为从事旅游服务业务的专业公司,在提供旅游服务的过程中,送签、办理保险、订房、交通等均由其安排,其在本案中应当有能力提供实际损失的确凿证据,却怠于举证,由此产生的不利后果应由其自行承担。

【裁判规则】 当事人对自己提出的主张,有责任提供证据。旅游经营者主张旅游者的单方解约系违约行为,应当按照合同约定承担实际损失的,旅游经营者应当举证证明"损失已实际产生"和"损失的合理性"。如举证不力,则由旅游经营者承担不利后果。

本案聚焦于旅游合同纠纷中的举证责任分配问题。上海市第一中级人民法院在审理中明确,旅游者因自身原因退团构成违约,应承担违约责任。关于违约责任的承担,二审法院指出,旅游经营者需举证证明"损失已实际产生"及"损失的合理性"。本案中，携程旅行社作为旅游经营者，虽主张因旅游者退团产生实际损失，但其提供的证据存在瑕疵，未能形成令人信服的证据优势，特别是境外证据未经公证、认证，部分证据无翻译件，证明力弱。法院在二审期间给予携程旅行社补充举证机会，但其仍未能有效举证。因此，二审法院判定携程旅行社承担举证不力的后果，应退还旅游者大部分旅游费用。

(四) 如何理解证明责任倒置

证明责任倒置，是指对一方当事人提出的权利主张，不是由主张方承担证明责任，而是由否定其主张或否定其部分事实构成要件的对方当事人来承担证明责任。对于特殊案件，出于当事人举证能力、举证的便利程度以及某些法律政策的考量，原告主张的权利构成要件事实中的一个或多个会转而由被告承担证明责任。这种分配方式基于现代民法中的正义、公平原则，是对"谁主张、谁举证"原则的一种补充、变通和矫正。

为了弥补证明责任分配一般规则的不足，追求更加合理和妥当的分配方式，大陆法系国家和地区积极探讨证明责任分配的特殊法理，提出了诸如危险领域说、盖然性说等学说，作为设置证明责任倒置规范的理论基础。这些学说考虑了各种因素，如司法证明的需要、各方举证的便利程度以及反映一定价值取向的社会政策等，为证明责任倒置的适用提供了有力的支撑。

证明责任倒置的适用，不仅有助于实现诉讼的公正和效率，还能够更好地保护当事人的合法权益。合理分配证明责任，可以减轻某些当事人的举证负担，使其更加专注于自己的主张和证据，从而提高诉讼的针对性和有效性。同时，证明责任倒置也能够促使对方当事人更加积极地参与诉讼，提供充分的证据来支持自己的主张，从而推动案件的公正解决。

在民事诉讼中，证明责任倒置的情形并不罕见。例如，《民法典》就详细列举了多种证明责任倒置的情形，这些规定主要是对结果意义上证明责任分配规则的改变。也就是说，在特定情况下，即使一方当事人提出了主张，也并不需要其承担证明责任，而是由对方当事人承担责任。

首先，关于无过错责任。该归责原则指行为造成损害事实，归责时不以行为人主观上具有过错作为承担侵权责任的必要条件。也就是说，不问行为人主观上是否具有过错，只要行为人的行为与损害事实之间具有因果关系，就应承担民事责任。《民法典》第1166条规定："行为人造成他人民事权益损害，不论行为人有无过错，法律规定应当承担侵权责任的，依照其规定。"被侵权人在请求行为人承担侵权责任时，对行为人主观上是否具有过错不负证明责任，其只要证明存在加害行为、造成损害后果、具有因果关系等客观构成要件即可。行为人也不得以自己不具有过错为由进行抗辩，只能提出法律规定的减责或者免责的事由。

无过错责任随着工业社会风险的巨变而逐渐发展并成型，被称为"危险责任"。《民法典》中规定的无过错责任主要体现为产品责任、环境污染和生态破坏责任、高度危险责任（包括高空、高压、地下挖掘活动或者使用高速轨道运输工具的作业，民用核设施、民用航空器、易燃、易爆、剧毒、高放射性、强腐蚀性、高致病性等高度危险物）。

其次，关于过错推定责任。该归责原则是指行为造成损害事实时，行为人不能证明自己没有过错的，推定其具有过错并承担相应的侵权责任。《民法典》第1165条第2款规定："依照法律规定推定行为人有过错，其不能证明自己没有过错的，应当承担侵权责任。"这是一种举证责任倒置的方式，被侵权人只要举证证明存在加害行为、损害事实和因果关系即可。根据损害事实推定行为人具有过错，免除了被侵权人对于过错的证明责任，加重了行为人的证明责任，更有利于保护受害一方的利益，也可更有效地制裁侵权行为。例如，《民法典》第1222条规定："患者在诊疗活动中受到损害，有下列情形之一的，推定医疗机构有过错：（一）违反法律、行政法规、规章以及其他有关诊疗规范的规定；（二）隐匿或者拒绝提供与纠纷有关的病历资料；（三）遗失、伪造、篡改或者违法销毁病历资料。"这是一种可以推翻的推定，行为人需证明自己主观上没有过错。行为人如果无法证明自己没有过错，就需要承担侵权责任。又如，《民法典》第1253条规定："建筑物、构筑物或者其他设施及其搁置物、悬挂物发生脱落、坠落造成他人损害，所有人、管理人或者使用人不能证明自己没有过错的，应当承担侵权责任。所有人、管理人或者使用人赔偿后，有其他责任人的，有权向其他责任人追偿。"

从《民法典》侵权责任编的规定来看，过错推定责任的适用范围有：教育机构对无民事行为能力人的侵权责任（第1199条），医疗损害中的过错推定责任（第1222条），动物园饲养动物致人损害的责任（第1248条），建筑物、构筑物或者其他设施及其搁置物、悬挂物脱落、坠落的损害责任（第1253条），堆放物倒塌、滚落或者滑落的损害责任（第1255条），在公共道路上堆放、倾倒、遗撒妨碍通行的物品的损害责任（第1256条），林木折断、倾倒或果实坠落的损害责任（第1257条），公共场所施工未设标志和采取安全措施的损害责任（第1258条第1款），窨井等地下设施损害责任（第1258条第2款）。

例16：沧州市针织二厂与尹某某劳动争议纠纷案［最高人民法院（2019）最高法民申2654号］

【案情】根据2001年《最高人民法院关于审理劳动争议案

件适用法律若干问题的解释》第13条的规定，沧州针织二厂（以下简称"针织二厂"）作为用人单位主张其与尹某某已解除劳动关系，应承担相应的举证证明责任。针织二厂主张，其向尹某某出具的交纳停薪留职费用的收据显示，尹某某停薪留职期间为1989年5月至1992年2月，但上述交费收据不属于证明尹某某停薪留职期限的直接证据。1983年《劳动人事部、国家经委关于企业职工要求"停薪留职"问题的通知》第5条规定，职工要求停薪留职的，由本人提出书面申请，经单位行政领导批准后签订停薪留职协议书，并报企业主管部门和当地劳动人事部门备案。在针织二厂不能举示尹某某的人事档案、停薪留职协议等直接证据的情况下，一审、二审判决认定仅依据上述交费收据不足以证明尹某某在1992年2月停薪留职已经到期，并无不当。此外，针织二厂主张尹某某停薪留职期满后未按要求回原单位工作或办理相关手续，符合可按自动离职处理的条件，但尹某某在本案一审期间申请刘某、吴某某出庭作证，证实该二人在1990年后没有到单位上班，但在破产程序中仍已获得相关待遇。一审、二审判决依据当事人的举证情况，认定针织二厂与尹某某存在劳动关系，并无不当。

【裁判规则】因用人单位作出的开除、除名、辞退、解除劳动关系、减少劳动报酬、计算劳动者工作年限等决定而发生的劳动争议，用人单位负举证责任。

本案聚焦于劳动争议纠纷中用人单位的证明责任。2001年《最高人民法院关于审理劳动争议案件适用法律若干问题的解释》明确，用人单位主张劳动关系解除时应承担证明责任。针织二厂主张尹某某停薪留职已到期且自动离职，但未能提供人事档案、停薪留职协议等直接证据。法院认为，仅凭交费收据不足以证明停薪留职期限，且尹某某提供证人证言反驳自动离职主张。一审、二审判决依据举证情况，认定针织二厂与尹某某仍存在劳动关系，符合证明责任分配原则。

例 17：陕西中能煤田有限公司与陈某某环境污染责任纠纷案〔最高人民法院（2021）最高法民再 287 号〕

【案情】最高人民法院认为，根据《中华人民共和国侵权责任法》（以下简称《侵权责任法》）第 66 条和 2015 年《最高人民法院关于审理环境侵权责任纠纷案件适用法律若干问题的解释》第 6 条的规定，因污染环境、破坏生态行为造成损害的，适用无过错责任原则。被侵权人应就生态破坏行为与损害结果之间是否存在因果关系承担举证责任，在被侵权人尽到该举证责任后，则应由侵权者对生态破坏行为与损害结果之间不存在因果关系承担举证责任。陈某某在一审、二审中提供以下证据证明陕西中能煤田有限公司（以下简称"中能公司"）开采煤矿行为导致地下水位下降，从而造成苗木死亡：一是榆林市地下水管理监测站对榆林市昌汗界的地下水位监测数据表明，地下水位从 2008 年起出现严重下降，榆林市水务局在 2012 年的《地下水通报》中认为昌汗界地下水位下降主要是由于中能公司开采，大量地下水被排泄入沙漠，几乎造成全部农灌井枯竭；二是中能公司与村民签订的补偿协议也可以证实，开采煤矿导致的地下水位下降、地面塌陷给该村村民造成了损失，中能公司也是因此而作出的补偿；三是陈某某在一审、二审中提供了多名村民、米脂县高西沟村委会等的证言，相关证人出庭作证，证明陈某某的苗圃苗木灌溉情况受中能公司开采煤矿导致地下水位下降的影响；四是河北农业司法鉴定中心作出的鉴定意见表明，造成陈某某苗圃苗木死亡或长势不良的主要原因是干旱，而地下水位下降是苗圃地干旱的影响因素之一。

综合上述证据,本案陈某某作为被侵权人已经尽到了关于中能公司的开采煤矿行为与其苗圃苗木损害之间存在关联的举证责任。此后,关于开采煤矿行为与苗木死亡之间不存在因果关系的举证责任应当转由中能公司承担。中能公司主张其已经为昌汗界修建了灌溉水渠,开采煤矿后的废水在经其处理后排入水渠,供村民用于农业灌溉,陈某某也可用该水渠中的水灌溉其苗圃苗木,陈某某的苗木死亡是由于其未及时灌溉,并非该公司开采煤矿行为导致。

根据二审查明的事实,中能公司修建的灌溉水渠只流经3、4、5号苗圃,1、2号苗圃附近没有修建灌溉水渠。即使可以灌溉,也已经改变以往的多井灌溉便利模式,加大了灌溉成本。且中能公司提交的证据至多只能证明陈某某未尽到妥善灌溉义务是造成损失的原因之一,并不能完全排除地下水位下降是导致苗木干旱死亡的原因。

综上所述,二审判决认定中能公司开采煤矿与陈某某苗木死亡之间存在因果关系并酌定中能公司承担180万元的补偿款并无不当,应予以维持。

【裁判规则】 环境侵权具有侵害方式的复合性、侵害过程的复杂性、侵害后果的隐蔽性和长期性等特征,故在环境侵权中,侵权行为人应对可预见的、持续造成的损害承担责任,不仅包括现有损失,还应包括应有损失,以修复污染环境造成的损失。在侵权行为人已采取向政府有关管理部门缴纳环境治理补修费等补救措施的情况下,并不影响其向被侵权人承担相应的侵权责任。

本案聚焦于环境侵权纠纷中的举证责任分配与因果关系认定。环境侵权适用无过错责任原则,被侵权人需证明因果关系存在,侵权人则需证明因果关系不存在或存在免责事由。陈某某提供了多项证据证明中能公司开采煤矿导致地下水位下降,进而影响其苗圃苗木生长。中能公司虽主张已修建灌溉水渠,但未能完全排除地下水位下降对苗木死亡的影响。二审法院综合证据,认定中能公司开采行为与苗木死亡存在因果关系,并酌定中能公司承担补偿款。

例18:金河公司与被申请人河池市人民政府等水污染责任纠纷案〔最高人民法院(2019)最高法民申6459号〕

【案情】最高人民法院认为,河池市人民政府应就金河公司、立德粉厂污染行为是否足以造成全部损害负担举证责任。首先,2017年《民事诉讼法》第64条第1款规定:"当事人对自己提出的主张,有责任提供证据。"本案系河池市人民政府提起诉讼,请求金河公司、立德粉厂等连带赔偿污染行为导致其遭受的24 501 408.8元损失,河池市人民政府应就金河公司、立德粉厂的污染行为都足以造成全部损害这一待证事实负举证责任。其次,关于举证责任分配,在无法律明确规定的情形下,应遵循"谁主张、谁举证"的基本原则。基于环境侵权行为的特殊性,《侵权责任法》第66条规定了由污染者负举证责任的情形,但仅限于环境侵权行为与损害之间不存在因果关系,以及法律规定的不承担责任或者减轻责任的情形,不宜将举证责任倒置于污染者的情形扩张至污染行为是否足以造成全部损害。

【裁判规则】污染者负举证责任仅限于环境侵权行为与损害之间不存在因果关系,以及法律规定的不承担责任或者减轻责任的情形,不宜将举证责任倒置于污染者的情形扩张至污染行为是否足以造成全部损害。

本案核心在于水污染责任纠纷的举证责任分配。最高人民法院明确,依据《民事诉讼法》"谁主张、谁举证"原则,河池市人民政府作为原告,需证明金河公司、立德粉厂的污染行为都足以造成全部损害。同时,《侵权责任法》规定的污染者举证责任仅限于侵权行为与损害无因果关系或存在法定免责、减轻责任的情形,不应扩大至污染行为是否造成全部损害。此判决厘清了环境侵权案件中的举证责任边界,强化了原告举证责任,避免了举证责任不当倒置。

例19:应某峰与嘉美德(上海)商贸有限公司、陈某美合同纠纷案〔上海市第一中级人民法院(2014)沪一中民四(商)终字第S1267号〕

【案情】根据2013年《中华人民共和国公司法》(以下简称《公司法》)第63条之规定,一人有限责任公司的股东不能证明公司财产独立于股东自己的财产的,应当对公司债务承担连带责任。上述法律规定要求一人有限责任公司的股东将公司财产与个人财产严格分离,且股东应就其个人财产是否与公司财产相分离负举证责任。本案中,陈某美提供了上诉人嘉美德(上海)商贸有限公司(以下简称"嘉美德公司")的相关审计报告,可以反映嘉美德公司有独立完整的财务制度,相关财务报表亦符合会计准则及国家外汇管理的规定,且未见有公司财产与股东个人财产混同的迹象,可以基本反映嘉美德公司财产与陈某美个人财产相分离的事实。

应某峰认为上述证据不足以证明嘉美德公司财产与陈某美个人财产没有混同,并提出如下异议:审计报告未反映本案诉讼情况;嘉美德公司一审中提供的银行收支报告反映,应某峰投资后仅一周,嘉美德公司就向均岱有限公司转移了96万余元,包括发放均岱有限公司员工工资等。

上海市第一中级人民法院认为，2013年《公司法》第63条的规定，意在限制一人有限责任公司股东采用将公司财产与个人财产混同等手段，逃避债务，损害公司债权人的利益，因此股东对公司债务承担连带清偿责任的前提是该股东的个人财产与公司财产出现了混同。然而从本案目前的证据材料可以看出，嘉美德公司收到应某峰的投资款后，虽有部分用于支付均岱有限公司的员工工资及货款等费用，但是，根据双方投资合同的约定，应某峰投资后，均岱有限公司的业务将全部转入嘉美德公司，因此均岱有限公司的业务支出与应某峰的投资项目直接相关，这些费用均用于均岱有限公司的业务支出，并无款项转入陈某美个人账户的记录，而审计报告中是否记载本案诉讼的情况也与财产混同问题无涉。因此，应某峰提出的异议并不能反映嘉美德公司财产与陈某美个人财产有混同的迹象，不足以否定上诉人的举证。陈某美的上诉理由成立，一审判令陈某美对嘉美德公司的债务承担连带清偿责任不当，应依法予以纠正。

【裁判规则】在一人有限责任公司法人人格否认之诉中，应区分作为原告的债权人起诉所基于的事由。若债权人以一人公司的股东与公司存在财产混同为由起诉要求股东对公司债务承担连带责任，则应实行举证责任倒置，由被告股东对其个人财产与公司财产之间不存在混同承担举证责任。在其他情形下则需遵循关于有限责任公司法人人格否认举证责任分配的一般原则，即折衷的举证责任分配原则。

本案涉及一人有限责任公司法人人格否认之诉中的证明责任分配问题。上海市第一中级人民法院指出，根据2013年《公司法》，一人有限责任公司股东需证明公司财产与个人财产独立，否则需对公司债务承担连带责任。本案中，陈某美提供了审计报告等证据，证明嘉美德公司财产与其个人财产相分离。

应某峰虽提出异议,但二审法院认为,这些异议并不能反映财产混同。因此,二审法院纠正了一审判决,陈某美无需对嘉美德公司债务承担连带清偿责任。此案例对一人有限责任公司法人人格否认之诉的证明责任分配具有指导意义。

(五) 证明责任适用中存在哪些问题

1. 证明责任转移和倒置的区别

在诉讼过程中,证明责任并非一成不变,而是可以随着诉讼的进展和当事人之间的诉辩主张而发生转换或转移。证明责任转移,是指在诉讼过程中,当一方当事人提出的证据具有表面上的证明效力〔即形成了所谓的"表面充分"或"初步证据"(prima facie case)〕,足以使法官暂时接受该事实为真时,证明责任便转移到另一方当事人身上。此时,对方当事人若欲推翻该事实,就必须提出相反的证据来加以反驳。

例如,《北京市高级人民法院关于办理各类案件有关证据问题的规定(试行)》第12条就明确规定了证明责任转移的情形:"案件审理过程中,对同一事实,除有特别规定外,由提出主张的诉讼一方首先举证;诉讼对方反驳该事实而提出另一事实时,有责任提供相应的证据加以证明;诉讼对方提出了足以推翻前一事实证据的,再转由提出主张的诉讼一方继续举证。"这一规定体现了证明责任转移在诉讼实践中的具体应用。

(1) 证明责任转移具有以下几个特点:①动态性。证明责任转移是诉讼过程中的一种动态变化,随着诉讼的进展和当事人之间的诉辩主张而不断变化。②条件性。证明责任转移的发生需要满足一定的条件,即一方当事人提出的证据必须达到"表面充分"的程度,足以使法官暂时接受该事实为真。③相对性。证明责任转移是相对于特定的事实主张而言的,不同的事实主张可能涉及不同的证明责任分配。

（2）证明责任转移的条件：①表面证据的确立。当一方当事人提供的证据足以形成表面上的证明效力，即该证据在未被反驳前，能够初步支持其主张时，证明责任发生转移。②反驳证据的提出。对方当事人为了推翻这一表面证据，必须提供相反的证据进行反驳。此时，证明责任从提出主张的一方转移到反驳的一方。③高度盖然性的证明。当负有证明责任的一方当事人证明其主张达到高度盖然性的程度时，即其主张在现有证据下极有可能为真时，对方当事人如果提出该主张不成立，应当承担反驳的证明责任。

（3）证明责任转移与倒置的区别。证明责任转移与证明责任倒置是诉讼中证明责任分配的两种不同情形，它们的主要区别在于：①主体不同。证明责任转移的主体是诉讼双方当事人，证明责任在双方当事人之间发生转换或转移；证明责任倒置的主体则是法律规定的特定当事人，通常是将原本应由一方当事人承担的证明责任倒置给另一方。②情形不同。证明责任转移通常发生在诉讼过程中，随着当事人之间的诉辩主张而不断变化；证明责任倒置则是一种法定的举证责任分配制度，适用于特定的法律关系和案件类型。③目的不同。证明责任转移是为了更好地查明案件事实，确保诉讼的公正和效率；证明责任倒置则更多是为了平衡双方当事人的诉讼地位和能力，保护弱势群体的合法权益。

例20：任某某与陕西省美术博物馆著作权权属及侵权纠纷案［最高人民法院（2018）最高法民申2920号］

【案情】最高人民法院认为，根据2015年《民诉法解释》第90条、第91条和第108条第1款，任某某应当首先举证证明其享有涉案16幅摄影作品的著作权，在此基础上进一步举证证明陕西省美术博物馆实施了未经权利人许可的使用行为。二审法院认为,任某某并未提供有其署名的涉案作品作为证据,不能证明其为涉案16幅照片的拍摄者。任某某申请再审主张,其在原审中提供的日记中关于涉案照片的拍摄记录等证据已足以直接证明涉案16幅照片系由其拍摄。对此,2002年《最高人民法院关于审理著作权民事纠纷案件适用法律若干问题的解释》第7条第1款规定:"当事人提供的涉及著作权的底稿、原件、合法出版物、著作权登记证书、认证机构出具的证明、取得权利的合同等,可以作为证据。"本案中,任某某并不能就其主张权利的16幅照片提供带有其署名的公开出版物,也不能根据《最高人民法院关于审理著作权民事纠纷案件适用法律若干问题的解释》的规定,提供照片的底片等涉及著作权的底稿、原件等证据。虽然其在原审程序中提交了日记、信件等相关证据用于佐证其权利主张,但日记和信件的内容仅能证明任某某曾陪同王某某先生考察的事实,日记中关于任某某拍摄、冲洗照片的记录也不能与涉案16幅照片形成直接指向关系,故任某某所称上述证据能够直接证明其为涉案16幅照片拍摄者的主张不能成立,一审、二审法院的相关认定正确,应予以支持。

在任某某作为原告提交的证据未能达到证明标准的情况下,举证责任不发生转移,故任某某所称陕西省美术博物馆应就该问题承担举证责任的主张缺乏法律依据,本院不予支持。据此,在任某某未能举证证明其为涉案16幅摄影作品拍摄者和著作权人的情况下,一审、二审法院对其相应的侵权主张不予支持的做法具备事实与法律依据,本院不持异议。

【裁判规则】 在原告提交的证据未能达到证明标准的情况下,举证责任不发生转移。

本案聚焦于著作权权属及侵权纠纷中的举证责任。最高人民法院明确，原告任某某需首先证明其享有涉案作品的著作权，再证明被告陕西省美术博物馆有侵权行为。任某某虽提交日记等证据，但未能提供带有署名的公开出版物或底片等直接证据，无法充分证明其为作品拍摄者。法院依据《最高人民法院关于审理著作权民事纠纷案件适用法律若干问题的解释》，认定任某某证据不足，举证责任未转移。

例21：驰通仪器（上海）有限公司与致微（厦门）仪器有限公司侵害实用新型专利权纠纷案［最高人民法院（2020）最高法知民终67号］

【案情】2015年《民诉法解释》第90条第1款规定："当事人对自己提出的诉讼请求所依据的事实或者反驳对方诉讼请求所依据的事实，应当提供证据加以证明，但法律另有规定的除外。"最高人民法院认为，在具体案件的审理中，举证责任在当事人之间的转移取决于人民法院对负有证明责任的一方当事人所提供证据的证明力的综合评价结果。如果在对一方当事人所提供的证据进行审查判断后，认为其证明力具有明显优势并初步达到了相应的证明标准，此时可以不再要求该方当事人继续提供证据，而转由另一方当事人提供相反证据。因此，具体案件中举证责任转移的前提条件是负有证明责任一方当事人提供的现有证据已经初步达到相应的证明标准。本案中，通过对行业相应技术知识的了解可知，在灭菌器上安装涉案专利联锁装置是为了避免在灭菌过程中由于误操作拨动手柄，使蒸汽泄漏伤人，以防止出现安全事故。

驰通仪器（上海）有限公司（以下简称"驰通公司"）官方网站截图的公证书以及产品宣传手册记载，在与联锁装置相关的开盖方式、安全装置参数、联锁装置及机体安全保护、闭盖检查系统、机械联锁方面，CT系列九款灭菌器的技术参数介绍完全相同。致微（厦门）仪器有限公司（以下简称"致微公司"）通过广州带生生物科技有限公司向驰通公司购买CT62A标准型灭菌器时，并未在合同中对联锁装置作特殊定制的约定，应属对驰通公司CT系列产品的随机购买。在致微公司提交上述证据的情形之下，驰通公司在原审中仅作"除CT62A标准型灭菌器外的其余八款产品与CT62A标准型灭菌器的相应装置不一致"，"若致微公司主张上述八款产品侵权，应由致微公司承担举证责任"等简单、笼统的抗辩，由此可见，驰通公司在具备一定举证能力的情况下并未提交证据证明其反驳主张。

从一般工业生产原则而言，应尽可能使不同型号的产品能共用相同的零部件，从而扩大零部件的通用性，以降低生产成本。因此，致微公司在本案中提交的证据证明力具有明显优势并初步达到了相应的证明标准，此时可以不再要求该方当事人继续提供公证购买其余八款被诉侵权产品实物等证据，而转由驰通公司提供相反证据。但驰通公司并未提交充分有效的证据证明其反驳主张，应承担不利后果。

【裁判规则】 在具体案件的审理中，举证责任在当事人之间的转移取决于人民法院对负有证明责任的一方当事人所提供证据的证明力的综合评价结果。如果法院在对一方当事人所提供的证据进行审查判断后，认为其证明力具有明显优势并初步达到了相应的证明标准，此时可以不再要求该方当事人继续提供证据，而转由另一方当事人提供相反证据。

本案涉及举证责任转移在专利侵权纠纷案件中的应用。最高人民法院指出，举证责任转移取决于法院对证据证明力的综合评价。若一方证据证明力具有明显优势并初步达到证明标准，则可要求对方提供相反证据。本案中，致微公司提交的证据显示驰通公司多款灭菌器技术参数相同，且未对联锁装置作特殊定制约定，据此主张侵权。驰通公司虽提出抗辩，但未提交充分有效证据支持其反驳主张。法院结合工业生产原则，认为致微公司的证据具有明显优势，初步达到证明标准，故要求驰通公司提供相反证据。驰通公司未能满足举证要求，因此承担不利后果。

2. 法官对证明责任分配是否享有自由裁量权？

2001年《民事诉讼证据规定》第7条规定："在法律没有具体规定，依本规定及其他司法解释无法确定举证责任承担时，人民法院可以根据公平原则和诚实信用原则，综合当事人举证能力等因素确定举证责任的承担。"这是一个证明责任分配的兜底条款，确立了法无明文规定时的证明责任分配原则。但是，为了避免法官滥用证明责任分配的权力，在2019年修正《民事诉讼证据规定》时删除了这一条款。[1]

在证明责任分配标准方面，大陆法系与英美法系的观念有所不同。大陆法系学者通常主张，证明责任分配的标准只能由法律预先设定，"如果法官想将具体的诉讼之船根据公正性来操纵，那么，他将会在波涛汹涌的大海里翻船"。[2]英美法系学者

---

[1] 在对2001年《民事诉讼证据规定》实施情况的调研中，我们发现审判实践中随意适用第7条的情况比较普遍，仅应在极为特殊情形下适用的法官分配举证责任的规定存在滥用的情况。为此，《民诉法解释》和2019年《民事诉讼证据规定》中均不再保留该条内容。审判实践中，如果出现按照实体法律规定分配举证责任可能导致明显不公平的情形，由于涉及《民诉法解释》第91条的适用问题，可以通过向最高人民法院请示，以最高人民法院批复的方式，或者通过其他司法解释解决，而不能在个案中随意变更法律所确定的举证责任分配规则。参见郑学林、宋春雨：《理解和适用新民事证据司法解释的几个重点问题》，载《人民司法》2020年第16期。

[2] ［德］莱奥·罗森贝克：《证明责任论——以德国民法典和民事诉讼法典为基础撰写》（第四版），庄敬华译，中国法制出版社2002年版，第97页。

八、证明责任如何分配

则认为，不存在适用于一切案件的一般性证明责任分配标准，证明责任分配是一个如何在具体情况下运用经验、政策和实现公平的问题。法院裁量分配证明责任时，应当从以下角度考量证明责任的具体分配：①公平原则，如个案中当事人举证的难易程度、情势变更和实体法上的公平责任等。②诚信原则，需要综合考量诉讼中存在的恶意诉讼、拖延诉讼、反悔自认、毁灭证据、隐匿证据、不当举证等情形。③当事人的举证能力，主要是考量当事人的文化程度、年龄、职业等自身客观情况，当事人与案件的客观联系，以及当事人承担证明责任的经济负担能力等因素。

我们认为，尽管2019年《民事诉讼证据规定》删除了法官分配证明责任的自由裁量权，但是在法律无明文规定时，保留法官这一权力还是必要的。这是因为，首先，保留法官的自由裁量权有助于实现诉讼的个别化正义。每个案件都有其独特的事实背景、法律关系和社会环境，严格遵循法定的证明责任分配规则，有时可能难以兼顾这些个体差异。法官作为专业的法律适用者，通过行使自由裁量权，可以根据案件的具体情况，灵活分配证明责任，以确保诉讼结果的公正与合理。这种个别化的正义实现，是法律规则所无法替代的。其次，法官的自由裁量权有助于提高诉讼效率。在诉讼过程中，证明责任的分配往往直接关系着案件的审理进度和结果。若法官在证明责任分配上缺乏灵活性，可能会导致当事人陷入无尽的举证与反证之中，不仅增加了诉讼成本，还可能拖延诉讼进程。法官通过行使自由裁量权，可以迅速明确证明责任，引导当事人聚焦争议焦点，从而加快诉讼进程，提高诉讼效率。最后，保留法官的自由裁量权也是对我国司法实践经验的总结与尊重。在长期的司法实践中，法官们积累了丰富的审判经验和法律智慧，他们能够根据案件的具体情况，灵活运用法律原则和精神，作出公正合理的裁判。这些经验和智慧是法律规则所无法完全涵盖的，也是法官自由裁量权存在的重要基础。

当然，保留法官的自由裁量权并不意味着对其放任不管。为了防止法官滥用权力，应当建立相应的监督机制，如加强审判监督、完善司法责任制等，确保法官在行使自由裁量权时能够严格遵循法律原则和精神。

3. 不当得利中的"没有法律根据"应当由谁证明？

实践中，按照不同的案由起诉，证明责任的分配可能存在差异，而这直接影响了判决的结果，不当得利案件就是一个典型的例子。

例22：甲向乙的账户汇款后向法院起诉称汇错款，请求乙返还不当得利。乙辩称甲虽与其无法律关系，但甲的行为系偿还丙欠乙的货款，不构成不当得利。此时应当由谁就"没有法律根据"承担举证证明责任？

关于不当得利中"没有法律根据"的证明责任分配，理论上存在两种截然不同的观点。一是被告承担说，理由在于：①被告举证"有法律根据"是证明积极事实，相对容易，而原告举证"没有法律根据"是证明消极事实，难度较大。②不当得利中的"没有法律根据"并非特定待证事实，而是一系列不特定的民事法律行为、事实行为乃至事件的集合，原告难以证明。二是原告承担说，理由在于：①原告作为使财产发生变动的主体，应承担举证证明责任，这是"谁主张、谁举证"原则的要求。②即使"没有法律根据"是消极事实，原告也应通过证明给付目的的欠缺来承担举证责任。

我们认为，原则上应由被告承担"没有法律根据"的举证证明责任。理由如下：①证明难度与可能性。不当得利中的"没有法律根据"涉及的事实范围广泛，原告难以一一证明；被告作为收款方，更容易提供证据证明其收款有合法依据。②法律规定与原则。根据《民诉法解释》，主张法律关系存在的当事人应对产生该法律关系的基本事实承担举证证明责任。"谁主张、谁举证"原则虽为一般原则，但在特定情况下应有例外，不当得利案件即为其一。③举证责任分配的公平性。由被告承担举证责任，更符合公平原则，因为被告更容易接近和获取相关证据。

被告在承担"没有法律根据"的举证证明责任时，证明过程可以分两步：①证明存在相关事实，如乙需提交与丙的借款合同、付款凭证等证据，以证明乙对丙享有债权。②证明该事实构成"法律根据"，如乙在证明对丙享有债权后，还需证明甲汇款是代替丙还款，即证明甲有代替丙还款的真实意思。

当然，在某些特殊情况下，被告的举证责任可能相对简单。例如，如果乙能证明其对甲享有债权，且甲汇款是清偿自己债务的行为，那么乙不仅证明了存在相关事实，还同时证明了该事实足以构成"法律根据"。

综上所述，在不当得利案件中，"没有法律根据"的证明责任原则上由被告承担，更加合理。

例23：蒲某与重庆市金雅迪彩色印刷有限公司借贷纠纷案 [重庆市高级人民法院（2013）渝高法民抗字第00135号]

【案情】重庆市高级人民法院认为，根据2001年《民事诉讼证据规定》第2条的规定，蒲某作为原告，其要求重庆市金雅迪彩色印刷有限公司（以下简称"金雅迪公司"）支付涉案勘测费13 014元的理由是其垫付了此款，而金雅迪公司不认可蒲某垫付了此款，因此，蒲某应对垫付此款的事实负举证责任。诉讼中，蒲某所提供的证据仅限于收据1张，但是该收据载明的交款单位是"重庆市金雅迪彩色印刷有限公司"，并不是蒲某，故从收据上记载的内容不能认定蒲某垫付了涉案款项的事实。因此，原审认定蒲某未提供相应证据证明其主张的意见是正确的。

关于举证责任是否转换的问题。根据前述分析，蒲某提交的证据不仅不能证明涉案款项系其交纳，更不能证明双方之间存在借款协议或者金雅迪公司向其作出过借款的意思表示。相反，仅凭收据记载的内容，能够认定的交款人应当是金雅迪公司，而不是蒲某。故本案的举证责任不符合转换条件，尚未发生转换，也不能转换。蒲某认为其完成了初步举证责任的理由不成立。原审对此的处理意见正确，予以维持。

另外，无因管理纠纷与借贷纠纷虽然性质不同，但是在举证责任的分配规则上是相同的，均适用一般举证分配规则，而不是举证责任倒置规则。就本案而言，无论是从无因管理的角度分析还是从借贷纠纷的角度分析，蒲某作为一审原告，均首先应当对其主张的垫付涉案款项的事实进行举证，此举证责任不因案由的不同而不同，如果为改变举证责任而对本案案由提出争议，则是对证据规则的误解，没有裁判意义。

综上所述，蒲某的申诉理由以及抗诉机关的抗诉理由均不能成立，其相关请求不予支持。原审判决认定事实清楚，适用法律正确，审判程序合法，判决得当，依法应予维持。

【裁判规则】 主张构成无因管理的，应当对产生该法律关系的基本事实承担举证责任。

本案涉及无因管理与借贷纠纷案件的证明责任分配。法院认为蒲某作为原告，应证明其垫付涉案款项的事实，证明责任未发生转换。然而,学术上通常认为,无因管理作为法定之债,管理人需证明管理事实及必要性和适当性,而受益人若主张管理行为有合法根据,则应承担证明责任。本案中,法院未充分考虑无因管理证明责任的特殊性,一律适用一般证明规则,可能存在偏差。因此,该判决在证明责任分配上的处理有待商榷,其未完全体现无因管理制度中证明责任的特殊性,即被告在特定情形下也应承担相应证明责任。

正所谓:
证明责任重如山,诉讼脊梁显威严。
谁主张来谁举证,法则之下无偏袒。
要件事实需明晰,证据充分方过关。
倒置情形有特例,公正情怀在其间。

九、证明标准如何把握

证明标准是指引证明活动的灯塔。有了证明标准,证明活动就有了方向,有了目标,有了归宿点。

——题记

在民事诉讼中,证明标准对于当事人举证和裁判者认定事实具有重要意义。当事人需要按照证明标准的要求收集和提交证据,以确保其主张能够得到法院的支持。裁判者则需要根据证明标准对证据进行评价和认定,以作出公正的判决。

(一)什么是证明标准

证明标准,又称为证明程度、证明要求或证明度,是指证明主体在证明案件待证要件事实时所应达到的程度。这一程度不仅是对当事人举证分量的衡量,也是事实认定者对案件事实存在可能性的确信程度。从认证主体的角度看,证明标准决定了事实裁判者在何种程度上可以确信案件事实的存在。

关于证明标准的含义,不同学者有不同的见解。艾里欧特强调其是承担举证责任的当事人举证分量相对于对方当事人举证分量的超越程度;[1]而彼特·摩菲则认为证明标准作为证据在事实裁判者头脑中形成的确定性或盖然性的程度,是当事人

---

[1] Phipson and Elliot, *Manual of the Law of Evidence*, 11th ed., Sweet & Maxwell, 1980, p. 70.

赢得诉讼前必须使事实裁判者形成确信的标准。[1]在日本,证明标准被赋予双重含义:既指肯定案件中的证明对象存在所必需的最低限的证明程度,也指通过举证和辩论而呈现出来的待证事实的逼真程度。

证明标准具有以下作用:

第一,指引证明活动:证明标准为证明活动提供了明确的方向和目标。当事人和律师在收集、整理和提交证据时,必须围绕证明标准展开,以确保其证明活动能够达到法律所要求的程度。

第二,规范裁判行为:证明标准不仅是当事人的行为准则,也是审判者的裁判准则。裁判者在评价证据、认定事实时,必须严格遵循证明标准,以确保其裁判的公正性和准确性。

第三,保障诉讼公正:通过设定明确的证明标准,法律能够确保当事人在诉讼中享有平等的权利和义务,防止因证明标准不明确而导致的裁判不公现象。

第四,提高诉讼效率:明确的证明标准有助于缩短诉讼周期,减少不必要的诉讼成本,使当事人和裁判者都能够更加清晰地了解诉讼的进程和结果,从而提高诉讼的整体效率。

例1:天津福特斯有限公司与天津市蓟县供热服务中心占有物返还纠纷案[最高人民法院(2015)民一终字第105号]

【案情】最高人民法院认为,证明标准是负担证明责任的人提供证据证明其所主张法律事实所要达到的证明程度。按照2015年《民诉法解释》第108条的规定,天津福特斯有限公司

---

[1] Peter Murphy, *A Practical Approach to Evidence*, 4th ed., Blackstone Press Ltd., 1992, p.104.

之举证应当在证明力上足以使人民法院确信其所主张的待证事实之存在具有高度可能性。在本案中,天津福特斯有限公司的举证,远未达到高度可能性证明标准的要求。

【裁判规则】 证明标准是负担证明责任的人提供证据证明其所主张法律事实所要达到的证明程度。

本案例体现了民事诉讼中证明标准的重要性,即证据不仅要有,还需足够充分、有力,以满足法律设定的证明要求。最高人民法院指出,依据2015年《民诉法解释》第108条,原告天津福特斯有限公司需承担证明责任,其证据需达到使法院确信其所主张的事实具有高度可能性的标准。然而,天津福特斯有限公司的举证未达此标准,导致败诉。

例2:再审申请人沈某红与被申请人扬州市中泰运输有限责任公司等船舶营运借款合同纠纷案[最高人民法院(2022)最高法民申117号]

【案情】 最高人民法院认为,案涉三笔款项中,沈某红关于47 000元是向扬州市中泰运输有限责任公司(以下简称"中泰公司")支付的借款还是为徐某法向中泰公司支付的垫付款的主张前后不一。5万元和6万元款项转账凭证的附言中虽然标明了款项用途,但因其仅是沈某红的单方备注,所以不能证明其与中泰公司存在借贷合意。在中泰公司提供证据证明其与沈某红存在其他债权债务关系时,沈某红仍就借贷关系的成立负有证明义务。沈某红未能进一步举证,原判决对其上诉请求不予支持,并无不当。

【裁判规则】 当事人虽然在转账凭证的附言中标明了款项用途(包括但不限于"借款""垫付款"),但因其仅是当事人单方备注，所以不能仅凭该备注证明当事人与对方存在借贷合意。如果当事人未能进一步举证证明系借贷关系，人民法院对其诉求可不予支持。

本案例强调了转账附言在证明借贷关系中的局限性。最高人民法院指出，仅凭转账凭证附言中的单方备注，如"借款""垫付款"，不足以证明双方存在借贷合意。当对方提出存在其他债权债务关系时，主张存在借贷合意的一方需承担进一步的举证责任。此案例提醒当事人，在民间借贷纠纷中，除转账记录外，还需提供如借据、聊天记录等额外证据，以充分证明借贷合意的存在，否则可能面临败诉风险。

（二）什么是"高度可能性"

两大法系的证明标准稍有差异，其中，英美法系对抗制诉讼模式采纳了优势证据标准，亦称为概率优势或分量更大的证据。这一标准要求诉讼一方所提供的证据在说服力上需超越对方，使法官或陪审团相信其主张的事实更有可能为真。澳大利亚《1995年证据法》明确将民事诉讼的证明标准设定为概率平衡，即当证据的天平向一方略微倾斜时，即可认定该方主张的事实得到证明。英国学者彼特·摩菲指出，民事案件中的证明标准在于展示负有证明责任的一方所主张的事实真实性大于不真实性，这种优势反映了证据的可信度和说服力。在美国，证明责任被细分为主张责任、举证责任与说服责任，其中后两者共同构成了证明责任的核心。证明标准与胜诉败诉紧密相连，提供证据的责任点仅需达到10%的证明程度，而说服责任点则要求达到51%的证明程度，即一方当事人的证据优势超过半数，即可获得胜诉判决。这种以天平为喻的标准，体现了英美法系国家和地区对证据优势的精细考量。

相比之下，大陆法系国家和地区则采取了更为严格的证明标准——高度盖然性。这一标准要求法官对案件事实的认定需达到内心确信的程度,虽不必达到绝对真实,但需足以排除合理怀疑,使普通人在日常生活中不会对此产生疑念。大陆法系国家和地区之所以采用如此高的证明标准,与其职权主义诉讼模式密切相关。在法官主导模式下,当事人对抗性较弱,法官需通过全面调查证据、开展庭审活动,形成内心确信,从而作出判决。《德国民事诉讼法典》将法官的确信作为原则性证明标准,要求待证事实的真实性达到很高的盖然性,但又不需排除所有相反可能性,只需达到实际生活所需的确信程度。此外,德国法律还根据具体情况对证明标准进行了灵活调整,如在释明和损害调查中,仅需达到优势盖然性即可。日本则全面继承了德国的高度盖然性标准,并通过著名判决确立了证明与疏明的区分,前者要求法官确信,后者则仅需形成心证,适用于轻微事项的简易证明。

然而,伴随对诉讼效率的追求和对特定案件证明难度的考量,大陆法系国家也开始出现降低高度盖然性证明标准的讨论。学者们纷纷探讨回归英美法系优势证据标准的可能性,这反映了两大法系在证明标准上的相互融合与借鉴。

我国最高人民法院《民诉法解释》第108条规定:"对负有举证证明责任的当事人提供的证据,人民法院经审查并结合相关事实,确信待证事实的存在具有高度可能性的,应当认定该事实存在。对一方当事人为反驳负有举证证明责任的当事人所主张事实而提供的证据,人民法院经审查并结合相关事实,认为待证事实真伪不明的,应当认定该事实不存在。法律对于待证事实所应达到的证明标准另有规定的,从其规定。"第109条规定:"当事人对欺诈、胁迫、恶意串通事实的证明,以及对口头遗嘱或者赠与事实的证明,人民法院确信该待证事实存在的可能性能够排除合理怀疑的,应当认定该事实存在。"《民事诉讼证据规定》第86条第2款规定:"与诉讼保全、回避等程序事项有关的事实,人民法院结合当事人的说明及相关证据,认为有关事实存在的可能性较大的,可以认定该事实存在。"这些规定确立了我国民事诉讼证明标准的四个层次:①高度可能性;②排除合理怀疑;③可能性较大;④法律另有规定的从其规定。

那么,什么是高度可能性?高度可能性的证明标准该怎么把握?高度可能性,又称高度盖然性,是指可能性的程度明显大于不可能性。这在概率轴上大概是一个75%的可能性程度。在把握高度可能性的证明标准时,可以从以下几个方面进行考量:

(1)证据的充分性。高度可能性的证明标准首先要求当事人提供的证据必须充分。这意味着,证据不仅要在数量上足够,还要在质量上可靠,能够全面、客观地反映待证事实的真实情况。法院在审查证据时,会综合考虑证据的来源、形式、内容以及与其他证据的相互印证情况,以判断其是否足以支持待证事实的存在。

(2)证据的逻辑性。除了证据的充分性,高度可能性的证明标准还要求证据之间必须形成逻辑上的一致性与连贯性。法院会仔细分析证据之间的逻辑关系,包括证据之间的因果关系、时间顺序、空间联系等,以确保证据链的完整性和合理性。只有当证据之间能够相互印证,形成严密的逻辑体系时,才能认为待证事实的存在具有高度可能性。

(3)法官的自由心证。高度可能性的证明标准在一定程度上依赖于法官的自由心证。法官在审查证据时,会根据自己的经验、知识和逻辑推理能力,对证据进行综合评价和判断。这种判断虽然受到法律和事实的约束,但也允许法官在合理范围内行使自由裁量权。

例 3：山东省再担保集团股份有限公司与青岛胶州三河建设投资有限公司、青岛科润置业有限公司及原审被告山东纯久环境工程有限公司等金融借款合同纠纷案［最高人民法院（2020）最高法民终 908 号］

【案情】关于该案保证合同上"刘某升"的签名是否为刘某升本人所签的问题，最高人民法院认为，该案所涉保证合同以青岛胶州三河建设投资有限公司（以下简称"三河建设公司"）名义签订，合同上"青岛胶州三河建设投资有限公司"印文经鉴定已被确认与双方认可的同名样本不是同一枚印章盖印形成；"刘某升"签名经司法鉴定及补充鉴定后，鉴定结论为，该签字与供检的刘某升样本字迹是同一人笔迹的可能性较大。鉴定结论"可能性较大"属于肯定意见中的非确定性意见，且肯定程度最低。

该案中，于某辉出具的借条显示的转款路径与转账凭证银行电子回单以及相关自然人身份证复印件能够一一对应，且与山东纯久环境工程有限公司（以下简称"纯久公司"）与青岛科润置业有限公司（以下简称"科润置业公司"）签订的委托融资协议相关约定相互印证，虽然三河建设公司一审不予质证，二审也没有认可上述证据真实性，但其未提出证据予以反驳。上述证据显示，该案所涉款项共计约 960 万元汇入刘某升个人账户。综合考虑纯久公司与科润置业公司签订的委托融资协议第 2 条第 1 项关于科润置业公司负责协调三河建设公司就该协议约定的融资方向出借方提供担保的约定及该案所涉借款共计约 960 万元进入刘某升个人账户等事实，结合鉴定结论可以认定该案保证合同上"刘某升"的签字为刘某升本人所签具有高度盖然性，一审判决关于山东省再担保集团股份有限公司（以下简称"再担保公司"）未能进一步提供证据证实保证合同上

"刘某升"的签字为刘某升本人所签具有高度盖然性的认定确有不当，最高人民法院予以纠正。根据已有证据足以对刘某升签字问题作出判断，对于再担保公司要求对刘某升签字进行重新鉴定的申请，最高人民法院不予准许。

【裁判规则】 当事人在合同上的签名经司法鉴定后，鉴定意见为该签字与供检的样本字迹是同一人笔迹的可能性较大。鉴定意见中的"可能性较大"属于肯定意见中的非确定性意见，且肯定程度最低。但综合其他各项证据，并结合该鉴定意见，可以认定合同上当事人的签名为其本人所签具有高度盖然性的，亦可认定。

本案例体现了司法鉴定意见在合同纠纷中的证明力及其局限性。最高人民法院指出，鉴定意见中的"可能性较大"属于非确定性意见，不能单独作为定案依据。在签名真伪存疑时，需结合其他证据综合判断。本案中，法院通过比对转款路径、转账凭证、身份证复印件等证据，并与委托融资协议相印证，认为款项进入刘某升个人账户等事实与协议约定相符，从而增强了签名真实性的可信度。此案例强调，在合同纠纷中，即使鉴定意见是非确定性的，法院仍可依据其他证据形成完整证据链，达到高度盖然性标准，从而认定合同签名的真实性。

例4：朱某洲与孔某仁民间借贷纠纷案 [最高人民法院（2015）民一终字第11号]

【案情】 最高人民法院认为，根据2015年《民诉法解释》第91条，就自然人之间的借款合同法律关系而言，主张借款关系成立并生效的一方当事人应对借款已实际交付的事实承担举证证明责任。朱某洲以借款证明为证据主张存在真实的借款关系,则其应提供证据证明其履行了借款证明中所载明的交付7800万元借款的义务。一审法院要求朱某洲对此承担提供证据证明的责任,并无不当。

2015年《民诉法解释》第108条对本证和反证的举证证明标准作出了区分规定。对待证事实负有举证证明责任的当事人所提供的本证,需要使法官的内心确信达到高度可能性的程度;反证则只需要使本证对待证事实的证明陷于真伪不明的状态即可。高度可能性是对民事诉讼证明标准的最低限度要求,举证责任人在穷尽可以获得的所有证据之后,所举证据的证明效果必须至少达到足以令法官信服的高度可能性。就该案朱某洲的主张而言,其仅提供了借款证明,而不能对该借款证明所载明的7800万元款项提供足以使法官形成内心确信的资金来源、交付过程、时间、地点、在场人员等细节的说明。

首先,朱某洲不能提供案涉7800万元款项的资金来源说明。对于案涉7800万元款项,作为出借人的朱某洲应举证证明其资金来源。根据朱某洲的陈述,其资金来源分为两部分,一部分系其自有资金,另一部分系从其朋友处筹借。但朱某洲并未举证说明7800万元借款中自有资金的数额、来源等,也未能举证证明其具体筹措资金的来源。

其次,为朱某洲出庭作证的证人的证言不能证明朱某洲已经支付案涉借款7800万元的事实。从朱某洲申请出庭作证的证人杨某、许某陈述的具体内容来看:一方面,杨某的证言仅能证明杨某和孔某仁之间另行存在借款关系,与该案7800万元借款并无关联性。按照许某的证言,朱某洲为借款给孔某仁而从许某处募集的资金只有两笔,第一笔是2006年的600万元,许某虽作证说看到朱某洲把该款项交给了孔某仁,但许某的该陈述也只是基于朱某洲的解释说明,其并未亲眼见到交付该款项的过程。第二笔是2007年的1000多万元,许某陈述将该笔款项交给了朱某洲,而对朱某洲是否将该款转借给孔某仁并不知情,故杨某、许某的证言均无直接证明力。另一方面,综合杨某、许某的证言,也仅能证明杨某、许某和朱某洲三人相互之间存在经常性的资金折借,但杨某、许某与朱某洲对他们三人相互之间资金折借的数额、截至庭审时相互之间大致欠款余额等均不能给出明确说明,而且朱某洲陈述许某向其转款都是采取现金方式,许某却陈述其与朱某洲之间的资金往来一般是转账,偶尔为现金,故朱某洲与杨某、许某关于款项往来的表述存在矛盾,不能让法院产生确信。

最后,朱某洲关于案涉7800万元款项的支付方式说明不符合常理。一方面,朱某洲和孔某仁居住城市并不相同,朱某洲称双方之间的每笔大额资金往来皆采用现金方式,这与居住城市不同的自然人之间出借款项的支付习惯相悖。另一方面,朱某洲自己提供的汇款统计表显示,从2004年到2006年8月3日,孔某仁向朱某洲汇款8320万元,共计36笔,这36笔汇款并非均采用现金方式,有19笔款项是直接汇入朱某洲的银行卡中。该8320万元的支付方式至少说明,在朱某洲和孔某仁之间,现金并不是两者资金往来的习惯做法,于现金支付之外尚存在银行汇款的支付方式。但是,朱某洲主张案涉7800万元款项均采取现金方式支付,这明显同其与孔某仁之间的交易习惯不符。

综上分析,一审法院在朱某洲所主张的借款关系存在上述矛盾之处的情况下,认定朱某洲并未交付借款证明所载明的7800万元出借款项,进而认定朱某洲与孔某仁之间所签署的借款证明不合常理,理据适当。

【裁判规则】对待证事实负有举证证明责任的当事人所提供

的本证，需要使法官的内心确信达到高度可能性的程度，反证则只需要使本证对待证事实的证明陷于真伪不明的状态。高度可能性是对民事诉讼证明标准的最低限度要求，举证责任人在穷尽可以获得的所有证据之后，所举证据的证明效果必须至少达到足以令法官信服的高度可能性。

本案例深入分析了民事诉讼中举证责任与证明标准的应用。最高人民法院通过朱某洲与孔某仁民间借贷纠纷案，明确了主张借款关系成立的一方需承担借款实际交付的举证责任，并需达到高度可能性的证明标准。朱某洲虽提供了借款证明，但未能充分证明7800万元款项的资金来源、交付细节等，其证据链不完整，未达证明标准。法院对证人证言的严格审查，强调了证据的直接证明力和相互印证的重要性。同时，朱某洲关于支付方式的陈述与双方交易习惯不符，进一步削弱了其主张的可信度。本案提醒当事人在主张权利时需提供确凿、充分的证据，以满足法定证明标准。

例5：洪某钦与厦门盈众至远汽车销售有限公司产品责任纠纷案 [福建省厦门市同安区人民法院（2017）闽0212民初3163号]

【案情】福建省厦门市同安区人民法院认为，对于汽车燃烧的原因没有明确结论。根据永安市公安消防大队出具的火灾事故认定书和福建中联司法鉴定所出具的司法鉴定意见书的鉴定结论，火灾既有可能是汽车电气故障引发的自燃，也有可能是草木灰烘烤所致。也就是说，已有证据不能直接证明汽车存在质量问题，更不能证明汽车燃烧是汽车产品缺陷引发的。

纵观该案诸多因素，该院认为，外因引发汽车燃烧的可能性更大，理由如下：①汽车停放至汽车开始燃烧间隔3小时左右，汽车在熄火状态下，即便存在电气故障，起火燃烧的可能性也很小；②起火部位为中央扶手靠右、副驾驶座位后、右后座往前区域，而该区域并不像车身前部区域那样电气线路复杂，产生故障并起火的概率很小；③事故车辆为德国原装进口汽车，相关质量检验合格，火灾发生前没有电气线路故障的迹象和记录；④事故车辆停放的位置正在草木灰烬上，而草木灰烬系事故发生前10小时左右开始焚烧的，被焚烧的树枝树叶堆高近一米，数量较大且燃烧过后在气温较高的情况下灰烬热量保存时间较长，灰烬持续烘烤足以导致汽车等燃点较低的物件起火。

因此，该院认为，汽车起火原因系自身质量问题的可能性较小，系草木灰烬烘烤的可能性更大。在没有充分证据证明汽车燃烧原因的情况下，根据盖然性占优的证明标准，应当认定可能性更高的事实而不能认定可能性更小的事实，故不宜认定汽车燃烧是可能性更小的原因即汽车电气线路故障所致。

【裁判规则】汽车自燃原因不明时，应适用高度盖然性证据规则认定事故原因。

本案例体现了高度盖然性证据标准在产品责任纠纷中的应用。法院在汽车自燃原因不明的情况下，未直接认定汽车存在质量问题，而是综合考量了多种因素，包括汽车停放时间、起火部位、车辆质量及草木灰烬等外部环境，认为外因引发燃烧的可能性更大。此判决遵循了高度盖然性证明标准，即在证据不足以达到确实充分的情况下，根据现有证据认定最可能的事实。在缺乏直接证据时，应综合考虑各种因素，运用高度盖然性证明标准作出合理判断。

例 6：尹某某与中国工商银行股份有限公司临夏大什字支行银行卡纠纷案〔最高人民法院（2015）民申字第 3228 号〕

【案情】最高人民法院认为，首先，尹某某是向中国工商银行股份有限公司临夏分行（以下简称"临夏分行"）申请领用二代 U 盾，中国工商银行股份有限公司临夏大什字支行（以下简称"大什字支行"）并没有向其交付二代 U 盾的义务。

其次，虽然尹某某一审期间申请对大什字支行提供的尹某某领取二代 U 盾时在二代 U 盾领条和电子银行物品登记簿上的签名进行笔迹鉴定，甘肃政法学院司法鉴定中心出具的鉴定意见认为上述两处签名不是尹某某本人所写，但是，尹某某认可其本人 2013 年 10 月 21 日到临夏分行营业部办理过网银变更业务，填写了《中国工商银行电子银行个人客户变更申请书》，申请变更事项为：申领二代 U 盾和重置网银登录密码。如果临夏分行当时未实际向尹某某交付二代 U 盾，尹某某必然会提出质疑，但直至本案诉讼发生，尹某某才在一审庭审中声称没见过二代 U 盾，银行未将二代 U 盾交给其本人，显然不合常理。

另外，尹某某早在 2007 年 2 月即已注册网上电子银行、领用 U 盾，其辩称不清楚网上电子银行的操作规程以及未见过 U 盾、不了解 U 盾的作用和使用方法，缺乏可信度。

根据大什字支行提交的证据，结合尹某某曾将其名下尾号为 16 的白金信用卡及密码借给任某某长期使用等相关事实，很难作出任某某冒名领取 U 盾的判断，而尹某某本人实际领取了二代 U 盾具有高度可能性，且该可能性远高于尹某某主张的"任某某利用其职务之便，仿冒尹某某签名领取"的可能性，故二审法院认定尹某某本人领取了二代 U 盾并无不当。

本案没有必要调取尹某某在临夏分行营业部办理网银变更业务时的全方位、多角度录像资料，二审法院对尹某某调取证据的申请未予准许并无不当。

【裁判规则】根据将信用卡及密码借给银行工作人员长期使用等事实,很难作出银行工作人员冒名领取U盾的判断,这一事实表明当事人本人实际领取了二代U盾具有高度可能性,且远高于银行工作人员冒领的可能性。

本案例涉及银行卡纠纷中的证据认定与高度可能性判断。在审理中未直接采纳笔迹鉴定结果,而是综合考虑了尹某某的行为习惯、银行操作流程及常理。尹某某曾办理网银变更业务,若未领取U盾,其长期未提出质疑不合常理。结合其将信用卡及密码借给他人长期使用等事实,法院认为尹某某实际领取U盾的可能性远高于银行工作人员冒领的可能性。此判决体现了在证据存在冲突时,法院需结合案件整体情况,运用高度可能性标准进行综合判断。

(三)什么是"排除合理怀疑"

《民诉法解释》第109条规定,当事人对欺诈、胁迫、恶意串通事实的证明,以及对口头遗嘱或者赠与事实的证明,要达到"排除合理怀疑"这一更高的标准。因为欺诈、胁迫、恶意串通都属于主观心态事实,隐藏于人的内心,外人很难查明,故实务中对主观心态事实的证明,只能通过当事人的外观行为表现所形成的证据来进行。多数情况下,当事人的外观行为证据与主观心态之间不存在一对一必然直接的对应关系。同一种言行,不同人可能会有不同的解读。如果对欺诈、胁迫、恶意串通适用《民诉法解释》第108条,采高度可能性标准,则将导致实务中对欺诈、胁迫、恶意串通的认定不当增多,不利于维护交易安全和社会秩序。

1. 欺诈

当前,关于欺诈的案例报道比较多,例如:消费者以未被告知二手车曾发生事故为由诉请"退一赔三";离婚后前夫发现养育16年的儿子非亲生,构成"欺诈性抚养";卖房者隐瞒"凶宅"信息存在欺诈,被判决撤销房屋买卖合同;在产品销售过程中存在欺诈行为,被法院判决赔偿消费者三倍货款;无办学许可证的教学行为属于欺诈,被判退还培训费;直播带货销售仿冒手机构成欺诈,法院判决主播承担赔偿责任;在合同履行过程中实施欺诈行为,法院判决撤销服务租赁合同;消费者网购遇到商家的价格欺诈;医疗美容机构系营利性组织且存在欺诈行为,就诊者可主张惩罚性赔偿;老人轻信虚假回购承诺,以欺诈为由诉至法院,法院判决被告退还货款23万元等。欺诈情节严重的,可能构成诈骗等相关犯罪。

2. 胁迫

意思表示真实的前提是意思的形成自由和意思的表示自由,而欺诈、胁迫行为系在意思形成和表示过程中欠缺自由甚至完全不自由,属于《民法典》第148条、第150条规定的可撤销的行为。

例7:再审申请人张某国与被申请人常某鳌、一审被告宁夏林利煤炭有限公司、王某喜不当得利纠纷案[最高人民法院(2015)民申字第3509号]

【案情】最高人民法院认为,张某国系以常某鳌对其进行胁迫为由,提起该案反诉,要求常某鳌返还100万元劳务费的不当得利。根据2015年《民诉法解释》第108条第1款、第109条的规定,张某国对其受胁迫所举证据(包括承诺书、公安接处警登记表),不能使人民法院确信待证事实的存在具有高度可能性,其所举录音证据亦不能排除合理怀疑。在此情况下,二审判决未认定张某国所主张的相关事实,符合法律、司法解释规定。

【裁判规则】 当事人所举证据不能排除合理怀疑的，对其有关胁迫的主张，人民法院不予支持。

本案例聚焦于不当得利纠纷中胁迫事实的认定。最高人民法院指出，张某国虽提供承诺书、公安接处警登记表及录音作为受胁迫的证据，但依据2015年《民诉法解释》，这些证据未达高度可能性标准，且录音存在合理怀疑，不足以确信存在胁迫事实。

例8：再审申请人贵州铜仁黔东房地产开发有限公司、刘某国与被申请人巫某民、原审被告李某林民间借贷纠纷案［最高人民法院（2017）最高法民申2569号］

【案情】 最高人民法院认为，根据2015年《民诉法解释》第109条的规定，"当事人对欺诈、胁迫、恶意串通事实的证明，以及对口头遗嘱或者赠与事实的证明，人民法院确信该待证事实存在的可能性能够排除合理怀疑的，应当认定该事实存在"。原审中，贵州铜仁黔东房地产开发有限公司（以下简称"黔东公司"）提交的公安局接处警登记表仅能证明其有过报案记录，公安机关对其进行了登记或询问，不能排除合理怀疑，不能认定还款协议系受胁迫签订，且还款协议与黔东公司认可的纪要内容基本一致，故黔东公司、刘某国有关还款协议系受胁迫签订，非其真实意思表示的申请再审理由不能成立。

【裁判规则】 报案记录仅能证明公安机关进行了登记或询问，不能排除合理怀疑，也不能认定还款协议系受胁迫所签订。

本案例涉及民间借贷纠纷中胁迫事实的认定问题。最高人民法院依据《民诉法解释》的规定，强调对欺诈、胁迫等事实的证明需达到排除合理怀疑的标准。原审中，黔东公司提交的报案记录虽能证明其有过报案行为，但不足以排除合理怀疑，不能认定还款协议系受胁迫签订。同时，还款协议与黔东公司认可的纪要内容一致，进一步削弱了胁迫主张的可信度。

例9：李某鹏与熊某华民间借贷纠纷案［湖南省高级人民法院（2020）湘民终1261号］

【案情】湖南省高级人民法院认为，案涉欠条合法有效。熊某华主张欠条是在李某鹏胁迫下出具，其证据是李某鹏在公安机关询问笔录中"只是在我逼迫下反复立下还款承诺"的陈述。该院认为，从李某鹏在公安机关的陈述来看，其陈述是"逼迫"而非"胁迫"，该"逼迫"是否达到了民法上违背当事人意志的胁迫程度，除李某鹏的该句陈述外，再无其他证据证明。

2015年《民诉法解释》第109条规定："当事人对欺诈、胁迫、恶意串通事实的证明，以及对口头遗嘱或者赠与事实的证明，人民法院确信该待证事实存在的可能性能够排除合理怀疑的，应当认定该事实存在。"仅有李某鹏在公安机关询问笔录中的陈述，而无其他任何证据证明，显然达不到上述规定所要求的"能够排除合理怀疑"的证明标准。因此，对熊某华所主张的"胁迫"事实，法院不予认定。

另外，即使如熊某华主张的，欠条系在胁迫下出具，根据《合同法》第54条的规定，一方以欺诈、胁迫的手段或者乘人之危，使对方在违背真实意思的情况下订立的合同，属于可变更或者撤销的合同，享有撤销权的受损害方应当在法定的一年期限内请求人民法院或者仲裁机构变更或者撤销合同。案涉欠条于2015年8月24日出具，直至该案诉讼前，熊某华一直未通过诉讼或仲裁程序请求撤销，撤销权已归于消灭。因此，原审认定案涉欠条合法有效，并无不当。

【裁判规则】"逼迫"非"胁迫"，仅在公安机关询问笔录中有"逼迫"的陈述，尚不足以达到排除合理怀疑的证明标准。

本案例涉及民间借贷纠纷中欠条合法性的认定问题。我们认为：①逼迫就是胁迫，二者没有本质区别；[1] ②被告在公安机关关于逼迫的自认，证明力比较高，但是未达到影响原告意思自由的程度；③结合原告没有及时行使变更或者撤销权的事实，如果认定胁迫成立，不能排除合理怀疑。

3. 恶意串通

行为人与相对人恶意串通，损害他人合法权益的民事法律行为无效。表意人与相对人通谋实施虚伪的意思表示，系专为侵害他人合法权益，不仅表意人单方面了解自己的表示是虚伪的，相对人也了解这一情况，双方系相互勾结，恶意通谋。这是《民法典》第154条规定的无效民事法律行为的情形。

例10：再审申请人四川省蜀牛房地产开发有限责任公司与被申请人平安银行股份有限公司成都分行、成都天银制药有限公司借款合同纠纷案 [最高人民法院（2017）最高法民申1400号]

【案情】2015年《民诉法解释》第109条规定："当事人对欺诈、胁迫、恶意串通事实的证明，以及对口头遗嘱或者赠与事实的证明，人民法院确信该待证事实存在的可能性能够排除合理怀疑的，应当该认定事实存在。"该规定系对欺诈、胁迫和恶意串通事实提高证明标准的规定，即对这类事实的证明标准应达到排除合理怀疑的程度。

---

[1]《最高人民法院关于适用〈中华人民共和国民法典〉总则编若干问题的解释》第22条对胁迫的界定是："以给自然人及其近亲属等的人身权利、财产权利以及其他合法权益造成损害或者以给法人、非法人组织的名誉、荣誉、财产权益等造成损害为要挟，迫使其基于恐惧心理作出意思表示的，人民法院可以认定为民法典第一百五十条规定的胁迫。"

该案中，已有的证据仅能反映成都天银制药有限公司（以下简称"天银公司"）的行为，即便确有天银公司虚报或者伪造财务状况的事实，最多也只能证明平安银行股份有限公司成都分行（以下简称"平安银行"）在贷款、授信的审查中存在重大过失，而无法证明平安银行存在恶意或者和天银公司串通的事实，故该案证据尚不能达到 2015 年《民诉法解释》第 109 条规定的证明标准。

【裁判规则】仅有虚报或者伪造财务状况事实的单方证据，无法证明对方当事人存在恶意或者和第三人串通的事实。

本案例聚焦于借款合同纠纷中恶意串通事实的认定。2015 年《民诉法解释》规定了对欺诈、胁迫和恶意串通事实需达到排除合理怀疑的证明标准。本案中，虽存在天银公司可能虚报或伪造财务状况的情况，但仅据此无法证明平安银行存在恶意或与天银公司串通的事实。法院认为，现有证据未达法定证明标准，故不认定恶意串通事实。

例 11：瑞士嘉吉国际公司与福建金石制油有限公司等确认合同无效纠纷案 [最高人民法院（2012）民四终字第 1 号]

【案情】关于福建金石制油有限公司（以下简称"福建金石公司"）、福建田源生物蛋白科技有限公司（以下简称"田源公司"）、漳州开发区汇丰源贸易有限公司（以下简称"汇丰源公司"）相互之间订立的合同是否构成"恶意串通，损害第三人利益"的合同，最高人民法院认为：

首先，福建金石公司、田源公司在签订和履行国有土地使用权及资产买卖合同的过程中，其实际控制人之间系亲属关系，且柳某、王某琪夫妇分别作为两公司的法定代表人在合同上签字。因此，可以认定在签署以及履行转让福建金石公司国有土地使用权、房屋、设备的合同过程中，田源公司对福建金石公司的状况是非常清楚的，对包括福建金石公司在内的金石集团因"红豆事件"被仲裁裁决确认对瑞士嘉吉国际公司（以下简称"嘉吉公司"）形成1337万美元债务的事实是清楚的。

其次，国有土地使用权及资产买卖合同订立于2006年5月8日，其中约定田源公司购买福建金石公司资产的价款为2569万元，国有土地使用权作价464万元、房屋及设备作价2105万元，并未根据相关会计师事务所的评估报告作价。一审法院根据福建金石公司2006年5月31日资产负债表，以其中载明固定资产原价44 042 705.75元、扣除折旧后固定资产净值为32 354 833.7元，而国有土地使用权及资产买卖合同中对房屋及设备作价仅2105万元，认定国有土地使用权及资产买卖合同中约定的购买福建金石公司资产价格为不合理低价，并无不当。在明知债务人福建金石公司欠债权人嘉吉公司巨额债务的情况下，田源公司以明显不合理低价购买福建金石公司的主要资产，这足以证明其与福建金石公司在签订国有土地使用权及资产买卖合同时具有主观恶意，属恶意串通，且该合同的履行足以损害债权人嘉吉公司的利益。

再其次，国有土地使用权及资产买卖合同签订后，田源公司虽然向福建金石公司在同一银行的账户转账2500万元，但该转账并未注明款项用途，且福建金石公司于当日将2500万元分两笔汇入其关联企业大连金石制油有限公司账户。同时，福建金石公司和田源公司当年的财务报表，并未体现该笔2500万元的入账或支出，而是体现出田源公司尚欠福建金石公司"其他应付款"121 224 155.87元。一审法院据此认定田源公司并未根据国有土地使用权及资产买卖合同向福建金石公司实际支付价款，并无不当。

最后，从公司注册登记资料来看，汇丰源公司成立时的股东构成似乎与福建金石公司无关，但从汇丰源公司股权变化的过程可以看出，汇丰源公司在与田源公司签订买卖合同时对转让的资产来源以及福建金石公司对嘉吉公司的债务是明知的。买卖合同约定的价款为2669万元，这与田源公司从福建金石公司购入该资产的约定价格相差不大。汇丰源公司除已向田源公司支付569万元外，其余款项未支付。一审法院据此认定汇丰源公司与田源公司签订买卖合同时恶意串通并足以损害债权人嘉吉公司的利益，并无不当。

综上所述，福建金石公司与田源公司签订的国有土地使用权及资产买卖合同、田源公司与汇丰源公司签订的买卖合同，属于恶意串通、损害嘉吉公司利益的合同。

【裁判规则】债务人将主要财产以明显不合理低价转让给其关联公司，关联公司在明知债务人欠债的情况下，未实际支付对价的，人民法院可以认定债务人与其关联公司恶意串通，损害债权人利益，与此相关的财产转让合同应当被认定为无效。

本案例涉及对合同无效纠纷中恶意串通的认定。最高人民法院通过详细分析指出，债务人福建金石公司与其关联公司田源公司、汇丰源公司之间在资产转让过程中存在恶意串通行为。债务人将主要财产以明显不合理低价转让给关联公司，且关联公司在明知债务存在的情况下未实际支付对价，损害了债权人嘉吉公司的利益。法院据此认定相关财产转让合同无效，体现了对恶意串通行为的严厉打击，保护了债权人的合法权益。

九、证明标准如何把握

例 12：印江自治县刀坝乡三层岩煤矿、幸某等民间借贷纠纷案［最高人民法院（2018）最高法民申 5748 号］

【案情】最高人民法院认为，本案再审审查的焦点问题是：能否认定案涉借款合同、借条、对账单系幸某伪造。虽然上述证据的形成期间与幸某掌握印江自治县刀坝乡三层岩煤矿（以下简称"三层岩煤矿"）证照、印章的期间重合，但是，根据已经查明的事实，三层岩煤矿的实际出资人全部作为保证人在借款合同上签字确认；在借条上，除加盖三层岩煤矿的印章外，亦有三层岩煤矿其他相关出资人的签名。从合同履行情况看，幸某已经通过案外人向三层岩煤矿实际转款。至于其后三层岩煤矿如何使用上述款项，应属三层岩煤矿自身经营范畴。而且，经查实，上述款项并非全部通过幸某转账支取，尚有其他投资人张某学、宁某辉等人经手参与。

可见，上述证据并非幸某一人全权控制所能形成，不能直接推定该证据系幸某伪造。因三层岩煤矿投资人多次转手，在案涉借款发生时，李某佩并非实际投资人，相应的借款合同和借条上无李某佩签字，符合实际情况。二审判决综合全部案件事实，采信上述证据，并无不当。

本案中，李某佩承担出资人责任系因其解除转让合同而恢复投资人身份。对于李某佩与三层岩煤矿之前其他合伙人之间的债务承担问题，二审判决已经指明由各方当事人另行解决，不损害李某佩的利益。二审判决仅认定幸某为三层岩煤矿投资人，并未认定案涉款项为投资款，不存在同一笔款项既认定借款又认定投资款的情况。认定虚假诉讼需要达到排除合理怀疑的证明标准，本案中，现有证据尚无法作此认定。

【裁判规则】认定虚假诉讼需要达到排除合理怀疑的证明标准。

本案例探讨了民间借贷纠纷中虚假诉讼的认定标准。最高人民法院明确指出，认定虚假诉讼需达到排除合理怀疑的严格证明标准。本案中，尽管借款合同等证据形成时间与幸某掌握三层岩煤矿证照、印章时间重合，但证据上有多名出资人签字，且款项已实际转账，非幸某一人能伪造。二审法院综合全案事实，未轻易认定虚假诉讼，体现了对证据的严格审查和对排除合理怀疑证明标准的把握。

4. 口头遗嘱

遗嘱的法定形式有五种：公证遗嘱、自书遗嘱、代书遗嘱、录音遗嘱和口头遗嘱。其中，口头遗嘱是指由遗嘱人口头表述的，不以任何方式记载的遗嘱。我国《民法典》第1138条规定："遗嘱人在危急情况下，可以立口头遗嘱。口头遗嘱应当有两个以上见证人在场见证。危急情况消除后，遗嘱人能够以书面或者录音录像形式立遗嘱的，所立的口头遗嘱无效。"

5. 赠与

赠与是指一方当事人将自己的财产无偿给予他方，他方受领该财产的行为。赠与合同系无偿合同、单务合同和诺成合同，自当事人意思表示一致时成立。赠与的动产所有权自交付时起转移，不动产所有权依不动产权利转移方式而转移。

例13：曾某甲与曾某乙法定继承纠纷案[四川省高级人民法院（2017）川民中4470号]

【案情】四川省高级人民法院认为，根据2015年《民诉法解释》第109条的规定，对赠与事实的证明需达到能够排除合理怀疑的程度。曾某甲主张赠与事实存在的证据仅有证人证言，显然不能达到上述证明标准，应承担2015年《民诉法解释》第90条规定的举证不能的不利后果。

九、证明标准如何把握

【**裁判规则**】 对赠与事实的证明需达到能够排除合理怀疑的程度。

本案例聚焦于法定继承纠纷中赠与事实的认定标准。法院依据 2015 年《民诉法解释》第 109 条，明确了对赠与事实需达到排除合理怀疑的严格证明标准。本案中，曾某甲仅凭证人证言主张赠与，证据不足，未达证明标准，故承担举证不能的不利后果。

在上述五种行为中，欺诈、胁迫、恶意串通涉及对一方或他人合法权益的损害，属于具有刑事性质的行为，严重的可能构成诈骗、强迫交易等相关刑事犯罪；而口头遗嘱和赠与是两种特殊的民事法律行为，为了防止对合法权益人造成任意侵害，《民诉法解释》规定了较高的证明标准。"将欺诈、胁迫、恶意串通的事实，在实体法立法上使用'足以'、'显失公平'的表述的，均反映立法者对此类待证事实拔高证明标准的意图"；并且，"但凡发生了欺诈、胁迫或恶意串通的行为，就会发生相应的实体法效果，导致现有的法律关系无效或者可撤销。因而，从维护法律秩序的稳定性、保障交易安全的民商事立法目的来看，需要对这些事实赋予更高的证明标准"。[1]

"排除合理怀疑"的证明标准，有两点要求：①高度确信。排除合理怀疑要求法院对案件事实的认定达到一种高度确信的程度，这种确信不是基于猜测或臆断，而是基于充分、可靠的证据和逻辑推理。②无合理怀疑。合理怀疑是指基于现有证据和逻辑推理，一个理性的人可能会对案件事实产生的怀疑。排除合理怀疑就是要排除这种基于常理和证据的怀疑，使一个理

---

[1] 江必新主编：《新民诉法解释法义精要与实务指引》（上册），法律出版社 2015 年版，第 231 页。

性的人没有合理的怀疑。

（四）证明标准在适用中的问题

1. 民事与刑事证明标准的差异

民事诉讼主要关注平等主体间的人身和财产关系纠纷，其证明标准相对较低，通常采用"优势证据"、"高度可能性"或"高度盖然性"等表述。这意味着，只要一方当事人的证据在数量、质量或逻辑上占据优势，或者某一事实的存在具有高度可能性，法院即可据此作出判决。刑事诉讼则涉及对被告人人身自由和生命权的剥夺，因此其证明标准极为严格，要求"证据确实、充分"、"内心确信"或"排除合理怀疑"。这意味着，检察机关和法院必须确保所有证据均真实可靠，且能够形成完整的证明体系，排除任何可能的合理怀疑，才能对被告人作出有罪判决。

两类诉讼证明标准具有差异的原因在于：

（1）诉讼性质的不同：民事诉讼主要处理的是民事纠纷，不涉及对被告的人身自由和生命权的剥夺，因此，其证明标准相对较低，以适应民事纠纷的复杂性和多样性。刑事诉讼则直接关乎被告人的基本权利，如人身自由和生命权。由于刑罚的严厉性，必须严格限制定罪和量刑，以确保无辜者不受冤枉。因此，刑事诉讼采用了最高的证明标准。

（2）价值取向的不同：民事诉讼注重平等保护双方当事人的利益，强调当事人意思自治，当事实真伪不明时，采用优势证据标准，既体现了对当事人诉讼权利的尊重，也体现了对双方利益的平衡考虑。刑事诉讼则更加注重保护无辜和尊重人权，"天平倾向弱者"，即更倾向于保护被告人的合法权益。因此，刑事诉讼奉行最高的证明标准，以避免被告人被错误定罪，体现了"宁愿错放犯罪，也不冤枉无辜"的刑事司法理念。

（3）取证能力的差异：在民事诉讼中，双方当事人处于平等地位，拥有相对对等的搜集证据能力。这使得双方能够平等对抗，法院也能在相对平衡的证据基础上作出判决。而在刑事公诉中，公安等国家机关拥有强大的侦查能力和手段，可以采取强制措施和强制性侦查手段来搜集证据。相比之下，犯罪嫌疑人、被告人往往被限制人身自由，辩护律师也无强制取证权。这种取证能力的不对等性要求刑事诉讼必须采取更高的证明标准，以确保判决的公正性和准确性。

因此，民事与刑事证明标准的差异是由两大诉讼的性质、价值取向以及取证能力等多方面因素共同决定的，这种差异体现了法律对不同类型诉讼的特定要求和价值追求。

例14：吴某再审改判无罪案 ［河北省唐山市中级人民法院（2020）冀02刑再1号］

【案情】 再审法院认为，本案的物证、书证、监控视频、证人证言等证据中，没有能证明吴某的车辆与被害人发生过碰撞的直接证据；司法鉴定意见是推断性结论，达不到刑事定罪中排除一切合理怀疑的标准；各证据之间无法形成证据链条证明吴某确有犯交通肇事罪的事实。综上，检察机关指控吴某犯交通肇事罪的事实不清，证据不足，对吴某犯交通肇事罪的指控不能成立。对于各原审附带民事诉讼原告人要求民事赔偿的诉讼请求，虽然本案现有证据达不到对申诉人吴某定罪的标准，但符合民事诉讼的证明标准，再审法院经审查并结合相关事实，确认吴某为肇事司机具有高度可能性，故吴某仍应承担对各原审附带民事诉讼原告人的民事赔偿责任。

根据唐山市玉田县交通警察大队出具的道路交通事故责任认定书，以及唐山市公安交通警察支队作出的道路交通事故认定复核结论，法院认为吴某应负事故的全部责任，但不能认定吴某具有为逃避法律责任而逃逸的主观过错，故保险人不能据此免除赔偿责任。因吴某驾驶的车辆在中国人民财产保险股份有限公司唐山市分公司投保了商业第三者责任险且不计免赔率，事故发生在保险期间内，属于保险责任，故原审附带民事诉讼原告人的合理损失应由中国人民财产保险股份有限公司唐山市分公司在赔偿责任限额内进行赔偿。

综上，经再审法院审判委员会讨论决定，判决如下：

第一，撤销该法院自己作出的（2018）冀02刑终203号刑事附带民事裁定及河北省玉田县人民法院（2017）冀0229刑初107号刑事附带民事判决第1项，即被告人吴某犯交通肇事罪，判处有期徒刑1年4个月。

第二，申诉人吴某无罪。

第三，维持河北省玉田县人民法院（2017）冀0229刑初107号刑事附带民事判决第2项，即附带民事诉讼被告单位中国人民财产保险股份有限公司唐山市分公司赔偿附带民事诉讼原告人王某1、刘某锴、刘某2、许某死亡赔偿金（含被扶养人生活费）、丧葬费、处理丧葬事宜误工费及交通费共计435 697.96元，于本判决生效后5日内付清。

【裁判规则】

没有直接证据证明被告人的车辆与被害人发生过碰撞，鉴定意见是推断性结论，达不到刑事定罪排除一切合理怀疑的标准，各证据之间无法形成证据链条。

虽然现有证据达不到对被告人定罪的标准，但符合民事诉讼的证明标准，被告人为肇事司机具有高度可能性，故被告人仍应承担对各原审附带民事诉讼原告人的民事赔偿责任。

本案体现了刑事与民事案件证明标准的差异及其在司法实践中的应用。在刑事领域，遵循"排除一切合理怀疑"的严格证明标准，要求证据确凿、充分，形成完整链条，确保无罪的人不受刑事追究。本案中，因缺乏直接证据及鉴定意见的推断性，无法达到刑事定罪标准，再审法院据此宣告吴某无罪，彰显了刑事司法的严谨与公正。而在民事领域，则适用相对宽松的高度可能性证明标准，侧重于解决纠纷、弥补损害。虽然刑事上未能定罪，但依据现有证据，法院认为吴某为肇事司机具有高度可能性，故判决其承担民事赔偿责任，体现了民事司法对受害者权益的保护与救济。此案的裁判，不仅精准把握了刑事与民事证明标准的界限，也实现了法律效果与社会效果的统一。既避免了冤假错案的发生，又确保了受害者的合法权益得到有效维护，展现了司法机关在刑民案件中的智慧与担当。

2. 民事欺诈的认定和"排除合理怀疑"证明标准的正当性

欺诈是一个民法的概念，是一种可撤销的民事法律行为。关于欺诈的证明标准，要求达到"排除合理怀疑"的程度。

（1）关于民事欺诈与刑事诈骗的区别。民事欺诈和刑法上的诈骗是极易混淆的两个概念，在司法实践中也存在认定的误区。应当说，刑法中的诈骗是在民法中的欺诈的基础上演变而来的，对于刑法中的诈骗的理解必须以民法中的欺诈为背景。日本著名民法学家我妻荣指出：一般地，欺诈发生民刑两法上的效果。刑法致力于惩罚实施欺诈者，除去社会的危害；民法为受到欺诈者谋求其正当利益的保护。并且，民法为了达到这个目的，将欺诈作为侵权行为，承认由受害者提起损害赔偿的请求和受害者撤销因欺诈作出的意思表示这两种手段。但是，刑法的处罚与民法的损害赔偿及撤销这三个效果，分别有其目的，所以其要件不同。[1]对于欺诈和诈骗的构成要件，要分别

---

[1] 转引自陈兴良：《民事欺诈和刑事欺诈的界分》，载《法治现代化研究》2019年第5期。

认定。

欺诈的构成要件是：①欺诈方具有欺诈的故意，即明知自己告知虚假情况或者隐瞒真实情况会使被欺诈人陷入错误认识，而希望或者放任这种结果的发生；②欺诈方将欺诈故意表示于外部，实施欺诈行为；③被欺诈方因欺诈而陷入错误认识；④被欺诈方基于错误的认识作出意思表示，并实施了民事法律行为。《民法典》第148条规定："一方以欺诈手段，使对方在违背真实意思的情况下实施的民事法律行为，受欺诈方有权请求人民法院或者仲裁机构予以撤销。"对于第三人实施欺诈行为，使一方在违背真实意思的情况下实施的民事法律行为，对方知道或者应当知道该欺诈行为的，受欺诈方也有权请求撤销。

就民事欺诈而言，其法律规制呈现出多元与灵活的特点。一方面，受欺诈的一方当事人拥有是否撤销其所实施的民事法律行为的选择权。这意味着，即便遭受了欺诈，当事人也可以根据自身利益考量，决定是否维持该民事法律行为的效力。这种选择权赋予了当事人更大的自主性和灵活性，以适应复杂多变的民事交往环境。另一方面，民法对民事欺诈行为实施了双重规制，即法律行为制度与侵权责任制度并行不悖。在法律行为制度层面，若欺诈行为导致法律行为无效或被撤销，受欺诈方可以寻求相应的法律救济。而在侵权责任制度层面，受欺诈方则有权主张欺诈方承担侵权责任，要求其赔偿因欺诈行为所造成的损失。此外，受欺诈方还可以选择主张欺诈方承担缔约过失责任，这通常适用于缔约过程中因欺诈而导致的信任关系破裂的情况。

这种双重规制不仅增强了民法对民事欺诈行为的打击力度，而且为受欺诈方提供了多样化的救济途径。当事人可以根据自身实际情况和需求,决定是否另行起诉以及基于何种请求权起诉,从而充分保障了其自由选择救济途径的权利。这种制度设计体现了民法对当事人意思自治的尊重和保护,也彰显了民法作为私法领域基本法的灵活性和包容性。

刑法中的诈骗是指以非法占有为目的,使用虚构事实或者隐瞒真相的方法,骗取数额较大的公私财物的行为。《刑法》第266条规定了普通诈骗罪,其他章规定了12种特殊诈骗罪。刑事诈骗在客观上表现为使用欺骗方法骗取数额较大的公私财物,主观方面是故意,并具有非法占有目的。诈骗犯罪具有独特的行为过程,即行为人以非法占有为目的实施欺诈行为——对方产生或者继续维持错误认识——对方基于错误认识处分财物——行为人取得财物——被害人遭受损失,各个客观行为之间具有层层递进的因果关系。

第一,关于以非法占有为目的。在探讨民事欺诈与刑事诈骗的区分时,非法占有目的作为一个核心要素,其地位和作用显得尤为重要。然而,将非法占有目的视为刑事诈骗的构成要素,同时将其不具备视为民事欺诈的构成要素,这种简单的二分法在实践中逐渐暴露出一些问题。

其一,非法占有目的的概念有被过度扩大化的趋势。在司法实践中,为了更精确地打击诈骗行为,相关规范性文件不断对非法占有目的的具体情形进行细化和扩充。这种"打补丁"的方式虽然在一定程度上提高了法律的适应性,但也使得非法占有目的的内容变得繁杂且碎片化。

其二,以非法占有目的作为区分民事欺诈与刑事诈骗的单一标准,虽然为司法实践提供了简明的操作指南,但也使得这一要素承受了过多的功能期待。过多的内容被纳入非法占有目的中,导致其内涵变得模糊且难以把握。

其三，为了更合理地认定非法占有目的，有法院在典型案例中将基础事实区分为事前的归还能力、事中的归还表现、事后的财物处分三方面内容。这种划分方式有助于全面考察行为人在整个行为过程中的表现，从而更准确地判断其是否具有非法占有目的。也有学者将司法解释的判断情形归纳为资金用途、履行能力与履行意愿三类，这也是一种有益的尝试。

值得注意的是，这些划分方式并非以行为人行为时为依据，而是根据行为人取得资金的时间节点进行划分。这种划分方式更有助于揭示行为人的真实意图和行为模式，从而为司法实践提供更准确的判断依据。

总之，非法占有目的在区分民事欺诈与刑事诈骗中发挥着重要作用，但其概念和内容需要更加精确和清晰。通过细化非法占有目的的具体情形，并采用合理的划分方式，我们可以更准确地判断行为人的真实意图和行为性质，从而为司法实践提供更有力的支持。

第二，关于错误认识。在诈骗罪的成立要件中，被害人因行为人的欺骗行为而陷入错误认识，并据此作出财产处分，是至关重要的环节。错误认识的存在，不仅关乎被害人是否作出了不真实的意思表示，还直接决定了行为人是否应承担诈骗罪的法律责任。在实践中，对被害人是否陷入错误认识的审查，需细致入微且全面考量。

其一，若受骗人并未因行为人的欺骗而陷入错误认识，即便行为人提供了虚假信息，只要被害人明确知晓并仍选择进行财产处分，其财产损失就不能归咎于行为人。例如，在商某等骗取贷款案中，银行工作人员未因行为人的虚假证明材料而陷入错误认识，因此商某等人不构成骗取贷款罪。这一案例强调了被害人主观认知的重要性，以及其在财产处分中的自主决定权。

其二，在判断被害人是否陷入错误认识时，还需充分考虑交易习惯的影响。在特定行业或领域内，某些交易习惯或惯例可能使被害人在某种程度上对行为人的虚假陈述产生一定的容忍或忽视。如高某华、孙某海合同诈骗案所示，法院在裁判中考虑了房地产行业"边干边批、先上车后买票"的普遍现象，从而影响了对被害人是否陷入错误认识的判断。

其三，被害人陷入错误认识与行为人的欺骗行为之间的因果关联也是至关重要的。若被害人陷入错误认识并非由行为人的欺骗行为直接导致，而是受到其他外部因素的影响，那么行为人就不应承担诈骗罪的法律责任。例如，在冯某诈骗案中，法院明确指出，被害人陷入错误认识的根本原因在于第三方评估公司的评估价格，而非行为人的欺骗行为。这一判断体现了对因果关系严格审查的重要性，以确保行为人只对其直接导致的法律后果承担责任。

因此，在审查被害人是否陷入错误认识时，应综合考虑被害人的主观认知、交易习惯的影响以及欺骗行为与错误认识之间的因果关联。[1]

第三，关于多要素区分标准。民事欺诈与刑事诈骗之间的关系，可以视为一种包容关系，即刑事诈骗是民事欺诈中不法程度更高、后果更为严重的特殊形态。为了更清晰地界定两者，我们可以从欺骗行为、欺骗程度以及非法占有目的这三个核心构成要素进行深入剖析。

其一，欺骗行为是两者共有的要素，但刑事诈骗中的欺骗行为往往更为复杂、隐蔽，且手段更为恶劣。民事欺诈中的欺

---

[1] 江溯：《从互斥到并行：民事欺诈与刑事诈骗关系再反思》，载《政法论坛》2024年第6期。

骗行为可能仅涉及对事实的部分歪曲或隐瞒，而刑事诈骗则可能涉及全面的虚构事实或伪造证据，以诱使被害人做出错误的财产处分。

其二，欺骗程度是区分两者的重要标准。民事欺诈虽然也涉及欺骗，但通常程度较轻，可能仅造成被害人较小的经济损失或精神困扰。刑事诈骗则往往涉及较大的金额，或者对被害人的财产权益造成严重损害，甚至可能引发社会不稳定。

其三，非法占有目的是刑事诈骗独有的构成要素。在民事欺诈中，行为人可能仅出于获取某种利益或优势的目的而实施欺骗行为，并不一定具有非法占有的意图。然而，在刑事诈骗中，行为人则明确具有非法占有被害人财物的目的，且这一目的通常是其实施欺骗行为的唯一或主要动机。

采用综合标准来区分民事欺诈与刑事诈骗，有助于缓解单一构成要素可能带来的片面性。在司法实践中，司法者应当全面考虑欺骗行为、欺骗程度以及非法占有目的等多个方面，以更准确地判断行为人的行为性质。同时，也应避免过度关注某一单一构成要素，而忽视其他构成要素的作用，从而确保司法判决的公正性和合理性。

欺诈与诈骗犯罪最主要的区别在于，欺诈损害的是表意人的自由决策权，是一种机会和起点的公平，欺诈人是否真正获利和受欺诈人是否实际受损不是欺诈的必要构成要件；而诈骗犯罪要求以非法占有为目的，使受骗人产生错误认识并对财产作出处分，行骗人取得财产。欺诈损害的是表意人的自由决策，属于动态的交易安全，虽然受欺诈方基于欺诈作出的意思表示最终导致的也是财产权利的变动，但欺诈人的目的是让受欺诈方作出相应意思表示而非财产变动本身；诈骗罪直接侵害的是财产所有权，使被害人基于错误认识作出财产处分，遭受财物损失，犯罪人取得财产。[1]欺诈造成的损失往往与产品或者服务的实际价值相差不太大，而诈骗公私财物只有数额较大的，才成立诈骗罪。诈骗人的主观恶性、造成的损失，要比欺诈人的主观故意和造成的损失严重。

关于民事欺诈和刑事诈骗的区分，有学者提出，将民事欺诈与刑事诈骗界定为互斥关系，并试图通过少数构成要素来界分两者，这种做法与以"三阶层"为基础的犯罪审查思路并不相符。在"三阶层"理论中，犯罪构成要件的检验顺序是严格且不可倒置的，各构成要素之间也有着清晰的界限。然而，将民事欺诈与刑事诈骗对立起来，并过度关注它们之间的关系，不仅可能扰乱这一检验顺序，还可能混淆各构成要素之间的界限，甚至导致刑事诈骗处罚范围的扩张。

实际上，对于行为是否符合民事欺诈或刑事诈骗的判断，应当分别进行，遵循"并行说"的思路。这意味着，我们在审查一个行为时，应同时考虑其是否构成民事欺诈和刑事诈骗，而不是将两者对立起来。这种做法的意义在于，它重新发掘了诈骗罪构成要件中每一构成要素对于限制可罚性的意义。司法者在个案中需要对各构成要素进行仔细审查，确保不遗漏任何可能影响判断的细节。

此外，"并行说"还契合于我国诉讼法上对民刑交叉案件"先刑后民"的程序处理规则。在处理民刑交叉案件时，通常先处理刑事案件，再处理民事案件。这是因为刑事案件往往涉及更为严重的违法行为，需要优先处理。同时，"并行说"也能兼顾民事法上的"不告不理"原则以及对请求权竞合问题的处理。在民事法律关系中，当事人有权自主选择是否提起诉讼以及基

---

[1] 曹巧峤：《诈骗罪与民事欺诈的区别与认定——以杭州首例'套路嫖'案为例》，载《中国检察官》2020年第18期。

于何种请求权起诉,而"并行说"则尊重了这一原则,允许当事人在民事欺诈与刑事诈骗之间做出选择。

所以,"并行说"为处理民事欺诈与刑事诈骗的关系提供了一种更为合理且实用的思路。它不仅能够确保犯罪构成要件的正确检验顺序和各构成要素之间的清晰界限,还能契合我国诉讼法上的程序处理规则,并兼顾民事法律关系的特点。[1]

可以说,欺诈和诈骗分属于民事行为和刑事犯罪,从民事违约或者侵权的证明,到刑事犯罪的构成,证明标准应当是逐步提升的。对民事欺诈,没有必要直接提升到刑事诈骗的证明标准。

(2)关于提高民事欺诈证明标准的误区。[2]我国将欺诈的证明标准提高到"排除合理怀疑"的高度,意欲建立多层次的民事证明标准体系,也表现出对"欺诈"这一行为认定的慎重。然而,理想的丰满和现实的骨感形成对比。

第一,民事诉讼除了"高度盖然性"标准,还应有特殊的证明标准,但应指向标准"降低",而不是"提高",以减轻当事人的证明难度。提高欺诈行为的证明标准,会削减受欺诈方权益保护的机会和力度,使得许多欺诈行为因达不到"排除合理怀疑"的高标准而无法被认定,相当于对欺诈行为采取了宽容的态度,这与整个民事诉讼提倡诚实信用的格调不相符。

第二,将欺诈行为的证明标准提高到"排除合理怀疑",会带来负面的扭曲激励。证明标准的提高意味着被害人证明欺诈事实的难度增加,这导致欺诈人逃避制裁的成功率大大增加,

---

[1] 江溯:《从互斥到并行:民事欺诈与刑事诈骗关系再反思》,载《政法论坛》2024年第6期。

[2] 房保国:《认定民事欺诈是否需要"排除合理怀疑"》,载《检察日报》2021年11月30日,第3版。

会产生对更多违法行为的激励。[1]亦即,将欺诈的证明标准提高到"排除合理怀疑",会大大增加受欺诈方的证明困难,使得原本应当得到法院认定的欺诈行为得不到认定,为这一违法行为提供了制度上的"温床",背离了制度初衷。

第三,实体法中并无提高欺诈证明标准的规定。[2]我国《民法典》将欺诈列为可以撤销的行为,着眼于其"效力"而非"证明"。对于欺诈人可以要求惩罚性赔偿,显示出对欺诈行为的严惩。实体立法的目的是打击欺诈这种行为,而不是提高其证明难度。

第四,提高欺诈证明标准会导致民法上可撤销行为的证明混乱。按照《民法典》第147条至第151条的规定,可撤销的民事法律行为主要是意思表示不真实的行为,包括欺诈、胁迫、重大误解和显失公平四种。而《民诉法解释》第109条只规定了欺诈、胁迫,那么处于同等地位的重大误解和显失公平为何不提高证明标准呢?这是解释不通的。

第五,实践中存在对证明标准的适用"折扣执行"的问题,即对达不到民事或刑事证明标准的案件,法院进行了认定。但我们不能因此就提高民事欺诈的证明标准。采用以规则提高证明标准的方式解决该问题,显示了对司法者的不信任,不如强化制度的可操作性和执行力,从源头解决问题。

第六,欺诈认定不能取代诈骗罪的证明标准。民事欺诈的认定,一般不会导致刑事追诉的发生,也不意味着行为人构成诈骗罪。将二者证明标准混同的做法,既放纵了轻微的民事欺

---

[1] 霍海红:《提高民事诉讼证明标准的理论反思》,载《中国法学》2016年第2期。

[2] 刘学在、王静:《民事诉讼中"排除合理怀疑"证明标准评析》,载《法治研究》2016年第4期。

诈行为,又可能导致诈骗犯罪的增加。

因此,将欺诈行为的证明标准提高到"排除合理怀疑"的高度,是不合理的,应当回归普通民事诉讼的证明标准。

3. 认定重大误解应适用何种证明标准?

在民事法律行为中,意思表示的真实性至关重要。当意思表示存在瑕疵时,如存在欺诈、胁迫、重大误解或显失公平,当事人有权主张撤销该行为。

(1) 重大误解与欺诈、胁迫存在共性。从性质上看,重大误解与欺诈、胁迫均属于意思表示不真实的情形。这些情形都可能导致当事人基于错误的认识而作出意思表示,进而影响法律行为的效力。因此,在后果上,它们具有相同性,即都可能导致民事法律行为被撤销,从而影响法律关系的稳定性。

(2) 关于提高证明标准的必要性。

第一,保护法律关系的稳定性:民事诉讼证明标准的多元化是裁判正当性和证据裁判主义的必然要求。对于欺诈、胁迫等行为,法律已经规定了较高的证明标准,即排除合理怀疑。这是因为这些行为如果轻易被确认,将会导致当事人之间的合意行为或单方民事行为被轻易否认,进而影响法律关系的稳定性。同样,重大误解也可能导致相同的后果。因此,为了提高法律关系的稳定性,对重大误解也应适用相同的特殊证明标准。

第二,避免轻易否认民事法律行为:重大误解既可能在实施单方法律行为时存在,也可能发生在双方法律行为的场合。如果采用一般证明标准,即高度可能性标准,那么重大误解将容易被确认,从而导致民事法律行为被轻易否认。这不仅会损害当事人的合法权益,也会破坏法律秩序的稳定性。因此,为了提高对民事法律行为的保护力度,应适用更高的证明标准。

第三,与欺诈、胁迫等行为的证明标准相统一:从体系解释的角度来看,既然法律已经对欺诈、胁迫等行为规定了特殊证明标准,那么为了保持法律体系的统一性和协调性,对重大误解也应适用相同的证明标准。这样不仅可以避免法律适用上的混乱和矛盾,也可以更好地保护当事人的合法权益。

正所谓:
证明标准如灯塔,指引活动有方向。
高度可能七五折,排除怀疑更严详。
民事刑事有差异,欺诈误解需思量。
证据充分方定论,合理怀疑难隐藏。

十、如何运用证据打赢离婚案件

离婚之战,证据为王,用事实说话,让法律见证感情的终结。

离婚之路,证据铺就,每一份证明都是通往自由与公正的坚实步伐。

——题记

(一)离婚案件中的证据有什么特殊性

离婚案件中的证据,作为法院判断夫妻感情是否破裂、财产分割、子女抚养等问题的关键依据,具有其特殊性。这些特殊性体现在证据的收集、呈现以及法律对其的认定等多个方面。

1. 证据类型的多样性

离婚案件中的证据类型多种多样,包括但不限于当事人的陈述、书证、物证、视听资料、电子数据、证人证言、鉴定意见和勘验笔录等。每种证据都有其独特的呈现方式和证明力。

(1)当事人的陈述。在离婚案件中,当事人的陈述是法院了解案件事实的重要途径。由于婚姻问题的私密性,当事人的陈述往往能揭示出许多外人难以知晓的细节。然而,当事人的陈述也可能存在主观性和倾向性,因此法院需谨慎判断其可采性。

在婚姻家庭诉讼中,运用当事人陈述需注意三点:首先,当事人应向法院全面陈述所知案件事实,因为即便沉默,法官仍可根据其他证据或对方陈述定案。当事人陈述作为法定证据,对法官心证有直接影响，故应充分利用以强化自身主张。其次，陈述时需辅以其他证据。尽管当事人陈述具有证明力，但因其与案件结果直接相关，证明力和可信度较低。因此，应尽可能提供佐证或与其他证据相互印证，以提升其证明效力。最后，对对方不利陈述的认可需谨慎。诉讼中承认的于己不利的事实和证据，法院将予确认。除非能举出相反证据推翻，否则这种认可具有法律效力，将免除对方举证责任，对自己造成不利后果。因此，在认可对方陈述前，务必慎重考虑，以免陷入不利境地。[1]

（2）书证。书证具有客观性和真实性，是离婚案件中不可或缺的证据类型，如结婚证、户口簿、房产证、银行流水等，这些书证能够直观地证明婚姻关系的存在、财产状况等事实。

离婚诉讼中，运用私文书证需谨慎。首先，要确保其真实性，可通过提供证人证言、相关书证物证等佐证关键信息，如借条需配转账记录。其次，私文书证需与其他证据相互印证，形成完整证据链，如保证书辅以证人证言或履行证明。同时，提交私文书证时，应附带制作者信息、制作背景等相关材料，如情书需附作者身份及写作背景。若私文书证有涂改添加，需提供原始版本或说明原因。最后，应综合运用多种证明方法，如比对分析、专家鉴定、询问证人等，以全面证实私文书证的真实性和关联性，确保其在离婚诉讼中发挥应有的证明作用。

（3）物证。虽然物证在离婚案件中相对较少，但某些情况下，如家庭暴力案件中的伤痕、被损坏的财物等，也能起到关键的证明作用。

在婚姻家庭纠纷诉讼中，运用物证需关注两点。首先，要重视物证的保留和保全，因为物证客观真实，能有力证明婚姻

---

[1] 吴在存、刘玉民、于海侠编著：《民事证据规则适用》，中国民主法制出版社2013年版，第139页。

家庭关系及过错程度,是主张权益的关键证据。其次,出示的物证需为原件或原物,因为物证具有不可替代性,其独特特征能揭示案件真相。质证时当事人有权要求查看原件或原物,非经法院准许或符合法定条件,必须出示原件或原物。复印件或复制品无法单独作为定案依据。因此,提交物证时,应尽可能提供原件或原物;若保存或提供原件有困难,需征得法院同意后再提交复印件或复制品,以确保物证的证明力和可信度。

(4)视听资料、电子数据。该类证据包括录音、录像、聊天信息、网络信息等。随着科技的发展,电子数据在离婚案件中的应用越来越广泛,这些资料能够直观地反映出当事人的言行举止,对于证明夫妻感情是否破裂、是否存在过错行为等具有重要作用。但需要注意的是,视听资料、电子数据的收集必须合法,不能侵犯他人的合法权益。

在婚姻家庭纠纷诉讼中,运用视听资料、电子数据时,需区分"偷拍偷录"与"私自录制"。偷拍偷录指未经允许,用法律禁止的手段或设备秘密获取证据;私自录制虽未经对方同意,但不侵犯合法权益,不违反法律,如正常交往中的拍摄。区分两者,一看拍摄工具是否合法,二看拍摄场所是否受法律特别保护。使用法律禁止的设备,或在私人住宅等受保护场所擅自拍摄,均属偷拍偷录,所得证据非法,而在公园、餐厅等公共场所拍摄,通常视为私自录制,证据合法。因此,在收集视听资料、电子数据时,应确保手段合法,不侵犯他人权益,否则证据可能被视为非法,无法在诉讼中使用。

(5)证人证言。证人证言是离婚案件中常见的证据类型之一。然而,由于婚姻问题的私密性,证人证言往往与出证一方当事人关系密切,证言内容具有一定的倾向性。因此,法院在采信证人证言时需谨慎判断其真实性和客观性。

在婚姻家庭纠纷诉讼中，运用证人证言需注意四个方面。首先，尽可能提供无利害关系证人的证言，以提高证明力，避免亲属或密切关系证人证言的偏颇。其次，应要求证人出庭作证，接受质询，确保证言真实性。除非证人因年迈、岗位特殊、路途遥远、不可抗力等确实无法出庭，否则书面证言将视为有严重缺陷，需其他证据补强。再其次，若提供未成年人证言，需确保其内容与年龄、智力相当。不相当者，视为瑕疵证据，需通过与其他证据对比、印证来补强，方能作为定案依据。因此，提供此类证言时，务必注意补强。最后，对于非证人亲身感知的证言，即转述他人告知情况的证言，需特别注意。这类证言因非直接来源于案件事实，可靠性较低。婚姻家庭纠纷发生在家庭内部，外人难以直接获悉事实，故此类证据较多。为增强此类证据的可靠性和证明力，运用时应详细说明证据来源及获悉情况，便于法官审核考查。[1]

例1：在离婚案件中，仅凭未成年子女的证言能否认定夫妻感情破裂？

【案情】段某（男，45岁）与宁某（女，42岁）于1988年结婚，婚后生育一子段某某。2004年6月，段某向人民法院提起诉讼，称两人经他人介绍结婚，缺乏感情基础，婚后夫妻关系一直不和谐，经常发生争吵。宁某对家庭生活和孩子的成长及教育问题漠不关心，经常不回家，使婚姻关系难以为继。现在夫妻双方感情确已破裂，请求人民法院依法判决离婚并要求抚养婚生子段某某。

---

[1] 吴在存、刘玉民、于海侠编著：《民事证据规则适用》，中国民主法制出版社2013年版，第138—139页。

在人民法院指定的举证期限内，段某申请传唤段某某出庭作证。段某某证实父母经常在家中发生争吵。宁某认为，段某某尚未成年（14岁），对夫妻感情问题缺乏判断能力，其提供的证言不能作为认定夫妻双方感情破裂的依据；自己与段某结婚十几年，婚姻基础较为牢固，虽然在日常生活中有矛盾并时常发生争吵，但夫妻感情远未破裂，因此，不同意离婚。

【案件分析】

本案所涉及的主要是未成年人证言的证明力问题。在本案中，段某某虽然作为与段某和宁某长期共同生活的子女，对父母间的共同生活情况有一定了解，但其毕竟年仅14岁，对复杂的夫妻感情问题尚缺乏全面的理解和准确的判断能力。因此，段某某的证言虽然能在一定程度上反映父母间的争吵情况，但并不能直接作为认定夫妻感情确已破裂的决定性证据。

法院在审理此类离婚案件时，应综合考虑多方面因素，包括夫妻双方的陈述、其他相关证据以及子女的证言等，以全面、客观地评估夫妻感情状况。仅凭未成年子女的证言，不足以认定夫妻感情确已破裂，需要其他证据来补强。特别是要注意，夫妻感情是否确已破裂，是一个主观与客观相结合的判断过程，不能仅凭某一方面的证据就轻易下结论。

（6）鉴定意见和勘验笔录。在涉及财产分割、子女抚养等问题的离婚案件中，鉴定意见和勘验笔录也常作为证据出现。这些证据能够科学地揭示财产的实际价值、子女的抚养状况等事实，为法院作出公正判决提供有力支持。

在婚姻家庭纠纷诉讼中，运用鉴定意见需关注四点。首先，要重视鉴定意见的科学性、可靠性、独立性和中立性，它一旦确定，案件事实和性质也基本明确，法官若无充分依据，不得随意否定。因此，当事人应充分利用鉴定意见来支持自己的主张。其次,要明确自己是否负有申请鉴定的责任。鉴定意见属当事人应提交的证据。当事人需根据证明责任分配原则,判断是否需要自己申请鉴定,并在举证期限内提出,否则可能承担举证不能的后果。再其次,尽量避免自行委托鉴定。鉴定可通过两种方式进行,一是当事人自行委托,二是由法院委托。两者虽均合法,但效力及证明力有所不同。建议当事人向法院提出申请,由法院委托鉴定机构进行鉴定,以避免自行委托的鉴定意见被质疑或否定。最后,可聘请专家参与鉴定意见的质证。鉴定意见涉及专业问题,当事人和律师往往缺乏相关知识,难以判断其正确性。为保护自身权益,帮助法官分析审核证据,当事人可聘请具有专门知识的人员参与质证。这样不仅能提高质证的专业性和准确性,还能增强当事人对鉴定意见的信任度和接受度。[1]

2. 证据收集的特殊性

离婚案件中的证据收集具有特殊性,由于婚姻问题的私密性,许多证据往往难以直接获取。因此,在收集证据时需要注意以下几点:

(1) 合法性。所有证据的收集必须合法,不能侵犯他人的合法权益。例如,通过非法手段获取的视听资料、偷拍的照片等,都不能作为合法证据使用。

(2) 及时性。在离婚案件中,证据的收集往往具有时间上的紧迫性。一些证据可能随着时间的推移而消失或变得难以获取。因此,当事人需要及时收集并保存相关证据。

(3) 全面性。在收集证据时,需要尽可能全面地搜集与案件相关的所有证据。这包括直接证据和间接证据、原始证据和

---

[1] 吴在存、刘玉民、于海侠编著:《民事证据规则适用》,中国民主法制出版社2013年版,第141—142页。

传来证据等。只有全面收集证据,才能为法院作出公正判决提供有力支持。

3. 证据呈现的特殊性

在离婚案件中,证据的呈现方式也具有其独特性。不同类型的证据需要以不同的方式呈现给法院,以便法院能够准确、全面地了解案件事实。

(1) 当事人的陈述。当事人的陈述通常以口头形式在法庭上呈现。在陈述时,当事人需要清晰、准确地表达自己的观点,并接受对方的质询和法官的询问。

(2) 书证。书证通常以原件或复印件的形式呈现给法院,在提交书证时,需要确保书证的完整性和真实性,以便法院能够准确判断其证明力。

(3) 物证。物证通常以实物形式呈现给法院,在提交物证时,需要确保物证的完整性和原始性,以便法院能够准确判断其证明力。

(4) 视听资料。视听资料通常以播放录音、录像或展示电子数据的方式呈现给法院,在提交视听资料时,需要确保其完整性和真实性,并说明其来源和收集过程。

(5) 证人证言。证人证言通常以证人出庭作证的方式呈现给法院,在证人出庭作证时,需要确保其证言的真实性和客观性,并接受对方的质询和法官的询问。

(6) 鉴定意见和勘验笔录。鉴定意见和勘验笔录通常以书面形式呈现给法院,在提交这些证据时,需要确保其内容的准确性和科学性,并说明其鉴定或勘验过程。

例2：离婚案件中，单位出具的当事人生活作风证明材料的效力如何认定？

【案情】王某（女，某小学老师）向人民法院提起诉讼，要求与范某（男，某企业办公室主任）离婚。王某称，范某生活作风不正派，与多名女性有不正当男女关系，经常打骂自己，对自己的身心造成了巨大的伤害，因此，请求人民法院判决准予离婚并要求范某给予自己精神损害赔偿。范某同意与王某离婚，但拒绝给予王某赔偿。

范某主张自己生活作风正派，在亲友、同事当中口碑很好，王某之所以提出离婚，是因为另有新欢，与自己无关。为此，范某向法院提交了其所在单位出具的证明材料，称范某为人正直、待人友善，与单位同事关系融洽，工作积极，受到大家一致好评。范某所在单位出具的这份证明材料能作为有效的证据使用吗？其对认定案件事实有多大的作用？

【案件分析】

在离婚案件中，对单位出具的当事人生活作风证明材料之效力认定，需审慎考量。本案王某与范某之离婚纷争，涉及范某单位所出具的证明材料，旨在证明范某生活作风正派及王某离婚另有原因。然此证明材料之证据资格与证明力，实存争议。

首先，单位证明材料非书证。书证乃诉讼前形成，具有客观内容与较强证明力；而单位证明材料常因诉讼而生，缺乏书证之客观性与证明力。其次，单位证明材料亦非证人证言。证人证言由自然人提供，可通过质证确认其可靠性；而单位证明材料以单位名义出具，质证难度大，且单位不能作为证人。所以，单位证明材料属于何种法定证据，不好界定。最后，单位证明材料的缺陷还在于质证难。书证与证人证言均有明确质证规则，而单位证明材料则无，致其证据作用受限。在司法实务中，单位证明材料虽常被用作证据，但其证据效力实值商榷。单位不能作为证人，故单位证明材料非严格意义上之证据种类。

本案中，范某所在单位出具之证明材料，若无其他证据印证，不能单独作为认定案件事实之依据。范某欲证明其生活作风正派及王某离婚之另因，需提供充分证据。王某亦需先为其主张之范某婚外情及对自己造成损害之事实举证，范某方有举证反驳之义务。

4. 情感层面的独特性

离婚案件不仅仅是法律上的争执，更是情感上的纠葛。因此，在描述离婚案件证据时，可以融入情感层面的内容，展现当事人在婚姻中的真实感受和经历。

（1）个人日记与信件，这些私密性的文字记录，往往能够真实地反映出当事人在婚姻中的心路历程，包括对配偶的期待、失望、愤怒以及最终的决裂。它们不仅是时间的见证，更是情感的流露，能够成为法院了解当事人内心世界的重要窗口。

（2）情感沟通记录，包括短信、微信、电子邮件等现代通信方式的记录。这些记录往往包含了当事人在婚姻中的日常沟通，能够揭示双方关系的细微变化，以及导致离婚的具体事件和原因。它们不仅是事实的记载，更是情感的传递，能够帮助法院更全面地了解婚姻关系的真实状况。

5. 社会与文化背景的独特性

离婚案件的发生往往与特定的社会和文化背景密切相关。在描述证据时，可以融入这些背景因素，使证据更加生动和具有说服力。

（1）社会习俗与观念。在不同的社会和文化背景下，人们对婚姻和离婚的看法各不相同。例如，在某些传统社会中，离婚可能被视为不道德或羞耻的事情,而在现代社会中则更加普遍和容易接受。这些观念上的差异可能会影响当事人的行为和决策,从而成为离婚案件中的重要证据。

(2) 家庭环境与教育背景。当事人的家庭环境和教育背景也会对其婚姻观念和行为产生影响。例如,一个成长在单亲家庭或经历过父母离异的人,可能对婚姻持有更加悲观或现实的看法。这些背景因素可以通过当事人的陈述、家庭照片、教育记录等证据来呈现,帮助法院更深入地了解当事人的成长经历和婚姻观念。

6. 法律程序与制度的独特性

离婚案件的处理需要遵循特定的法律程序和制度,在法律上具有特殊性和复杂性。

(1) 调解与和解记录。在离婚案件中,法院往往会组织当事人进行调解或和解,以期达成双方都能接受的解决方案。这些调解或和解记录,包括调解协议、和解书等,不仅反映了当事人的协商过程,也体现了法院对离婚案件的积极干预和调解。

(2) 法律鉴定与评估报告。在涉及财产分割、子女抚养等问题的离婚案件中,法院可能会委托专业机构进行法律鉴定或评估。这些鉴定或评估报告,如房产评估报告、亲子鉴定报告等,具有高度的专业性和权威性,能够为法院提供科学的依据和判断标准。

7. 技术与科技应用的独特性

随着科技的不断进步,越来越多的技术被应用于离婚案件的证据收集和呈现中。这些技术和应用的独特性也为离婚案件证据增添了新的色彩。

(1) 电子数据取证技术。在现代社会,电子数据已经成为离婚案件中的重要证据来源。通过专业的电子数据取证技术,可以恢复和提取被删除或隐藏的电子数据，如手机短信、微信聊天记录等。这些数据的恢复和提取过程本身就充满了技术性和挑战性，能够为离婚案件提供有力的证据支持。

（2）虚拟现实与增强现实技术。虽然目前这些技术在离婚案件中的应用还相对较少，但未来随着技术的发展和普及，它们有可能成为呈现离婚案件证据的新方式。例如，通过虚拟现实技术，可以模拟出婚姻生活中的具体场景和事件，帮助法院更加直观地了解当事人的生活和情感状态。

（二）如何在离婚案件中有效运用证据

在离婚案件中，运用证据是一个既复杂又细致的过程，需要注意的事项繁多且关键。

1. 证据的合法性与正当性

（1）合法性原则。首先，要合法收集。所有证据必须是通过合法手段获取的，不能侵犯他人的合法权益，如隐私权、名誉权等。以非法手段获取的证据，如私闯民宅拍摄的照片、偷录的通话等，即使内容真实，也可能因违法而被法院排除。其次，要程序正当。在收集证据时，应遵循法定程序，如申请法院调查取证、委托律师或公证机构进行等，以确保证据的收集过程合法合规。

（2）正当性考量。首先是道德边界。虽然法律未明确禁止某些取证行为，但当事人应考虑道德和社会接受度，避免使用过于极端或伤害他人的手段。其次是证据使用目的。证据的使用应仅限于离婚诉讼的相关事项，不得用于其他非法或不道德的目的。

例 3：在家中对配偶的婚外性行为进行拍照，能作为证据使用吗？

【案情】李某的丈夫周某与薛某之间有婚外同居关系，并因此逐渐导致夫妻感情恶化。李某无奈欲起诉与周某离婚，并依据婚姻法规定向周某索赔精神损失。但李某一直苦于搜集不到周某与薛某有婚外同居关系的证据。某日中午，李某假称到外地出差，当晚回家发现周某与薛某一起睡在自己家的床上，当即拍了照。事后李某向法院起诉，请求判令其与周某离婚，并要求周某赔偿自己因丈夫有外遇所受到的精神损失 1 万元。

周某同意离婚，称已与薛某认识一年多时间，但否认其与薛某之间有婚外同居关系，并称李某捉奸拍照取得的证据不具有合法性，不应作为认定其与薛某有婚外同居关系的事实依据。

【案件分析】

本案焦点在于李某捉奸拍照证据的合法性及效力。本案中，李某发现丈夫周某与薛某婚外同居，遂拍照取证，周某否认同居并质疑证据合法性。我们认为，李某作为婚姻无过错方，面对周某违反夫妻忠实义务的行为，有权采取必要手段维护自身权益。捉奸拍照虽涉及隐私，但系为证明周某过错，非恶意侵犯。在法律与道德框架下，李某的取证利益应优先于周某的隐私利益。因此，法院应认定李某提供的证据合法有效，支持其离婚及索赔的请求。此处理既符合法律精神，也体现了对无过错方的保护和对违反婚姻义务行为的制裁。

2. 证据的全面性与关联性

（1）全面性原则。首先，要多维度收集。离婚案件涉及夫妻感情、财产分割、子女抚养等多个方面，应全面收集相关证据，包括但不限于书面材料、物证、视听资料、证人证言等。

其次，按时间线梳理证据，形成完整的事件链条，帮助法院清晰理解案件发展脉络。

（2）关联性判断。首先是直接关联。应优先选择直接证明案件事实的证据，如婚内出轨的直接证据（如亲密照片、视频）比间接证据（如第三方证言）更具说服力。其次是排除无关证据。应避免提交与案件无关或仅具微弱关联性的证据，以免混淆视听，影响法院判断。

3. 证据的真实性与可信度

（1）真实性验证。首先是原件优先。提交证据时，应尽可能提供原件或原始载体，以确保证据的真实性和完整性。其次是鉴定与认证。对于专业性较强的证据，如财务报表、房产评估报告等，应委托专业机构进行鉴定或认证，以增强其可信度。

（2）可信度评估。评估证人证言的可信度时，应考虑证人的身份、与当事人的关系、证言的稳定性及是否有其他证据佐证等因素。对于视听资料、电子数据，应检查其来源、录制时间和地点及是否经过剪辑或篡改，确保其真实反映案件事实。

4. 证据的保密性与隐私保护

（1）保密性原则。首先，要注意保护隐私。在收集和使用证据时，应尊重并保护当事人的隐私权，避免泄露敏感信息，如个人隐私、商业秘密等。其次，要限制传播。证据材料应仅限于为诉讼需要而使用，不得随意传播或用于其他目的。

（2）隐私保护措施。首先，要匿名处理。对于涉及个人隐私的证据，如医疗记录、心理咨询报告等，应进行匿名处理，以保护当事人隐私。其次，要安全存储，防止证据材料丢失、被盗或被非法访问。

5. 证据的提交与展示

（1）提交规范。首先是格式要求。应按照法院规定的格式和要求提交证据,如证据清单、证据编号、页码标注等。其次是时间节点。应遵守法院设定的证据提交期限,避免因逾期提交而影响案件审理进度。

(2)展示技巧。首先,要重点突出。在展示证据时,应突出重点,明确证据所要证明的事实,避免冗长无用的陈述。其次,要逻辑清晰,按照逻辑顺序展示证据,形成有力的论证链条,增强说服效果。

6. 证据的质证与反驳

(1)质证过程。首先要准备充分。在质证前,应充分研究对方提交的证据,准备有针对性的质证意见。其次应客观公正。质证时应保持客观公正的态度,避免情绪化或攻击性的言辞。

(2)反驳策略。首先,针对对方证据的弱点或漏洞进行反驳,如证据的真实性、关联性、合法性等。其次,可提供反证来削弱或推翻对方的主张。

7. 特殊证据的注意事项

(1)电子数据证据。首先,应保存原始数据,确保电子数据的原始性和完整性,避免删除或修改。其次,对于技术性强或存在争议的电子数据,应委托专业机构进行技术鉴定。

(2)证人证言与专家意见。首先,应尽量安排证人出庭作证,接受质询和交叉询问,以增强证言的可信度。其次,提交专家意见时,应确保专家具备相应的资质和专业知识,且意见客观公正。

(3)涉外证据与国际法适用。首先,对于涉外证据,如外国法院的判决、国际组织的文件等,应进行认证或公证,以确保其法律效力。其次,在处理涉外离婚案件时,应关注国际法的适用问题,特别是关于财产分割、子女抚养等方面的国际条约和惯例。

8. 证据的整理与归档

（1）整理有序。首先，要按照证据类型、时间顺序或案件事实进行分类整理，便于查找和引用。其次，对每份证据进行清晰标注，包括证据名称、来源、时间、页码等信息。

（2）归档保存。首先，应同时保留电子和纸质备份，以防丢失或损坏。其次，对于重要的证据材料，应进行长期保存，以备不时之需。

9. 律师的角色与责任

（1）专业指导。首先，律师可为当事人提供专业的法律咨询，帮助其了解证据收集、提交和质证的法律规定和程序。其次，根据案件具体情况，律师可为当事人制定合适的证据策略和诉讼方案。

（2）证据管理。首先，律师应协助当事人收集证据，确保证据的合法性和有效性。其次，律师应协助当事人整理证据材料，按照法院要求提交，并跟进证据的质证和采纳情况。

（3）风险防范。首先，律师应向当事人提示证据收集和使用过程中可能存在的风险和隐患，并提出相应的防范措施。其次，律师要确保所有证据收集和使用行为均符合法律法规和职业道德要求，避免引发不必要的法律纠纷。

总之，离婚案件中的证据运用是一个复杂而细致的过程，需要当事人和律师共同努力，遵循法律规定和程序要求，确保证据的合法性、全面性、真实性和可信度。精心准备和策略布局，可以为当事人争取到更有利的诉讼结果，维护其合法权益。同时，也应注重隐私保护和道德约束，避免在诉讼过程中造成不必要的伤害和损失。

（三）如何证明夫妻感情破裂

离婚有两种形式：①自愿协议离婚。《民法典》第1076条规定:"夫妻双方自愿离婚的,应当签订书面离婚协议,并亲自到婚姻登记机关申请离婚登记。离婚协议应当载明双方自愿离婚的意思表示和对子女抚养、财产以及债务处理等事项协商一致的意见。"②调解无效,诉讼离婚。《民法典》第1079条规定:"夫妻一方要求离婚的,可以由有关组织进行调解或者直接向人民法院提起离婚诉讼。人民法院审理离婚案件,应当进行调解;如果感情确已破裂,调解无效的,应当准予离婚。有下列情形之一,调解无效的,应当准予离婚:(一)重婚或者与他人同居;(二)实施家庭暴力或者虐待、遗弃家庭成员;(三)有赌博、吸毒等恶习屡教不改;(四)因感情不和分居满二年;(五)其他导致夫妻感情破裂的情形。一方被宣告失踪,另一方提起离婚诉讼的,应当准予离婚。经人民法院判决不准离婚后,双方又分居满一年,一方再次提起离婚诉讼的,应当准予离婚。"该条确立了离婚案件中判断"感情确已破裂"的标准和7种法定离婚的情形。[1]

在离婚案件中,证明夫妻感情破裂是诉讼的关键点之一,也是法院判决离婚的重要依据。夫妻感情破裂是一个主观与客观相结合的概念,既需要当事人提供具体的证据来支撑,也需要法院根据案件的整体情况进行综合判断。

在我国,《民法典》及其相关司法解释对夫妻感情破裂进行了明确规定。夫妻感情破裂的判断标准通常包括以下几个方面:①婚姻基础,即考察双方结婚时的感情基础是否牢固,是否存在欺骗、胁迫等情形。②婚后感情,即分析双方婚后的感情变化,如是否经常争吵、冷战,是否有长期分居等情形。③离婚

---

[1]《民法典》第1091条规定:"有下列情形之一,导致离婚的,无过错方有权请求损害赔偿:(一)重婚;(二)与他人同居;(三)实施家庭暴力;(四)虐待、遗弃家庭成员;(五)有其他重大过错。"

原因,即探究导致离婚的具体原因,如一方有重婚、与他人同居、家庭暴力、虐待或遗弃家庭成员等严重过错行为。④夫妻关系现状,即评估双方当前的关系状态,如双方是否已无法共同生活。⑤有无和好可能,即判断双方是否有通过调解、沟通等方式和好的可能性。

在离婚案件中,证明夫妻感情破裂的证据种类繁多,主要包括以下几类:

①书证,如结婚证、婚前协议、婚后财产分割协议、保证书、悔过书、聊天记录截图、邮件往来等。②物证,如家庭暴力留下的伤痕、损坏的家具、衣物等。③视听资料,如录音、录像、照片等可以记录夫妻争吵、家暴现场、婚外情等的证据。④证人证言,如亲朋好友、邻居、同事等的证言,证明夫妻感情状况。⑤当事人陈述,包括感情破裂的原因、经过及现状。⑥鉴定意见,如心理鉴定、伤情鉴定等,证明夫妻感情破裂对当事人造成的心理或身体伤害。⑦电子数据,如手机短信、电子邮件、社交媒体动态等,可以反映夫妻间的沟通情况和感情状态。

在证据的收集上,可以采用以下方法:①自行收集。当事人可以通过拍照、录音、录像等方式自行收集证据,在收集过程中,应注意保持证据的原始性和完整性,避免篡改或损坏。②申请法院调查收集。对于某些难以自行收集的证据,如银行流水、房产信息等,当事人可以向法院申请调查收集。③委托律师或专业机构收集。律师具有专业的法律知识和调查能力,可以帮助当事人更有效地收集证据。同时,对于需要专业知识的证据,如财务审计、心理鉴定等,可以委托专业机构进行收集。

在证据的运用上,要讲究以下策略:①突出重点。在提交证据时，应突出重点证据，即那些能够直接证明夫妻感情破裂的证据，如婚外情证据、家庭暴力证据等，这些证据通常具有较强的说服力。②形成证据链。应将多个证据相互关联，形成完整的证据链。例如，通过聊天记录、银行流水、证人证言等证据，共同证明一方存在婚外情行为，导致夫妻感情破裂。③注重证据的真实性、合法性和关联性。在提交证据时，应确保证据的真实性、合法性和关联性。虚假证据、非法证据或无关证据不仅无法证明夫妻感情破裂，还可能对当事人产生不利影响。④灵活运用多媒体手段。在庭审过程中，可以灵活运用多媒体手段展示证据，如通过PPT、视频等形式展示聊天记录、照片、录像等证据，使证据更加直观、生动。⑤结合当事人陈述和证人证言。当事人的陈述和证人证言是证明夫妻感情破裂的重要证据。在庭审过程中，当事人应如实陈述自己的感情经历和破裂原因，同时邀请了解双方感情的证人出庭作证，以增强证据的说服力。

例4：高某与袁某离婚纠纷案［山西省吕梁市中级人民法院（2019）晋11民终2078号］

【案情】原判决认定：2007年，原、被告经人介绍认识，同年举行结婚典礼并开始共同生活。2009年12月14日，双方生育一女，取名袁某丽，2012年9月18日，双方又生育一子，取名袁某鸿。2013年4月26日，双方登记结婚。2018年10月，原告曾起诉离婚，后被法院驳回了诉求。以上事实有原、被告陈述以及原告提供的结婚证和（2018）晋1127民初992号民事判决书等证据予以佐证，原审法院予以确认。原审法院认为，原、被告经人介绍认识，在未领取结婚证的情况下开始共同生活，并在生育一子一女后才登记结婚，证明双方了解较深，婚前基础较好。在日常生活中虽有矛盾发生，但不足以导致夫妻感情破裂。现婚生子女均还年幼，离婚会对孩子造成很大伤害。原告也未提交充分证据证明夫妻感情已经破裂，故原告的离婚请求，证据不足，法院不予支持。

关于原告诉称的被告有家暴行为，因原告仅有陈述，未提交证据佐证，法院不予采信。故依照《中华人民共和国婚姻法》（以下简称《婚姻法》）第32条、2017年《民事诉讼法》第64条第1款之规定判决，驳回原告的诉讼请求。本案在二审期间，上诉人高某未提交新的证据，二审法院对原判决认定的事实与证据予以确认。

关于上诉人所述被上诉人家暴，由于上诉人未提交相关证据予以证明，二审法院不予支持。关于上诉人认为属于依照《婚姻法》第32条应准予离婚的情形，因《婚姻法》第32条并未规定初次诉讼未离，再次诉讼离婚的属于应准予离婚的情形，且实施家暴并没有证据证明，故法院不予支持。

关于上诉人的内心独白，从被上诉人认为夫妻感情并未破裂，只是偶有争执，完全能共同生活，坚决不同意离婚等情况可以看出，夫妻俩若能放下心中芥蒂，仍有和好可能。综上所述，上诉人高某的上诉请求不能成立，应予驳回；一审判决认定事实清楚，适用法律正确，应予维持。依照2017年《民事诉讼法》第170条第1款第1项规定，判决如下：驳回上诉，维持原判。

【案件分析】

本案涉及离婚诉讼中夫妻感情破裂的认定与证据要求。高某与配偶经人介绍相识，未婚先育后登记结婚，表明双方有一定感情基础。高某两次提起离婚诉讼，均主张夫妻感情破裂及对方存在家暴行为，但均未提供充分证据。法院依据《婚姻法》

第32条，重点审查夫妻感情是否确已破裂，这是判决离婚的关键。高某仅凭个人陈述，无其他证据佐证家暴及感情破裂，法院不予采信，符合证据规则。同时，法院考虑到子女年幼，离婚可能对孩子造成不良影响，从维护家庭稳定角度出发，驳回了离婚请求。

对于一些具体证据的运用，特别要注意，以下分类分析。

1. 婚外情证据

婚外情是导致夫妻感情破裂的常见原因之一。在收集婚外情证据时，应留意以下几点：

（1）收集聊天记录：通过微信、QQ等社交软件收集对方与第三者的聊天记录，注意保存原始记录并备份。

（2）拍摄照片或录像：在合法的前提下，拍摄对方与第三者亲密行为的照片或录像。

（3）收集酒店记录、旅行记录等：通过查询酒店记录、旅行记录等，证明对方与第三者存在不正当关系。

（4）注意证据的合法性：在收集婚外情证据时，应确保不侵犯他人的隐私权、名誉权等合法权益。以非法手段获取的证据可能因违法而被法院排除。

例5：有证据证明配偶出轨，为什么法院仍然判决不准离婚？

【案情】薛某与金某系大学同学，两人在校期间即确立了恋爱关系，毕业后不久便登记结婚，后生育一女。两人婚前的感情基础较深，婚后生活也较为和谐。但金某偶然发现薛某与其同事有不正当男女关系，一怒之下提出了离婚。在法庭审理过程中，薛某承认了自己出轨的事实，但称其已经辞掉了原来的工作，也与之前的同事断绝了关系，并保证以后不会再犯，希望能够得到金某的原谅。法院依法对双方进行调解，但金某坚决离婚，调解无效后，法院最终判决驳回了金某离婚的诉讼请求。金某不解，薛某出轨已是证据确凿，为什么法院仍然判决不准离婚？

本案中，金某因薛某出轨而提起离婚诉讼，但法院最终判决不准离婚，这体现了司法实践中对夫妻感情确已破裂的严格认定。出轨虽是不忠实行为，但并不等同于"与他人同居"，也不必然导致离婚。法院在审理时，会综合考虑双方的感情基础、婚后生活、子女情况等多方面因素。本案中，薛某虽出轨，但认错态度诚恳，且双方自大学时期即恋爱，感情深厚，婚后生活和谐，孩子也年幼。因此，法院认为双方夫妻感情尚未破裂，有修复可能，故判决驳回离婚请求。这既体现了法律对婚姻关系的慎重态度，也提醒当事人应理性对待婚姻问题，不要轻易因一时冲动而提起离婚诉讼。

例6：出轨的人那么多，为何重婚的却没有几个？

【案情】

李女士和其老公结婚多年，但一年里在一起生活的时间并不多，老公常年在外地做生意，她在家带孩子、照顾公婆。每年也就只有寒暑假时，她才会带着孩子在老公做生意工作的地方短暂住两三周。

长期的分居使很多风言风语传到她的耳朵里，她隐隐觉得该管，但她作为两个孩子的母亲，实在是需要靠老公来养这个家，当时想着只要老公心里还有这个家，每月定期给她打生活费，过一辈子又何妨。直到有一天，老公向她提出了离婚，她彻底慌了，拿孩子当挡箭牌，一直拖着没有同意离婚。

后来她四处打听，发现老公和当地的一个离异女人同居好几年了，这个女人的名字、居住的地方都打听到了。现在她想知道：可以去告老公重婚吗？能不能成功？婚后出轨的新闻经常看到，但很少听到这些出轨的人涉嫌重婚罪被监禁。怎样的出轨才构成重婚？为什么看到出轨的人那么多，但因重婚罪被判刑的少之又少？

李女士的遭遇让人同情，她面临的是婚姻中的常见问题——出轨。然而，当她想要通过法律手段维护自己的权益，追究老公重婚罪的法律责任时，却发现这并不是一件简单的事情。

我们要明确，出轨并不等同于重婚。出轨是道德层面的问题，而重婚则是法律层面的问题。根据《刑法》的规定，重婚罪的犯罪客体是合法的婚姻关系和一夫一妻制度，而非配偶一方的感情或忠实义务。因此，简单地出轨并不会构成重婚罪。

在李女士的案例中，虽然她老公与离异女人同居多年，但并不足以构成重婚罪。因为重婚罪需要公然挑衅一夫一妻制度，比如两次登记结婚或以夫妻名义共同居住生活，被周围人普遍认为是夫妻。而李女士并未提供足够的证据证明她老公和离异女人存在这样的情况。

这也解释了为什么我们看到出轨的人那么多，但因重婚罪被判刑的少之又少。因为大部分出轨都是秘密进行的，并未公然挑战一夫一妻制度。而且，即使存在公然同居的情况，也需要有足够的证据来证明才能定罪。

例7：离婚损害赔偿案件中，当事人应当如何举证？

【案情】周某（男，某机关干部）与梁某（女，某医院护士）于1998年结婚，婚后生育一子周某某。2012年6月，梁某向人民法院提起诉讼称：周某与孙某（女，某企业职员）自2010年年底开始同居，并于2011年年底生育一女。周某与孙某同居后，周某与梁某的夫妻关系恶化，周某经常无端辱骂和殴打梁某，损坏家庭财产，现梁某向人民法院请求判决准予离婚，并要求周某赔偿自己的物质和精神损失共计5万元。婚生子周某某由梁某抚养。

周某答辩称，自己与孙某是工作关系，梁某关于两人同居并生育子女的主张完全是其无端怀疑和凭空想象。梁某的行为严重损害了夫妻感情，故周某同意与其离婚，但拒绝承担赔偿责任，婚生子周某某由周某抚养。

梁某向人民法院提交了下述证据：梁某本人关于事情经过的陈述；婚生子周某某关于其目睹父亲周某与孙某出入某住宅小区的证言；周某与孙某的拥抱合影；邻居出具的关于听到周某与梁某争吵，周某宣称自己与孙某的事情梁某管不着的证言；梁某受伤后到某医院治疗的病历以及医疗费单据；被损坏的家庭财产的购物发票。

周某提交了本人关于事情经过的陈述；所在单位同事关于周某人品端正，与孙某确系工作关系的证言；产权人为孙某的某小区一套住宅的房产证；周某与孙某签订的房屋租赁协议。

【案件分析】

本案涉及离婚损害赔偿的举证问题，核心在于如何证明周某存在过错行为导致婚姻关系破裂，并据此要求赔偿。离婚损害赔偿需满足侵权行为、主观过错、损害结果、因果关系及婚姻关系破裂等构成要件。

梁某作为原告，承担了举证责任，其提交的证据包括个人陈述、子女证言、合影、邻居证言、医疗记录及财产发票等，旨在证明周某与孙某同居并导致家庭破裂,以及自己因此遭受的物质和精神损害。这些证据涵盖了直接证据(如合影)和间接证据(如子女和邻居的证言),形成了较为完整的证据链,有效支持了梁某的主张。特别是子女目睹父亲与孙某出入住宅的证言,虽为间接证据,但对证明同居事实具有重要价值。

周某作为被告,虽提交了个人陈述、同事证言、房产证及房屋租赁协议等证据,试图反驳梁某的主张,但其证据主要围绕品格证明和房屋租赁关系,未能直接反驳同居事实。同事证言因利害关系而证明力受限,房产证和租赁协议虽能证明房屋权属和租赁关系,但不足以推翻同居事实。

本案举证难点在于同居事实的认定,需结合多种证据形成内心确信。梁某的举证策略较为成功,通过直接证据和间接证据的结合,达到了证明目的。周某的反驳证据则相对薄弱,未能有效推翻梁某的主张。

所以,本案梁某通过提交多样化的证据,有效证明了周某的过错行为及由此导致的损害结果,满足了离婚损害赔偿的构成要件。周某的反驳证据不足以推翻梁某的主张,因此,法院可依据梁某提交的证据,支持其关于离婚损害赔偿的诉讼请求。[1]

另外,关于亲子关系的证明,《最高人民法院关于适用〈中华人民共和国民法典〉婚姻家庭编的解释(一)》第39条规定:"父或者母向人民法院起诉请求否认亲子关系,并已提供必要证据予以证明,另一方没有相反证据又拒绝做亲子鉴定的,人民法院可以认定否认亲子关系一方的主张成立。父或者母以及成年子女起诉请求确认亲子关系,并提供必要证据予以证明,

---

[1] 吴在存、刘玉民、于海侠编著:《民事证据规则适用》,中国民主法制出版社2013年版,第167—170页。

另一方没有相反证据又拒绝做亲子鉴定的,人民法院可以认定确认亲子关系一方的主张成立。"

例8:亲子鉴定能否作为认定父母子女关系的有效证据使用?

【案情】钟某(男,某工厂职工)与陈某(女,某小学教师)于1999年结婚,婚后生育一子钟某某。结婚后不久,钟某发现妻子与妻子工作学校的男老师交往频繁,而且表现亲密,经常和同事一起外出游玩,跟自己反倒没有多少共同语言。钟某开始怀疑妻子与他人有不正常男女关系,夫妻之间产生裂痕,经常为此而发生争吵。

陈某感到丈夫对自己缺乏信任,干涉自己的社会生活,而且由于钟某文化程度较低,双方没有共同语言。2002年6月,陈某向人民法院起诉离婚。经人民法院调解,双方达成了离婚协议,协议约定:婚生子钟某某由陈某抚养,钟某一次性付给陈某20 000元抚养费。调解协议经双方当事人签字,具有法律效力。

但钟某迟迟没有按照协议的约定支付抚养费。当陈某向钟某索要抚养费时,钟某竟称钟某某不是自己的孩子。钟某的态度让陈某感到十分气愤。为了维护钟某某的合法权益,陈某于2003年4月再次向人民法院提起诉讼,请求确认钟某与钟某某之间的亲子关系,责令钟某履行离婚协议约定的抚养义务。

在审理过程中,双方当事人商定,到某研究所对钟某和钟某某进行了亲子鉴定。血型鉴定结果表明:钟某的血型具备做钟某某父亲的条件,二者之间存在亲子关系的概率为99.9%。研究所据此作出鉴定结论:可以认定钟某与钟某某之间存在亲子血缘关系。

【案件分析】

本案涉及亲子鉴定在认定父母子女关系中的法律效力问题。亲子鉴定作为科学证据，通过血型、DNA 等生物特征比对，能高度准确地判断亲子关系。本案中，钟某对其与婚生子钟某某的亲子关系提出质疑，拒不履行抚养义务。为确认亲子关系，双方商定进行亲子鉴定，结果显示钟某与钟某某存在亲子关系的概率为 99.9%，研究所据此作出钟某与钟某某存在亲子血缘关系的鉴定意见。

亲子鉴定在司法实践中具有重要地位，尤其在处理亲子关系争议时，它作为直接、科学的证据，对于维护儿童合法权益、明确父母责任具有关键作用。根据我国相关法律，亲子鉴定意见可作为认定父母子女关系的有效证据，除非有相反证据足以推翻，否则法院应予采信。

2. 家庭暴力证据

家庭暴力是另一种导致夫妻感情破裂的重要原因。在收集家庭暴力证据时，应注意以下几点：

（1）及时报警并保留报警记录：遭受家庭暴力时，应及时报警并保留报警记录、出警记录等证据。

（2）拍摄伤痕照片：遭受家庭暴力后，应及时拍摄伤痕照片，并注明拍摄时间和地点。

（3）寻求医疗救助并保留病历资料：受伤后应及时就医并保留病历资料，作为证明家庭暴力的证据。

（4）收集证人证言：亲朋好友、邻居等可能了解家庭暴力的情况，可以邀请他们出庭作证或提供书面证言。

（5）申请伤情鉴定：可以向法院申请进行伤情鉴定，以证明家庭暴力的严重程度。

最高人民法院中国应用法学研究所于 2008 年 3 月发布的《涉及家庭暴力婚姻案件审理指南》第 40 条规定了家庭暴力案件在一定情况下的举证责任转移："人民法院在审理涉及家庭暴力的婚姻案件时，应当根据此类案件的特点和规律，合理分配举证责任。对于家庭暴力行为的事实认定，应当适用民事诉讼的优势证据标准，根据逻辑推理、经验法则做出判断，避免采用刑事诉讼的证明标准。原告提供证据证明受侵害事实及伤害后果并指认系被告所为的，举证责任转移到被告。被告虽否认侵害由其所为但无反证的，可以推定被告为加害人，认定家庭暴力的存在。"

例 9："打妻协议"能否作为认定家庭暴力的有效证据？

【案情】2000 年 6 月，卓某（男，25 岁）与温某（女，21 岁）经人介绍相识。经过一段时间的交往，两人情投意合，建立了恋爱关系。卓某对温某十分体贴关心，百依百顺，让温某相信他就是自己可以一辈子依靠的男人。2001 年 8 月，两人举行了婚礼。婚后的一段时间，两人的感情比较融洽，生活十分美好。但时间一长，卓某便逐渐露出了本来面目。温某发现，卓某实际上是一个脾气十分暴躁的人，在生活中稍有不顺心，就会大发脾气。而且，卓某的疑心很重，对温某总是不放心，经常旁敲侧击地盘问温某的私事，甚至还盯温某的梢。这让温某十分失望，两人感情出现了裂痕，经常发生争吵，最后发展到厮打。温某在忍无可忍的情况下，多次离家出走。

为了不让温某离家出走，在卓某的提议下，双方签订了书面协议，约定：卓某承诺不再殴打温某，但温某不得离家出走，否则，打断一条腿作为惩戒。然而，夫妻关系并未因此而好转。2004 年 4 月，在一次争吵过程中，温某左臂被卓某打成骨折，住院治疗一个月。2004年12月，温某向人民法院起诉离婚，并请求对其伤情进行法医鉴定。经鉴定，温某构成轻伤。同时，温某还向法庭提交了上述书面协议，证明卓某对自己实施了家庭暴力，造成自己肉体和精神的极大伤害，请求判决卓某给予自己赔偿。但温某未能提供受伤时的病历等原始材料。在本案中，温某以卓某对自己实施家庭暴力，给自己造成了人身和精神伤害为由请求损害赔偿，其提供的证据是证明其伤情构成轻伤的法医鉴定结论和夫妻双方签订的一份包含打妻内容的协议。温某未能提供自己受伤时的原始病历以证明自己受伤的确切原因。在这种情况下，能否认定温某主张的卓某对其实施家庭暴力的事实存在？

【案件分析】

本案核心在于"打妻协议"能否作为认定家庭暴力的有效证据，以及如何综合其他证据判断家庭暴力是否存在。

家庭暴力作为离婚案件中的重大事由，其认定需严谨而全面。我国《民法典》明确禁止家庭暴力，并赋予无过错方请求损害赔偿的权利。然而，家庭暴力的隐蔽性和社会的漠视，导致证据收集成为难点。

在本案中，温某提供了法医鉴定结论和"打妻协议"作为证据。法医鉴定虽能证明温某受伤的事实，但无法直接指明暴力实施者。而"打妻协议"则成为关键证据，它不仅是双方意思表示的书面记录，更隐含了卓某对其向温某实施暴力的承认和未来可能的暴力威胁。该协议中的"不再殴打"和"打断一条腿"的表述，直接指向了卓某对温某的暴力行为，与法医鉴定结论形成证据链，相互印证。

虽然"打妻协议"不是传统意义上的直接证据，但其内容与案件事实高度关联，且由双方当事人自愿签订，具有真实性，结合法医鉴定结论，足以使法院形成内心确信，认定卓某对温某实施了家庭暴力。

因此，本案中，"打妻协议"作为认定家庭暴力的有效证据之一，与其他证据相结合，能够充分证明卓某对温某实施了家庭暴力，侵犯了温某的人身权益。法院应依法判决卓某承担相应的法律责任，包括但不限于损害赔偿，以保护受害者的合法权益。

例10：因家庭暴力请求离婚，应当如何举证？

【案情】冯某（男，某机关公务员）与白某（女，某企业职工）于2008年结婚。在婚后共同生活过程中，两人因性格不合发生矛盾，导致夫妻关系恶化。2012年5月，白某向人民法院提起诉讼，称冯某脾气暴躁，经常打骂自己。2011年9月，冯某将白某打伤，迫使白某住院治疗达两个星期；2012年3月，冯某为生活琐事再次野蛮地殴打白某，白某被迫离家出走。由于冯某实施家庭暴力，给白某的身心造成了严重伤害，夫妻感情破裂，白某请求人民法院判决准予离婚。

白某向法庭提交了下述证据：冯某的邻居出具的证人证言，证实经常听到两人在家中发生争吵；2011年9月，白某到某医院治疗时的病历和医疗费单据；2012年3月，白某利用秘密安装的微型录像机拍摄的冯某殴打白某的录像；有关机构于2012年7月出具的证明白某被打致轻伤的鉴定意见。

冯某辩称，自己与白某确曾为一些生活琐事发生争吵，但自己没有殴打白某，两人婚姻基础较好，虽然有矛盾，但并未达到夫妻感情破裂的地步，所以不同意离婚。在质证过程中，冯某主张白某出具的2011年9月到某医院治疗的病历，不能证明自己对其实施了家庭暴力，白某之所以到医院治疗，是其自己不慎跌倒造成的；白某向法庭提交的录像带是其偷拍的，不是合法的证据，法庭应当不予采纳；鉴定意见证明白某受轻伤，但不是冯某殴打造成的，而是白某自己下楼时摔倒导致的。冯某向法庭提交了亲友的证言，证明两人婚姻基础较好，夫妻感情并未破裂。白某在质证过程中指出，两人婚姻基础较好是过去的事情，现在夫妻感情已因冯某的家庭暴力行为破裂，婚姻基础不复存在。

【案件分析】

本案聚焦于因家庭暴力请求离婚时的举证问题，涉及证据的种类、合法性和证明力评估。

家庭暴力作为离婚的法定事由，其举证是关键。白某提供了多元证据以证明冯某的家庭暴力行为：邻居证言反映了双方频繁争吵的背景；医院病历和医疗费单据虽不能直接证明暴力行为，但提供了白某受伤的时间节点和医疗救治情况；秘密录制的录像带直接展示了冯某的暴力行为，尽管存在偷拍争议，但根据证据规则，非法证据排除主要针对严重侵犯他人合法权益、违反法律禁止性规定或严重违背公序良俗的情形，此录像带的取得并未触及这些底线，应视为合法证据；鉴定意见则科学、客观地证实了白某的伤情程度。

冯某的抗辩主要围绕证据的关联性和合法性展开，试图割裂证据与家庭暴力之间的因果关系，并质疑录像带的合法性。然而，证据的关联性需结合全案证据综合判断，录像带与病历、鉴定意见等证据相互印证，形成了完整的证据链。

家庭暴力案件的举证难点在于其隐蔽性和受害者的弱势地位。本案启示我们，受害者应尽可能收集多元化、直接性的证据，如伤痕照片、医疗记录、目击者证言及视听资料等。同时，法律应进一步完善家庭暴力证据的认定规则，适当减轻受害者的举证责任，加大对家庭暴力的惩治力度。

3. 虐待、遗弃家庭成员的证据

在离婚案件中，提供虐待、遗弃家庭成员的证据，可以从以下几个方面入手：

（1）报警记录与伤检报告，包括遭受家庭暴力后的报警记录、询问笔录等，以及公安机关出具的伤检报告、家庭暴力告诫书、行政处罚决定书等。

（2）医疗记录：医院的伤残或伤情病历、诊断证明书、医疗费票据等，这些都能作为遭受虐待的证明。

（3）视听资料、电子数据：记录家庭暴力发生或者解决过程等的视听资料，如被暴力伤害的照片、录像等。

（4）通信记录：对方与你或者其近亲属之间的电话录音、短信、即时通信信息、电子邮件等，这些可能包含虐待、遗弃的证据。

（5）调解与投诉记录：向妇联、街道办事处、乡镇政府、居委会/村委会投诉及调解的证据，这些组织通常会记录并调解相关纠纷。

（6）证人证言：家人、邻居等目击证人的证言，他们可能见证了虐待或遗弃行为的发生。

（7）悔过书与保证书：如果对方曾出具过因虐待或遗弃行为而写的悔过书、保证书等，这些也是重要的证据。

例11：因虐待而请求离婚，应当如何举证？

【案情】2012年6月，一位神情憔悴的妇女来到了当地人民法院的派出法庭。这名妇女名叫余某（女，31岁），她向接待她的法官叙述了事情的经过。2005年，余某经人介绍与当地农民谭某结婚。由于两人婚前没有感情基础，夫妻关系一般。2007年，余某生育了一个女儿，取名谭某某。谭某由于受"传宗接代"封建思想的影响,对余某十分不满。此后,谭某经常借故辱骂和殴打余某,余某被他打得遍体鳞伤,还要起早贪黑地干农活、做家务,身心都受到了极大的摧残。余某不堪折磨,多次向谭某提出离婚,谭某威胁余某,如果要离婚,就杀她全家。2012年4月的一天,谭某在外面喝醉后回家,将已经入睡的余某从床上拖起来,拳打脚踢,还逼迫余某在地上跪了一整夜。余某再也无法忍受下去,所以来到了法庭,起诉离婚。

余某向法庭提交了有关机构于2012年5月作出的证明其被打成轻伤的鉴定意见、反映身上多处伤痕的照片、女儿以及邻居和亲友关于谭某长期虐待余某的证人证言。

谭某答辩称,自己与余某结婚后感情一直比较融洽,虽然也有争吵和打骂的情况,但在夫妻共同生活的过程中在所难免,不构成虐待,自己不同意离婚。针对余某提交的证据,谭某认为:鉴定意见虽然说明余某受伤,但不能认定就是谭某所为;余某提供的照片反映的未必就是余某本人的伤情,有可能是余某为达到离婚目的而故意制作的假证据;女儿只有7岁,缺乏认识和判断能力,其提供的证言是受人指使所为;亲友和邻居的证言因与当事人之间存在利害关系,缺乏可信度,不能证明余某主张的事实。谭某本人未提交任何证据。

【案件分析】

本案聚焦于因虐待而请求离婚时的举证问题,涉及家庭虐待的认定、证据种类及证明力评估。

虐待作为离婚的法定事由,其举证难度在于行为的隐蔽性和持续性。余某提供了鉴定意见、伤痕照片、女儿及邻居和亲友的证人证言,以证明谭某的虐待行为。这些证据中,鉴定意见和伤痕照片具有直接性,能够客观反映余某的身体伤害情况,是虐待行为的重要证明。女儿作为直接目击者,其证言虽可能受年龄和认知能力限制，但仍是关键证据之一，需结合其他证据综合判断。邻居和亲友的证言则提供了虐待行为的背景信息和持续性证明，虽可能因利害关系而受质疑，但在无其他反证的情况下，仍具有一定的证明力。

谭某的抗辩主要围绕证据的关联性和可信度展开，试图割裂证据与虐待行为之间的因果关系，并质疑证据的真实性。然而，在虐待案件中，受害者的陈述和证人证言往往是最直接、最有力的证据。法院应重视受害者的陈述，并结合其他证据形成完整的证据链，以综合判断虐待行为的存在。

虐待案件的举证需注重多元化和综合性。受害者应尽可能收集各类证据，包括医疗记录、伤痕照片、目击者证言、视听资料等，以形成强有力的证据体系。同时，法律应完善虐待案件的举证规则，适当减轻受害者的举证责任，加大对虐待行为的惩治力度，以保护受害者的合法权益。

4. 长期分居的证据

长期分居也是证明夫妻感情破裂的重要依据之一。在收集长期分居的证据时，应注意：

（1）提供租房合同或居住证明等证据，证明双方已长期分居。

（2）收集水电费缴纳记录，通过此等证据，证明双方已长时间未共同居住。

（3）提供证人证言。亲朋好友、邻居等可能了解双方分居的情况，可以邀请他们出庭作证或提供书面证言。

（4）确保分居时间的连续性，避免因短暂和好或偶尔共同居住而中断分居时间。

附：分居两年，离婚如何证明？

很多人过于看重分居对离婚的重要性，以为只要两人分居满两年，就可以在对方不同意离婚的情况下，让法院支持自己离婚的主张。但律师通常都不会过分依赖分居这一证据，这是因为想要构成"有效分居"，实在是太难了。

首先，分居的原因只能是感情不和。如果两人是因为工作调动、学习而分居两地，不构成有效分居。如果想让法院判决离婚，必须证明是因为感情不和而分居。

其次，没有搬出去住，但是两人分床睡或者分房间睡是否构成分居？分床和分房间睡最大的问题就是想要离婚的一方拿不出证据证明分居。除双方自己承认外，其他人根本无法知道两人是不是真正分居满两年，只有对方在法庭上也认可是分居的情况下才能认定为有效分居。但是两人已至去法院起诉的程度，说明矛盾很激烈，对方在法庭上承认分居的可能性很小。

最后，两年里只有一天同居，算不算分居满两年？即使只在一起住过一天，分居的时间也需要重新起算。比如，一方出差，另一方去对方住的酒店探视，对方轻易拿到了两人共同入住酒店的证据，这样分居满两年的条件就被破除了。

分居满两年，在实践中是一个非常难达到的条件。想通过分居达到离婚目的时，需要判断此分居是不是法律意义上的分居。有哪些证据更容易被采纳，认定构成分居呢？

第一，签订书面分居协议。双方通过书面形式确认分居这一事实，可以作为分居的证据。但是签订书面分居协议在国内目前还比较少见，实务中很少有当事人能够提供分居协议作为证据。

第二，房屋租赁合同及水、电、物业费缴费单据。如果你是搬出去的一方，提供相应的房屋租赁合同及水、电、物业费缴费单据还是相对容易的，这些也可以用于证明分居。

第三，微信聊天记录、短信、电话录音。如果对方在沟通中承认分居满两年,你也保留了相应的聊天证据,那么可以用于证明分居事实。

第四,对方在法庭上自认分居满两年。如果你没有以上证据,但是实际两人确实因感情不和分居满两年,你也可以在法庭上直接说出来。如果对方承认了你说的话,那对方的自认也能证明你们两人分居满两年的事实。

综上,想要提交法院认可的有效分居的证据,实务中难度比较大。因此,建议不要把希望只寄托在证明分居上,还要提交其他能够证明双方感情破裂的证据。[1]

5. 赌博、吸毒等恶习屡教不改的证据

(1) 证明赌博恶习的证据,包括:

第一,证人证言,包括邻居、朋友、亲属等了解情况的证人的陈述。

第二,通话录音与聊天记录,如涉及赌博的通话录音、微信等聊天记录。

第三,书面证据,如被告的保证书、忏悔书等,表明其曾承认赌博行为并承诺改正。

第四,公安机关对被告赌博的违法处理记录。

第五,其他证据,如出入赌博场所的录音录像、因赌博欠债的欠条等。

(2) 关于吸毒恶习的证据,包括:

第一,公安机关证明,包括公安机关出具的接受强制戒毒的决定书或社区戒毒决定书。

第二,第三方证明,如街道办事处、居委会出具的证人证

---

[1] 史雯婷:《结婚是为了幸福,离婚也是》,中国法制出版社2023年版,第199—200页。

言或证明。

第三，公安机关的行政处罚决定书或司法机关的有罪判决。

第四，戒毒所、医疗机构出具的诊断、病历等相关证据。

第五，其他证据，如书信、电子邮件等能证明吸毒行为及其对夫妻关系产生负面影响的证据。

6. 其他证据

除了上述证据，还可以收集其他能够证明夫妻感情破裂的证据，如：

第一，提供双方沟通记录，证明双方已无法有效沟通，感情已彻底破裂。

第二，提供心理咨询记录，证明夫妻感情破裂对当事人造成了心理伤害。

第三，在适当情况下，可以邀请子女出庭作证或提供书面证言，证明夫妻感情破裂对家庭造成的影响等。

正所谓：

证据为王离婚间，情感破裂诉法前。
婚外情痕难掩藏，暴力虐待更堪怜。
分居日久情已尽，恶习难改梦难圆。
法庭之上凭证据，情感自由四月天。

十一、如何运用证据打赢交通事故案件

"辩证法不知道什么绝对分明的和固定不变的界限,不知道什么无条件的普遍有效的'非此即彼!'"。

——恩格斯《自然辩证法》

公安部公布的数据显示,到 2022 年 6 月末,我国机动车的总量已经达到了 4.06 亿辆,其中,燃油汽车占据了 3.1 亿辆,而新能源汽车则达到了 1001 万辆。与此同时,机动车驾驶者的数量也攀升至 4.92 亿人,其中持有汽车驾照的人数为 4.54 亿。在 2022 年的前六个月里,全国新增机动车注册量为 1657 万辆,同时有 1103 万人新领取了驾驶证。值得注意的是,到 2022 年 6 月底,全国有 81 个城市的汽车数量超过了百万辆,而北京、成都等 20 个城市的汽车保有量更是突破了 300 万辆大关。

交通事故作为现代社会中频繁发生的不幸事件,其严重性不容忽视。根据国家统计局在《中国统计年鉴 2021》中发布的数据,2020 年全国范围内共记录了 244 674 起交通事故,这些事故导致了 61 703 人不幸丧生,另有 250 723 人受伤。这一数据凸显了交通事故已成为我国民众意外伤亡的首要原因,亟需社会各界共同努力,加强交通安全意识与措施,以减少这类悲剧的发生。

2022 年修正的《最高人民法院关于审理人身损害赔偿案件适用法律若干问题的解释》,对交通事故人身损害赔偿案件,彻底实现了农村村民与城镇居民的"同命同价":残疾赔偿金、死亡赔偿金由原来按照城镇居民人均可支配收入或者农村居民人均纯收入标准计算,修改为按照城镇居民人均可支配收入标准计算;被扶养人生活费由原来按照城镇居民人均消费性支出或者农村居民人均年生活消费支出标准计算,修改为按照城镇居民人均消费支出标准计算。

(一)交通事故案件的证据有何特殊性

交通事故案件作为民事侵权案件的一种,直接涉及当事人的切身利益。

1. 交通事故案件证据在宏观上的特征

(1)证据种类繁多,包括擦划痕迹、印压痕迹、轮胎痕迹、整体分离痕迹、附着物痕迹等,这些痕迹物证在交通事故案件处理中起着关键作用。

(2)影响因素多。受天气、路面、车况、痕迹提取、保存方法及人为破坏等因素影响,交通事故案件的证据可能发生变化或损坏。

(3)专业性强。交通事故案件证据的判定需要痕检、法医、化验等多专业人员共同参与,确保对物证的综合应用,互相印证、补充。

(4)法律要求严格。证据的收集、固定、审查等需遵循相关法律程序,确保证据的真实性、合法性和关联性,以支持事故责任认定和赔偿协商。

2. 交通事故案件的具体证据种类。

(1)物证,包括受损车辆及物品,能够直观呈现事故造成的损害。例如,车辆的碰撞痕迹、散落物、变形部位等,都是重要的物证。还有痕迹物证,如刹车痕迹、轮胎痕迹、血迹等,能够反映事故发生时车辆的行驶状态、速度以及碰撞位置等。

(2) 书证。①道路交通事故责任认定书,其是处理交通事故的重要依据。②驾驶证、行驶证,用以证明当事人的驾驶资格和车辆信息。③医疗记录、费用票据,用以证明当事人因事故受伤及治疗所产生的费用。

(3) 证人证言。现场目击者的陈述能够还原事故发生的经过,为事故责任认定提供重要参考。

(4) 视听资料、电子数据。监控录像、行车记录仪视频能够直观呈现事故现场的情况,是极具说服力的证据。

(5) 鉴定意见,包括交通事故痕迹鉴定(车速鉴定、车辆安全性能鉴定、轨迹鉴定、轮胎痕迹鉴定、车辆类型鉴定、车内指纹比对鉴定、驾乘关系鉴定等)、酒精检测、伤情鉴定(损失程度鉴定)、伤残鉴定、尸体鉴定和 DNA 亲属关系鉴定等。通过科学技术手段对事故中的专门性问题进行鉴定,所得出的结论具有专业性和权威性。

(6) 当事人陈述。事故当事人对事发经过的描述,虽然主观性较强,但结合其他证据进行综合判断,仍具有一定的参考价值。

3. 交通事故案件证据的收集与保存

交通事故案件证据的收集与保存具有其特殊性,主要体现在以下几个方面:

(1) 现场勘查的及时性。交通事故发生后,公安机关交通管理部门需要立即派员前往现场进行勘查,包括拍照、测量、收集相关证据等。现场勘查的及时性对于后续的责任认定至关重要。

(2) 证据的固定与保存。对于现场痕迹、散落物等物证,需要采取适当的方法进行固定和保存,以防止证据发生变化或损坏。例如,对于刹车痕迹,可以采用拍照、绘制现场图等方法进行固定；对于散落物，则需要妥善保管，以便后续进行鉴定。

（3）证据的提取与送检。对于需要进行技术鉴定的证据，如车辆碰撞痕迹、血迹等，需要按照规定程序进行提取和送检。提取过程需要遵循科学、客观、公正的原则，确保提取的证据具有真实性和可靠性。

（4）证据的保存期限。根据相关法律规定，交通事故案件的证据需要保存一定的期限。在保存期限内，证据不得随意销毁或更改，以确保其真实性和完整性。

4. 交通事故案件证据的审查与判断

交通事故案件证据的审查与判断是处理交通事故案件的关键环节，其特殊性主要体现在以下几个方面：

（1）证据的合法性审查。证据的收集、固定、提取、送检等过程必须符合法律规定，否则该证据将被视为非法证据，不能作为定案的依据。例如，通过非法手段获取的视听资料、违反程序进行的技术鉴定等，都将被排除在证据之外。

（2）证据的真实性审查。证据的真实性是指证据所反映的内容必须是客观存在的事实。在审查证据的真实性时，需要结合事故现场情况、证人证言、当事人陈述等多个方面进行综合判断。例如，对于车辆碰撞痕迹的鉴定意见，需要结合事故现场的照片、测量数据等进行比对，以验证其真实性。

（3）证据的关联性审查。证据的关联性是指证据与案件事实之间必须存在客观联系。在审查证据的关联性时，需要判断证据是否能够证明案件事实，是否能够支持当事人的主张。例如，一份关于车辆安全性能的鉴定意见，如果与事故责任认定无关，则不具有关联性，不能作为定案的依据。

（4）证据的证明力评估。在交通事故案件中，不同类型的证据具有不同的证明力。一般来说，直接证据的证明力大于间接证据，原始证据的证明力大于传来证据，鉴定意见、视听资料等科技证据的证明力通常较强。在评估证据的证明力时，需要结合证据的种类、来源、内容等多个方面进行综合考虑。

5. 交通事故案件证据的特殊性问题

交通事故案件证据在收集、审查和运用过程中，还存在一些特殊性问题，这些问题对于处理交通事故案件具有重要影响。

(1) 证据的变化与损坏。由于交通事故往往事发突然，现场情况复杂多变，证据容易发生变化或损坏。例如，天气因素可能导致刹车痕迹消失，人为因素可能导致现场痕迹被破坏或篡改。这些问题给证据的收集与保存带来了巨大挑战。

(2) 证据的主观性与客观性。在交通事故案件中，部分证据如当事人陈述、证人证言等具有较强的主观性，容易受到个人情感、认知水平等因素的影响。物证、书证等则相对较为客观，能够更准确地反映事故现场的情况。因此，在审查证据时，需要综合考虑证据的主观性与客观性，确保定案的准确性。

(3) 证据的完整性与连续性。交通事故案件的证据收集需要形成一个完整、连续的证据链，以证明案件事实的全貌。然而，在实际操作中，由于各种原因，证据链可能出现断裂或缺失。例如，现场勘查不及时可能导致部分证据丢失，当事人隐瞒事实可能导致关键证据遗漏。这些问题给证据的审查与判断带来了困难。

(4) 科技证据的应用与挑战。随着科技的发展，越来越多的科技证据被应用于交通事故案件的处理中。例如，行车记录仪、监控录像等视听资料可以直观呈现事故现场的情况，通过车速鉴定、车辆安全性能鉴定等科技手段可以对事故中的专门性问题进行鉴定。然而，科技证据的应用也带来了一定的挑战。

例如，视听资料的真实性、完整性容易受到质疑，科技鉴定的准确性、可靠性需要得到保障。因此，在应用科技证据时，需要严格遵守相关规定和程序，确保其合法性和有效性。

(二) 如何在交通事故案件中有效运用证据

在交通事故案件的民事审理中，证据的运用是确保案件公正、公平处理的关键。有效的证据运用不仅能够还原事故真相，还能为当事人提供充分的法律保障。

1. 证据收集

证据收集是交通事故案件民事审理的第一步，也是最为基础且关键的一步。有效的证据收集能够为后续的证据审查和运用提供坚实的基础。

(1) 现场勘查与保护。交通事故发生后，应立即报警并保护现场。现场勘查是收集证据的重要环节，包括现场拍照、录像、绘制现场图、收集散落物等。现场勘查应由专业人员进行，确保勘查过程的科学性和客观性。同时，应注意保护现场痕迹，避免证据被破坏或篡改。

(2) 当事人陈述与证人证言。当事人陈述是了解事故经过的重要途径，在收集当事人陈述时，应详细询问事故发生的时间、地点、经过、原因以及损害后果等。同时，还应收集目击者、路人等证人的证言，以还原事故现场的真实情况。证人证言应具有真实性、客观性和关联性，避免主观臆断和虚假陈述。

(3) 书证与物证。书证包括驾驶证、行驶证、保险单、医疗记录、费用票据等。这些书证能够证明当事人的身份、车辆信息、保险情况以及损害后果等。在收集书证时，应确保是书证的原件或经过公证的复印件，以确保证据的真实性和有效性。物证则包括车辆损坏情况、现场痕迹、散落物等。这些物证能够直观反映事故发生的经过和损害后果，是判断事故责任的重要依据。

（4）视听资料、电子数据。随着科技的发展，视听资料和电子数据在交通事故案件中的作用越来越重要，包括现场监控录像、行车记录仪视频、手机拍摄的照片和视频等，其能够直观反映事故现场的情况，为事故责任认定提供有力证据。在收集这类证据时，应确保其真实性、完整性和连续性，避免剪辑或篡改。

（5）鉴定意见。对于车辆损坏程度、车速、伤残程度等专门性问题，可以委托专业机构进行鉴定，并出具鉴定意见作为证据。鉴定意见应具有专业性、权威性和客观性，能够为法院提供科学的判断依据。

下面是常用的交通事故案件证据清单：

序号	证据名称
1	道路交通事故责任认定书或者道路交通事故证明
2	车档、驾档、保险单
3	身份证、户口本、结婚证、出生证明、亲属关系、家庭成员证明
4	诊断证明、病例、假条
5	急救费、住院医疗费、残疾辅助器具费票据及明细
6	伤者本人及护理人的收入及误工证明
7	劳动合同、个人所得税完税证明、工资表、工资卡银行流水
8	交通费、住宿费票据
9	法医鉴定报告：伤残、三期（误工期、护理期、营养期）、因果关系参与度、后续治疗费用、残疾辅助器具配置及费用等
10	法医鉴定费发票
11	死亡证明、尸检报告、销户证明、火化证明

续表

序号	证据名称
12	抚养证明（无劳动能力、无收入来源）
13	财产损失证明，如修理费发票和明细、评估报告等
14	交通队事故案卷（如需要，可以到交通队调取）

2. 证据审查

证据审查是确保证据真实、合法、关联的重要环节。在交通事故案件的民事审理中，应对收集到的证据进行全面、细致的审查。

3. 证据运用策略

在交通事故案件的民事审理中，有效的证据运用策略能够提高诉讼效率，确保判决公正。以下是一些常见的证据运用策略：

（1）形成完整证据链。在运用证据时，应注重形成完整、连贯的证据链，通过现场勘查记录、当事人陈述、证人证言、书证、物证、视听资料以及鉴定意见等多种证据的相互印证，构建出事故发生的完整经过和损害后果。这样不仅能够增强证据的说服力，还能为法院提供全面的判断依据。

（2）突出关键证据。在证据运用过程中，应突出关键证据的作用。关键证据是指能够直接证明案件主要事实、对案件处理结果具有决定性影响的证据，如道路交通事故责任认定书、伤残等级鉴定意见等。在庭审中，应着重强调这些关键证据的证明力，以引导法院作出有利于己方的判决。

（3）合理运用推定规则。在交通事故案件中，有时会出现证据不足或证据难以直接证明案件事实的情况。此时，可以合理运用推定规则来弥补证据不足。推定规则是指根据已知事实推断未知事实的一种法律规则,如根据车辆损坏情况推定事故责任、根据医疗记录推定损害后果等。但需要注意的是,推定规则的运用应符合法律规定和案件实际情况,避免滥用或误用。

4. 特殊证据的处理

在交通事故案件中,有时会遇到一些特殊证据,如电子数据、专家意见等。这些特殊证据的处理需要特别注意。

(1) 电子数据,即通过电子方式生成、存储、传输的数据。在交通事故案件中,电子数据可能包括现场监控录像、行车记录仪视频、手机拍摄的照片和视频等。在收集和处理电子数据时,应注意确保其真实性和完整性,避免被篡改或删除。同时,还应确保证据的合法性和关联性,避免侵犯他人隐私权或商业秘密等。

(2) 专家意见,即具有专门知识或技能的人对案件中的专门性问题所提出的意见或建议。在交通事故案件中,专家意见可能包括车速鉴定意见、车辆安全性能鉴定意见、伤残等级鉴定意见等。在运用专家意见时,应确保其具有专业性、权威性和客观性,并经过法庭质证和认证。同时,还应注意专家意见与案件事实的关联性和证明力,避免过度依赖或滥用专家意见。

5. 证据运用的注意事项

在交通事故案件的民事审理中,证据的运用需要特别注意以下几点:

(1) 遵守法律规定。在证据运用过程中,应严格遵守法律规定和程序要求,如证据收集应符合法律规定、证据提交应按照规定的时间和方式进行、庭审质证应遵守法庭规则等。违反法律规定可能导致证据无效或被排除,影响案件处理结果。

(2) 尊重事实真相。证据的运用应以事实真相为依据,避免主观臆断和虚假陈述。在收集和运用证据时，应客观、公正地反映事故经过和损害后果，不得歪曲事实或隐瞒真相。

（3）注重证据之间的协调与统一。在运用证据时，应注重证据之间的协调与统一。不同种类的证据之间应相互印证、相互补充，形成完整、连贯的证据链。同时，还应避免证据之间的矛盾和冲突，确保证据的一致性和说服力。

（4）充分利用法律赋予的权利。在交通事故案件的民事审理中，当事人享有申请证据保全、调查取证、申请鉴定等权利。在证据运用过程中，应充分利用这些权利来收集和运用证据，为案件处理提供有力支持。

例1：张某与李某交通事故责任纠纷案

2019年5月，张某驾驶的小轿车与李某驾驶的摩托车发生碰撞，导致李某受伤。经交警认定，张某承担事故主要责任，李某承担次要责任。李某随后向法院提起民事诉讼，要求张某赔偿医疗费、误工费、护理费、残疾赔偿金等各项损失共计20万元。张某对事故责任认定提出异议，并认为李某的损失计算不合理。

在本案中，双方当事人都积极收集了相关证据。李某提供了医疗记录、费用票据、伤残等级鉴定意见等书证和物证；张某则提供了现场照片、证人证言以及自己对事故经过的陈述，法院在审理过程中，对这些证据进行了全面审查。经过审查，法院认为李某提供的证据真实、合法、关联，能够证明其因事故遭受的损失；而张某提供的证据虽然能够反映事故现场的情况，但不足以推翻交警的事故责任认定。

在证据运用过程中，李某注重形成完整证据链，通过医疗记录、费用票据等书证和物证相互印证,构建出事故发生的完整经过和损害后果。同时,李某还突出了伤残等级鉴定意见这一关键证据的作用,以证明其因事故导致的伤残程度。张某则试图通过证人证言和自己对事故经过的陈述来推翻交警的事故责任认定,但未能提供充分有效的证据支持其主张。

最终,法院根据双方提供的证据和法律规定,作出了如下判决:确认张某承担事故主要责任,李某承担次要责任;张某应赔偿李某医疗费、误工费、护理费、残疾赔偿金等各项损失共计15万元。这一判决结果体现了证据在交通事故案件民事审理中的重要作用。

(三)如何看待道路交通事故责任认定书

道路交通事故责任认定书,作为公安机关交通管理部门在处理交通事故时出具的重要文书,不仅包括对事故基本事实的记载,还涉及对事故成因及当事人责任的分析与判定,在交通事故案件处理中占据着举足轻重的地位。

1. 交通事故责任认定的原则

在判定道路交通事故责任时,我们主要考察当事人的行为是否与事故发生存在直接因果关系,以及这些行为在事故中的角色和当事人是否存在过错,从而确定责任的大小或是否存在责任。责任划分为全责、主责、同责、次责和无责五种类型。

处理案件时,需特别注意以下两点:①即使当事人存在违法行为,若该行为与事故无直接关联,并非事故成因,则当事人无需承担责任。例如,一辆车虽无牌照或超载,但在机动车道上正常行驶时被后车追尾。追尾事故系后车未保持安全距离所致,因此不能因前车违法而让其承担责任。②有时事故具体细节难以查清,公安机关交通管理部门会出具道路交通事故证明，其中会载明事故发生的时间、地点、当事人及已调查清楚的事实，但不会明确责任归属。例如，两车在红绿灯路口相撞，现场缺乏监控、行车记录仪或目击者。两位司机均指责对方闯红灯，但均无确凿证据。由于闯红灯是判定责任的关键，而事实无法查清，公安机关交通管理部门只能出具证明，无法具体判定责任方。

在判定交通事故当事人的责任时，我们需遵循以下核心原则：[1]①路权原则。该原则依据道路交通法律法规，保障交通参与者在特定空间和时间内合法使用道路进行各类活动，包括右侧通行、分道行驶、避让行人、有序让行、遵守交通指挥及具备道路使用资格等。②强调安全原则。交通参与者必须履行安全义务，竭力避免危害结果。这涉及驾驶、装载、停放、乘坐、占用道路及施工作业等多方面，要求严格遵守安全操作规程，消除道路和车辆的安全隐患，确保道路使用安全。③实行事故责任加重原则。若当事人在交通事故中存在一种或多种严重违法行为，在责任认定时，将加重其一级责任。但若加重责任方已被认定为负主要责任或全部责任，则不再额外加重。此外，判断违法行为严重程度时，应遵循以下原则：违反路权原则的违法行为，严重程度高于违反安全原则的；同时，违反动态安全原则的违法行为，严重程度又高于违反静态安全原则的。④为准确判定当事人的违法行为在交通事故中的作用大小及过错程度，需综合考虑违法行为的危害性、违法性及事故发生可能性等因素。这些因素将为我们提供全面、客观的评估依据，确保责任判定的公正、准确。

---

[1] 刘春城：《交通事故案件实务：责任认定与复核·刑事辩护·民事赔偿》，法律出版社 2023 年版，第 14 页。

2. 道路交通事故责任认定书的性质

从性质上看，道路交通事故责任认定书具有以下几个特点：

（1）官方性：道路交通事故责任认定书是由公安机关交通管理部门出具的，具有官方性质，其制作主体和程序都受到法律的严格规定。

（2）专业性：道路交通事故责任认定书的制作需要依据现场勘验、检查、调查情况和有关的检验、鉴定结论，这些都需要具备专业知识的人员进行。

（3）证据性：道路交通事故责任认定书作为处理交通事故的证据，其记载的内容对于案件事实的认定、责任的划分以及赔偿的确定都具有重要的证据价值。

关于道路交通事故责任认定书究竟属于哪一种证据，学界和实务界存在一定的争议，主要观点有两种：①书证说。该学说认为道路交通事故责任认定书属于书证，且是公文书证，因为它是以其内容来证明案件情况的，符合书证的基本要求。同时，道路交通事故责任认定书是由公安机关交通管理部门作出的，并且加盖了公安机关交通管理部门交通事故处理专用章，具有公文书证的形式要件。②鉴定意见说。该学说认为道路交通事故责任认定书实际上起着鉴定意见的作用，因为它解决的是交通事故发生的原因、各方当事人的责任大小等各种专门性问题，需要借助交通警察的专门知识和技能。

从《民事诉讼法》规定的证据类型来看，道路交通事故责任认定书既不同于鉴定意见，也不同于证人证言，而是由公安机关制作的一种证据文书。道路交通事故责任认定书虽然包含了对当事人责任的认定，但其主要还是作为处理交通事故的证据，具有公文书证的性质。

3. 道路交通事故责任认定书的证据效力评价

道路交通事故责任认定书在诉讼程序中的证据价值，在于其能否被法院接受并作为判定案件事实的可靠依据。2020年修正的《最高人民法院关于审理道路交通事故损害赔偿案件适用法律若干问题的解释》第24条明确规定，对于公安机关交通管理部门所出具的交通事故认定书，人民法院应当进行细致的审查，并根据审查结果确认其具有的证明力。但这一认定并非绝对，如果存在有力的相反证据能够推翻道路交通事故责任认定书的内容，那么法院将不予采纳。

这意味着，道路交通事故责任认定书对法院而言，并不具备天然的约束力或决定性影响，它更像是一份重要的公文书证，其效力需要经过法院的严格审查来确认。在审查过程中，法院会综合考虑其内容、制作程序、依据的证据材料等多方面因素，评估其真实性和可靠性。

评价道路交通事故责任认定书的证据效力，需要从以下几个方面进行：

（1）合法性。道路交通事故责任认定书必须由具有法定职权的公安机关交通管理部门制作，且制作程序必须符合法律规定。只有合法的证据才能被法院采纳。

（2）客观性。道路交通事故责任认定书所记载的内容必须客观真实，反映交通事故发生时的实际情况，如果存在错误或遗漏，将影响其证据效力。

（3）关联性。道路交通事故责任认定书所记载的内容必须与案件事实具有关联性，能够证明案件中的争议焦点或关键问题，如果与案件事实无关，将不被法院采纳。

（4）证明力。道路交通事故责任认定书作为证据的证明力大小取决于其内容的详细程度、准确性以及与其他证据的相互印证程度。一般来说，内容详实、准确且与其他证据相互印证的道路交通事故责任认定书具有较强的证明力。

4. 道路交通事故责任认定书的审查标准

在诉讼中,法院对道路交通事故责任认定书的审查是确保其证据效力的关键环节。审查标准主要包括以下几个方面:

(1) 执法主体和执法程序是否合法。法院需要审查制作道路交通事故责任认定书的公安机关交通管理部门是否具有法定职权,以及制作程序是否符合法律规定。

(2) 证据是否反映客观真实情况。法院需要审查道路交通事故责任认定书所记载的内容是否客观真实,是否符合交通事故发生时的实际情况。

(3) 证据所揭示的内容与案件事实是否具有相关性。法院需要审查道路交通事故责任认定书所记载的内容是否与案件事实具有关联性,能否证明案件中的争议焦点或关键问题。

(4) 证据是否存在瑕疵或错误。法院需要审查道路交通事故责任认定书是否存在瑕疵或错误,如笔误、遗漏、逻辑矛盾等,这些瑕疵或错误可能影响其证据效力。

(5) 结合其他证据使用。虽然道路交通事故责任认定书在交通事故案件处理中具有重要的证据价值,但它并不能完全证明案件事实,因此在诉讼中还需要结合其他证据使用,如现场勘验笔录、证人证言、视听资料等,以形成完整的证据链。

另外,要注意道路交通事故责任认定书虽然具有一定的证据效力,但也存在一定的局限性,如其可能受到现场勘验条件、调查取证能力等因素的限制,导致部分内容不够准确或完整。

在对道路交通事故责任认定书的审查中,还应重点审查以下几个方面:

首先,要明确当事人身份,如通过 DNA 等鉴定确认司机,并核查驾驶资格及年龄限制,确保非机动车横过道路的方式等细节无误。车辆方面，要细分类型，检查驾驶资质、速度规定及车况，如年检、刹车等，确保适用正确的交通规则。同时，还要考察道路状况，包括路口或路段、车道数、限速标志等，以及事发时的交通环境，如拥挤程度、监控覆盖等，以全面还原事故现场。

其次，事故经过需详细记录，包括车辆行驶方向、速度、接触部位等，以及非机动车、行人的行为细节。天气情况也是重要因素，如雾、雨等影响能见度的条件需特别注明。在认定事实时，证据需确凿充分，形成完整链条，排除合理怀疑，并确保所有必要的检验鉴定都已进行，无遗漏。

再其次，法律适用需准确，根据调查事实和证据，判断道路交通事故责任认定书是否适用了正确的法律法规。责任划分需公正，综合考虑违法行为与事故的关系、因果关系顺序及路权和安全原则。调查及认定程序需合法，确保鉴定委托、权利告知等环节合规，避免程序违法导致认定无效。

最后，在某些情况下，若关键事实无法查清，可出具道路交通事故证明，但应仅限于关键事实不明的情况。

例2：山东梁某明案

【案情】 2018年12月25日21时45分许，梁某明驾驶二轮摩托车沿水泥路由南向北行至202省道198千米处九家乔村通北道头村水泥路处，与对行的梁某某驾驶的小型普通客车发生碰撞事故，致两车受损，梁某明经医院抢救无效次日死亡。该事故经某阳市公安局交通警察大队认定，梁某明具有无证驾驶未年审、机件不符合技术标准的机动车违法会车的违法行为，负事故主要责任，梁某某具有违法会车、未确保安全的违法行为，负事故的次要责任。

关于莱阳市公安局交通警察大队作出的事故责任认定应否采纳的问题，原告主张不应采纳，其认为事故发生时梁某某刹车痕迹长达11.3米，故梁某某当时车速应为80千米/小时，事故发生系梁某某超速所致，梁某某应当负事故的全部责任。被告保险公司主张应采信公安机关交通管理部门作出的责任认定。法院组织原告、被告双方在事故现场进行了同类车辆刹车测试。经测试，车辆速度在42千米/小时的刹车痕迹为3.5米，车速在80千米/小时的刹车痕迹为11.5米。法院认为，虽然测试时驾驶员提前有了思想准备，但对车辆的刹车痕迹影响较小，法院认为事故发生时梁某某的车速应为70千米/小时至80千米/小时。梁某某在仅宽4.5米的道路上以70千米/小时至80千米/小时的速度行驶，在发现梁某明后刹车不及才造成事故发生，而公安机关交通管理部门未认定事故的发生系梁某明所驾驶的摩托车机件不符合技术标准造成，梁某明仅是因为无证驾驶未年审、机件不符合技术标准的摩托车而承担事故的主要责任，明显不当。故法院认为公安机关交通管理部门作出的事故责任认定不应采纳，该次事故应由梁某某承担主要责任，梁某明承担次要责任。

一审法院认为，行为人因过错侵害他人民事权益的，应当承担赔偿责任。梁某某驾车与梁某明驾驶的车辆相撞致梁某明死亡，梁某某应负事故的主要责任。肇事车辆在被告保险公司投保了机动车交通事故责任强制保险和100万元的商业第三者责任险，被告保险公司应在机动车交通事故责任强制保险的各赔偿限额内赔偿原告的损失，余款在商业第三者责任险的范围内按责任比例予以赔偿，结合事故发生时双方所驾驶车辆性质，一审法院认为按70%赔偿较为适宜。

二审法院认为，道路交通事故责任认定书是公安机关交通管理部门依据道路交通的相关法律法规对当事人的行为作出的专业判断,而民事赔偿责任是人民法院依据《侵权责任法》及相关法律法规作出的判断,二者对当事人行为进行判断的角度是不同的。因此,交通事故责任不能完全等同于民事法律赔偿责任,道路交通事故责任认定书也不能作为民事侵权损害赔偿责任分配的唯一依据。

本案中,梁某某在仅4.5米宽的道路上以70千米/小时至80千米/小时的速度行驶,与梁某明无证驾驶未年审、机件不符合技术标准的摩托车相比,其行为对本案损害后果的发生具有更大的作用力。

二审法院认为,一审法院根据双方当事人的侵权行为、侵权行为与损害后果之间的因果关系、过错程度所确定的侵权责任是适当的。综上,二审法院驳回上诉,维持原判。

【裁判规则】

道路交通事故责任认定书是公安机关交通管理部门依据道路交通相关法律法规对当事人的行为作出的专业判断,而民事赔偿责任是人民法院依据《侵权责任法》及相关法律法规作出的判断,二者对当事人行为的判断角度不同。

交通事故责任不能完全等同于民事法律赔偿责任,道路交通事故责任认定书也不能作为民事侵权损害赔偿责任分配的唯一依据。

道路交通事故责任认定书只是"证据"的一种,并不是具体行政行为,最终事故赔偿责任比例应由法院认定。

本案揭示了交通事故责任认定与民事赔偿责任判定之间的差异及其法律适用逻辑。一审、二审法院均未直接采纳公安机关交通管理部门出具的道路交通事故责任认定书,而是结合案件实际情况,独立分析了事故双方的过错程度及对损害后果的作用力。

一审法院通过现场刹车测试,科学估算了梁某某的实际车速,并据此质疑了原责任认定的合理性,认为梁某某超速行驶是导致事故的主要原因,应承担主要责任。这一判断体现了法院对证据的独立审查与判断,不盲目依赖行政机关的结论。

二审法院则进一步阐述了交通事故责任与民事赔偿责任的区别,强调两者判断角度的不同,指出道路交通事故责任认定书虽具有专业性,但并非民事侵权损害赔偿责任分配的唯一依据。二审法院依据《侵权责任法》等法律法规,综合考虑双方的侵权行为、因果关系及过错程度,维持了一审的责任划分,彰显了司法裁判的独立性与公正性。

此案启示我们,在处理交通事故赔偿纠纷时,应正确理解和适用交通事故责任认定与民事赔偿责任判定,既要尊重行政机关的专业判断,也要发挥法院的司法审查职能,确保责任划分的准确与公正。

(四)道路交通事故责任认定书在刑事诉讼中的效力

交通肇事罪是指违反交通运输管理法规,因而发生重大事故,致人重伤、死亡或者造成重大公私财产损失的行为。《刑法》第133条规定:"违反交通运输管理法规,因而发生重大事故,致人重伤、死亡或者使公私财产遭受重大损失的,处三年以下有期徒刑或者拘役;交通运输肇事后逃逸或者有其他特别恶劣情节的,处三年以上七年以下有期徒刑;因逃逸致人死亡的,处七年以上有期徒刑。"

交通肇事罪的定罪量刑标准为:

事故责任	具体情节	处罚
负事故全部责任或主要责任	（1）死亡1人或者重伤3人以上 （2）造成公共财产或者他人财产直接损失，无能力赔偿数额在30万元以上 （3）交通肇事致1人以上重伤，并具有下列情形之一：①酒后、吸食毒品后驾驶机动车辆的；②无驾驶资格驾驶机动车辆的；③明知是安全装置不全或者安全机件失灵的机动车辆而驾驶的；④明知是无牌证或者已报废的机动车辆而驾驶的；⑤严重超载驾驶的；⑥为逃避法律追究逃离事故现场的	3年以下有期徒刑或者拘役
负事故同等责任	死亡3人以上	
负事故全部责任或主要责任	（1）死亡2人以上或者重伤5人以上 （2）造成公共财产或者他人财产直接损失，无能力赔偿数额在60万元以上	3年以上7年以下有期徒刑
负事故同等责任	死亡6人以上	

在刑事诉讼中，道路交通事故责任认定书虽然具有一定的证据效力，但其是否应直接作为定罪量刑的依据存在争议。

一种观点认为，道路交通事故责任认定书作为公安机关交通管理部门依法制作的公文书证，具有较高的公信力和证明力，应直接作为定罪量刑的依据。然而，这种观点忽视了刑事诉讼的复杂性和特殊性。在刑事诉讼中，定罪量刑的依据必须是经过法庭质证和认证的证据，且必须达到确实、充分的程度。道路交通事故责任认定书作为行政确认行为的结果，其证明力虽然较高，但并不能直接等同于刑事诉讼中的直接证据。

另一种观点认为，交通事故责任认定书在刑事诉讼中应作为一种间接证据或辅助证据使用，其证明力需要结合其他证据进行综合评判。这种观点更符合刑事诉讼的实际情况。在刑事诉讼中，法院需要对案件事实进行全面、客观的审查，确保定罪量刑的依据确实、充分。交通事故责任认定书虽然能够提供关于事故基本事实和责任划分的信息，但并不能完全替代其他证据的作用。因此，在刑事诉讼中应将其作为间接证据或辅助证据使用，结合其他证据进行综合评判。

笔者赞同第二种观点，因为道路交通事故责任认定书在本质上是公安机关交通管理部门依据行政法规和程序作出的行政确认行为的结果，其虽然能够证明交通事故的基本事实和责任划分，但并不能直接证明犯罪嫌疑人的罪行或罪责大小，更符合间接证据的特征。道路交通事故责任认定书虽然具有较高的公信力和证明力，但并不能直接作为定罪量刑的依据，法院需要结合其他证据，如现场勘验笔录、证人证言、视听资料等，对其内容进行审查判断，确保其真实性和准确性。

在审理交通肇事案件的过程中，部分法官由于专业的限制，会倾向于将道路交通事故责任认定书中的事故责任认定直接等同于刑事责任的判定。律师在为交通肇事案件的被告人进行辩护时，应当充分利用复核阶段的机会，对事故责任认定进行积极认真的复核。如果在复核过程中能够成功将责任改定为主要责任以下，或者获得一份责任不确定的道路交通事故证明，案件往往就不会进入刑事诉讼程序，从而为被告人提供了有效的辩护空间。

在刑事诉讼中，法官对道路交通事故责任认定书要进行实质审查，以下以最高人民法院案例库"刘某江交通肇事宣告无罪案"为例进行分析。[1]

例3：刘某江交通肇事宣告无罪案

【案情】2023年6月9日11时30分许，被告人刘某江驾驶无号牌电动正三轮摩托车沿河北省邢台市任泽区杨官线由西向东行驶，孙某平驾驶无号牌二轮摩托车（载被害人李某坤）在超越同向行驶的刘某江时，两车发生交通事故。事故造成李某坤受伤并经抢救无效死亡，以及电动正三轮摩托车损坏。事故发生后，刘某江在现场短暂停留后驾车离开。

对于本次事故，交警部门出具的道路交通事故责任认定书记载：①关于事故发生原因。孙某平在未取得机动车驾驶证的情况下驾驶机动车、驾驶未经公安机关交通管理部门登记的机动车上路行驶、在与对面来车有会车可能时超车、未戴安全头盔，是造成本次交通事故的主要原因，其行为对发生交通事故所起的作用及过错程度较大。刘某江在未取得机动车驾驶证的情况下驾驶机动车、驾驶未经公安机关交通管理部门登记的机动车上路行驶、驶出道路时未确保安全、未戴安全头盔，是造成本次交通事故的次要原因，其行为对发生交通事故所起的作用以及过错程度较小。李某坤乘坐摩托车未戴安全头盔，是造成本次交通事故的次要原因，其行为对发生交通事故所起的作用以及过错程度较小。②关于责任认定。刘某江在未取得机动车驾驶证的情况下驾驶机动车、驾驶未经公安机关交通管理部

---

[1] 河北省邢台市任泽区人民法院（2024）冀0505刑初8号刑事判决，入库编号：2024-18-1-054-002。

门登记的机动车上路行驶、驶出道路时未确保安全、未戴安全头盔、发生事故后驾车逃逸，违反了《中华人民共和国道路交通安全法》《道路交通事故处理程序规定》的相关规定，认定刘某江负此事故的全部责任，孙某平、李某坤无责任。

河北省邢台市任泽区人民法院于2024年7月16日作出（2024）冀0505刑初8号刑事判决：被告人刘某江无罪。宣判后，没有上诉、抗诉，判决已发生法律效力。

【裁判理由】

法院生效裁判认为：根据《刑法》第133条的规定，违反交通运输管理法规，因而发生重大事故，致人重伤、死亡或者使公私财产遭受重大损失的，构成交通肇事罪。《最高人民法院关于审理交通肇事刑事案件具体应用法律若干问题的解释》（法释〔2000〕33号）第2条第1款进一步明确，"死亡一人或者重伤三人以上，负事故全部或者主要责任的"，以交通肇事罪定罪处罚。本案中，交通事故造成一人死亡，故认定罪与非罪的关键在于，被告人刘某江是否负事故全部或者主要责任。

上述司法解释所规定的"负事故全部或者主要责任"等情形，系指对引发交通事故的责任。道路交通事故责任认定书中用于确定交通事故责任的逃逸等特殊加重责任情节，发生在交通事故之后，显然不属于交通事故的原因。鉴于此，认定是否成立交通肇事罪，应当对道路交通事故责任认定书中的事故责任认定进行实质审查与判断。本案中，交警部门出具的道路交通事故责任认定书认定被告人刘某江负事故的全部责任，系基于刘某江发生事故后驾车逃逸的情节，属于根据《中华人民共和国道路交通安全法实施条例》第92条第1款中"发生交通事故后当事人逃逸的，逃逸的当事人承担全部责任"的规定所作的特殊加重责任认定。但是，刘某江的逃逸行为发生在事故之后,且其交通违法行为是引起事故发生的次要原因,对发生交通事故所起的作用较小,道路交通事故责任认定书对此也作了认定。法院综合全案事实认定,刘某江对本案事故的发生不负全部或者主要责任,其行为不构成交通肇事罪,故依法作出如上裁判。

【裁判要旨】

办理交通肇事刑事案件,应当对公安机关出具的道路交通事故责任认定书进行实质审查,剔除特殊加重责任情节,结合其他证据,依据对事故发生的原因力大小确定事故责任。剔除特殊加重责任情节后,行为人对道路交通事故所负责任不符合交通肇事罪所要求的事故责任要件的,依法不构成交通肇事罪。

在本案中,法院应当对道路交通事故责任认定书进行实质审查,对其不能盲目依赖,要区分交通运输管理法规与刑法意义上的"事故责任",确保公正裁决。

首先,道路交通事故责任认定书作为证据需经严格审查。刑法规定,违反交通运输管理法规导致重大事故才构成交通肇事罪。因此,法院需结合全案证据,综合判断事故原因及行为人责任大小,而非直接采纳认定书的结论。

其次,要明确两种"事故责任"的区别。交通运输管理法规侧重行政管理,可能因逃逸等行为加重责任,而刑法关注事故发生的直接原因,故逃逸等后续行为虽影响行政责任,但不直接决定刑事责任。实质审查流程包括:①剔除特殊加重责任情节,如逃逸,因其非事故原因;②确定与危害结果有因果关系的危害行为,区分刑法意义上的违法行为与一般违规;③对特殊加重责任情节合理评价,如逃逸在构成犯罪时作为加重情节,但避免重复评价。

在本案中,虽然道路交通事故责任认定书因刘某江逃逸而认定其全责,但法院实质审查后发现,逃逸非事故原因,刘某江的交通违法行为仅为次要原因。综合考虑,刘某江对事故不负全责或主责,不符合交通肇事罪的构成要件,因此宣告其无罪。[1]

例4:李某国交通肇事二审改判无罪案 [河北省衡水市中级人民法院(2018)冀11刑终388号]

【案情】

二审法院经审判委员会研究后认为,上诉人(原审被告人)李某国深夜驾驶机动车在S392省道行驶,与在行车道中间坐着的被害人相撞,致被害人死亡,事实清楚,证据确实、充分。但是,原判认定李某国超速行驶,对致人死亡的交通事故负主要责任,事实不清,证据不足。衡水市公安局交通警察支队直属一大队出具的道路交通事故责任认定书存在如下问题:

第一,该道路交通事故责任认定书于2017年4月28日邮寄送达给李某国,李某国不服,随后提出对该道路交通事故责任认定书的复核申请。在复核申请期间,衡水市桃城区人民法院于2017年5月17日受理了被害人亲属提起的纯民事诉讼,衡水市公安局交通警察支队依据《道路交通事故处理程序规定》有关复核审查期间,任何一方当事人就该事故向人民法院提起诉讼并经人民法院受理的,公安机关交通管理部门应当终止复核的规定,终止了复核。衡水市桃城区人民法院以纯民事案件对本案予以受理,违背了2012年《最高人民法院关于适用〈中华人民共和国刑事诉讼法〉的解释》(以下简称《刑诉法解释》)

---

[1] 徐翠翠、田子超:《道路交通事故认定书的审查路径》,载《人民法院报》2024年11月7日,第8版。

"被害人因人身权利受到犯罪侵犯或者财物被犯罪分子毁坏而遭受物质损失的，有权在刑事诉讼过程中提起附带民事诉讼"的规定。该院没有在民事审理过程中对道路交通事故责任认定书作进一步确定，阻隔了被告人的申请复核权，剥夺了被告人的诉权。

第二，该道路交通事故责任认定书在事实认定上也存在问题。该事故现场草图及现场勘查笔录，没有显示省道的宽度、形制，也没有确定死者及事故车辆在公路中的具体位置，只表明了距北侧路肩的距离。该道路交通事故责任认定书系在没有委托司法鉴定机构鉴定车速，没有出示相关限速证据的情况下，认定李某国"不按照规范安全驾驶，未保持安全车速，负主要责任"。在本案第一次审理过程中，法院建议检察机关补充调查李某国哪些驾驶行为不规范、不安全。检察机关调取了2017年12月7日衡水市公安局交通警察支队直属一大队原办案人员出具的情况说明，其答复为无法确认李某国有哪些驾驶行为是不按规范行驶，与之前出具的道路交通事故责任认定书的认定理由相矛盾。

综上，李某国驾驶的货车，案发时车速为61千米/小时至64千米/小时，虽超过60千米/小时的限速，应负交通事故责任，但认定其负交通事故主要责任，事实不清，证据不足，程序存在问题；李某国称其不负该次交通事故主要责任的上诉理由成立，予以采纳；判决如下：第一，撤销河北省衡水市桃城区人民法院（2018）冀1102刑初62号刑事判决。第二，上诉人（原审被告人）李某国无罪。

【裁判规则】

本案道路交通事故责任认定书系在没有委托司法鉴定机构鉴定车速、没有出示相关限速证据的情况下，认定司机"不按照规范安全驾驶，未保持安全车速，负主要责任"，事实不清，证据不足。同时，先前的民事审判未对道路交通事故责任认定书作进一步确定，阻隔了被告人的申请复核权，剥夺了被告人的诉权。

本案核心争议在于道路交通事故责任认定书的合法性与准确性。首先，从程序层面分析，该认定书在送达后，李某国依法提出复核申请，但因被害人亲属提起纯民事诉讼，导致复核程序终止。此处理过程违反了《刑诉法解释》中关于附带民事诉讼的规定，不当剥夺了李某国的申请复核权，进而影响了其诉权的行使，构成程序瑕疵。

其次，从实体证据角度看，道路交通事故责任认定书认定李某国超速行驶且负主要责任，存在多处事实不清、证据不足的问题。具体而言，事故现场勘查材料未能全面反映道路状况及事故具体位置，车速认定缺乏司法鉴定支持，且限速证据未予出示。更为关键的是，检察机关后续调查亦未能明确李某国具体的不规范驾驶行为，与道路交通事故责任认定书的认定理由相悖，进一步削弱了该认定书的证明力。

法院在审理中严格遵循了证据裁判原则，对道路交通事故责任认定书进行了实质审查，并未直接采纳其结论。通过综合分析全案证据，法院认为认定李某国负主要责任的事实基础不牢固，证据链条不完整，故而撤销原判，宣告李某国无罪。

正所谓：
证据如星点点明，交通事故辨分明。
擦痕印迹轮胎印，专业人士细寻听。
天气路面车况杂，影响因素多难清。
事故认定非绝对，真相大白心自明。

十二、民间借贷中的证据规则

在借贷的江湖里,证据是那把最锋利的剑,能斩断一切虚假与纠葛。

——题记

民间借贷,是指自然人、法人和非法人组织之间进行资金融通的行为。2020年,最高人民法院发布了新修正的《关于审理民间借贷案件适用法律若干问题的规定》(以下简称《民间借贷案件规定》),强调经金融监管部门批准设立的从事贷款业务的金融机构及其分支机构,因发放贷款等相关金融业务引发的纠纷,不适用该规定。

(一)民间借贷证据的特殊性

民间借贷,作为人类社会中最古老、最基础且广泛存在的交易方式之一,其根源深厚,历史悠久,与人类社会的经济活动紧密相连。从现代商业社会的金融借款、小额贷款,到融资租赁、商业保理、信托债券,乃至典当等多种金融形式,我们都可以窥见"借贷"这一核心要素的身影,它们的起源与发展,均与民间借贷有着千丝万缕的联系。

传统意义上的民间借贷,通常指的是自然人之间的资金借贷,即普通百姓间的借钱行为。然而,随着时代的变迁,民间借贷的范畴已经大大拓展,它现在涵盖了国家金融监管体系之外的自然人、法人以及其他组织之间的各种民间融资活动。这种概念的扩张,不仅体现了民间借贷的活力与适应性,也反映了社会经济结构的多元化发展。

近年来，民间借贷凭借其手续简洁、门槛低、放款灵活以及收益可观等特点，日益活跃，规模持续扩大。它已经从满足基本生存和生活需求的借贷，转变为推动发展和开展经营活动的资金来源。民间借贷的有效运作，不仅缓解了社会的融资压力，为经济发展注入了新的活力，还促进了我国信贷市场的多层次发展与完善。

然而，民间借贷的快速发展也伴随着一系列问题，其粗放、盲目、无序以及隐蔽的特点，导致了一系列社会问题，如资金链断裂、非法集资、高利贷、套路贷以及暴力催收等。这些问题不仅扰乱了国家金融秩序，还对社会安全稳定构成了威胁，导致大量相关纠纷涌入法院。自2015年以来，全国法院一审受理的民间借贷案件数量已经跃居所有民商事案件之首，每年大约有200万件，成为民商事审判领域的主要案由。[1]

面对民间借贷案件的激增以及新类型案件的不断出现，法院面临着前所未有的审判挑战，其中之一即为民间借贷纠纷中的证据问题，以下具体分析。

1. 证据的多样性

民间借贷纠纷中的证据形式多样，包括但不限于书面证据、物证、视听资料、电子数据、证人证言等。这些证据类型各有特点，共同构成了民间借贷纠纷证据体系。

（1）书面证据，如借款合同、借条、欠条、还款承诺书等，是民间借贷纠纷中最常见的证据形式。这些书面证据能够直接反映借贷双方的意思表示和借贷关系的内容。

（2）物证，如交付的现金、转账凭证等，能够证明借贷事

---

[1] 吴在存主编：《民间借贷案件裁判规则与法律适用》，法律出版社2020年版，第1页。

实的实际发生。

（3）视听资料，如电话录音、视频录像等，能够记录借贷双方的交流过程，作为证明借贷事实的辅助证据。

（4）电子数据，如短信、电子邮件、微信聊天记录等。随着电子通信的普及，电子数据在民间借贷纠纷中扮演着越来越重要的角色。

（5）证人证言。了解借贷事实的第三人可以提供证人证言，作为证明借贷关系的间接证据。

2. 证据的隐蔽性和难以获取性

由于民间借贷往往发生在熟人之间，借贷双方可能出于信任或其他原因，没有签订正式的借款合同或保留完整的借贷记录。这导致在发生纠纷时，证据可能变得隐蔽且难以获取。

（1）口头协议。在民间借贷实践中，交易通常发生在紧密的社会关系网络内，例如亲朋好友、同学、同乡之间，因此，其操作方式往往较为随性与简单。很多时候，借贷双方并不签订正式的书面合同来明确各自的权利与义务，只是依赖借款人出具的一份简短借据、收据或简单的欠款说明。这种以口头约定为主的借贷模式虽然便捷，但缺乏充分的法律凭证，一旦借贷双方发生争议，由于缺少详实的书面记录，双方的陈述往往难以一致，导致借贷事实的确认变得复杂且棘手。

（2）证据灭失。由于民间借贷的隐蔽性，一些关键证据如借条、收据等可能被销毁或遗失，导致证据链条不完整。

（3）电子数据的易修改性。电子数据如短信、聊天记录等虽然可以作为证据，但由于其易修改性，其真实性和完整性往往受到质疑。

3. 证据的复杂性和关联性

民间借贷纠纷中的证据往往涉及多个方面，如借贷关系的成立、借款的交付、利息的约定、还款情况等。这些证据之间具有复杂的关联性,需要综合运用才能形成完整的证据链条。

（1）借贷关系的成立：需要证明借贷双方存在借贷合意,如书面借款合同、口头协议等。

（2）借款的交付：需要证明出借人已经将借款交付给借款人,如现金交付的证人证言、转账凭证等。

（3）利息的约定：需要证明借贷双方对利息的约定情况,如书面协议中的利息条款、口头约定等。

（4）还款情况：需要证明借款人的还款情况和出借人的收款情况,如还款凭证、收款记录等。

这些证据相互关联、相互印证,共同构成了民间借贷纠纷案件的证据体系。

4. 证据的时效性和证明标准

民间借贷纠纷中的证据具有一定的时效性,且需要达到一定的证明标准才能被法院采纳。

（1）时效性。证据的收集、提供和审查必须及时,不能超过法律规定的诉讼时效期间,否则,即使证据真实有效,也可能因时效问题而无法被法院采纳。

（2）证明标准。民间借贷纠纷中的证据需要达到一定的证明标准才能被法院认定,一般来说,证据应当具有真实性、合法性和关联性,并且能够形成完整的证据链条。在特殊情况下,如双方对借贷事实无争议但涉及国家利益、社会公共利益或其他人合法权益时,法院可以责令当事人提供有关证据。

（二）民间借贷诉讼证据的具体类型

1. 身份证明资料

（1）自然人：应提交身份证或户口本等身份证明资料。

（2）法人或其他组织：应提交工商营业执照副本、社团法人登记证等主体登记资料。

2. 借贷合同及协议

（1）书面合同：应提交借款合同、借款协议等书面文件。

（2）口头协议：如有证人证言或其他证据能够证明口头协议的存在和内容，也可以作为证据提交。

3. 借款交付凭证

（1）现金交付：应提交证人证言、现金来源证明等。

（2）转账凭证：应提交银行转账记录、支付宝或微信支付记录等。

4. 还款凭证及记录

（1）还款凭证。如收条、还款承诺书等。

（2）还款记录。如银行转账记录、支付宝或微信支付记录等。

5. 利息计算清单及依据

（1）本金余额计算清单：应详细列明借款本金、已还款项及剩余本金。

（2）利息金额计算清单：应详细列明利息计算方式、利率及已支付利息和未支付利息。

6. 证人证言

（1）证人选择：应选择与双方无利害关系的证人提供证言。

（2）证人出庭：证人应能够当庭作证，接受质询。

7. 其他相关证据

（1）技术鉴定意见，如笔迹鉴定、电子数据鉴定意见等。

（2）公证书及发票，如涉及公证的事项或相关费用支出。

8. 证据的收集和运用

（1）证据的收集。在民间借贷纠纷中，证据的收集至关重要。出借人应尽可能保留与借贷事实相关的所有证据，包括但不限于书面合同、转账凭证、还款记录等。同时，也可以考虑通过录音、录像等方式记录借贷双方的交流过程，作为辅助证据。

（2）证据的保存。收集到的证据应妥善保存，避免遗失或损坏。对于书面证据，应确保其完整性和真实性；对于电子数据，应及时备份并妥善保管存储介质。

（3）证据的运用。在诉讼过程中，应根据案件的具体情况和证据的特点，灵活运用各种证据来证明自己的主张。同时，也要注意对对方证据进行质证和反驳，以维护自己的合法权益。

（三）民间借贷诉讼证明责任分配

1. 关于民间借贷起诉的证据

2020年《民间借贷案件规定》第2条要求："出借人向人民法院提起民间借贷诉讼时，应当提供借据、收据、欠条等债权凭证以及其他能够证明借贷法律关系存在的证据。当事人持有的借据、收据、欠条等债权凭证没有载明债权人，持有债权凭证的当事人提起民间借贷诉讼的，人民法院应予受理。被告对原告的债权人资格提出有事实依据的抗辩，人民法院经审查认为原告不具有债权人资格的，裁定驳回起诉。"该条规定了原告起诉的证据要求，以及没有载明债权人凭证时的处理方法。

（1）出借人向人民法院提起民间借贷诉讼时，必须提供借据、收据、欠条等债权凭证。这些债权凭证是证明借贷法律关系存在的直接证据，能够清晰地展示借贷双方的权利和义务。如果没有这些债权凭证，法院可能会因为出借人无法证明有直接利害关系而不予受理案件。

下列情况下的民间借贷案件，法院可能会不予受理或者驳回起诉：①原告主体不适格，即原告不是与本案有直接利害关系的公民、法人或其他组织。②被告主体不适格，即被告不是侵犯原告民事权益或与原告发生民事权益争议的被请求的相对人。③原告起诉时没有明确具体的被告。④原告起诉时没有具体的诉讼请求、事实和理由。⑤原告提起的诉讼不属于人民法院行使审判权的范围，如有经济犯罪嫌疑或属于行政诉讼受案范围的。⑥原告向人民法院起诉时未声明有仲裁协议，被告在答辩期内提出管辖权异议，经审查属实的。

（2）什么是"其他能够证明借贷法律关系存在的证据"？在民间借贷中，除常见的借据、收据、欠条等书面债权凭证外，"其他能够证明借贷法律关系存在的证据"指的是一系列可以辅助或独立证明双方存在借贷关系的材料。这些证据形式多样，包括但不限于以下几种。

首先，转账凭证是一种重要的证据，它记录了资金从出借人账户流向借款人账户的过程，是借贷行为发生的直接证明。无论是银行转账记录、支付平台交易截图，还是其他形式的电子转账凭证，都能有效证明借贷关系的存在。

其次，债权债务结算单、债权债务汇总凭证等文件，也是证明借贷关系的有效证据。这些文件通常详细记录了借贷双方之间的资金往来情况，包括借款金额、还款情况、利息约定等关键信息，对于明确双方权利义务具有重要意义。

此外，委托理财合同、债务重组协议、名为买卖实为借贷的合同等，虽然表面形式可能不同，但实质上都反映了借贷关系的存在。这些合同或协议中往往包含了借贷双方对于资金借贷、利息支付、还款期限等核心条款的约定，是证明借贷关系存在的重要依据。

除了上述书面证据，当事人陈述、视听资料、电子数据以及证人证言等，也可以作为证明借贷关系存在的辅助证据。当事人陈述是借贷双方对于借贷事实的直接描述，虽然可能受到主观因素的影响，但在一定情况下仍具有一定的证明力。视听资料、电子数据则包括录音、录像、短信、微信聊天记录等，这些证据能够直观地反映借贷双方之间的沟通和交流情况，对于证明借贷关系存在具有一定的辅助作用。证人证言则是第三方对于借贷事实的见证和陈述，虽然其证明力可能受到证人可信度、记忆准确性等因素的影响，但在某些情况下也能为借贷关系的证明提供有力支持。

例1：王某乙与鄂尔多斯市永顺煤炭有限责任公司等合同纠纷案［内蒙古自治区高级人民法院（2020）内民终54号］

【案情】内蒙古自治区高级人民法院认为，案涉灭火工程开采承包合同系建设工程施工合同，故案涉法律关系性质应为建设工程施工合同法律关系。王某乙主张案涉法律关系性质已转化为民间借贷法律关系并主张借款本金及利息，依照2015年《民诉法解释》第91条第1款之规定，王某乙应对法律关系转化及双方存在借贷关系的基本事实承担举证证明责任。王某乙提交的鄂尔多斯市永顺煤炭有限责任公司（以下简称"永顺公司"）会计报表中，王某乙投资款记载于"其他应付款"项下；永顺公司融资报表的"贷款明细"中，王某乙一栏并未标记有利率；会议纪要和确认书形成于永顺公司股权转让后，原股东无权再对公司事务进行表决，故其效力并不及于永顺公司；刑事申诉复查决定书系人民检察院就王某甲是否符合批准逮捕条件所作出的决定，主要审查王某甲是否涉嫌犯罪相关事实，并不属于2019年《民事诉讼证据规定》第10条规定的当事人无须举证证明的事实范围。故王某乙未能提供其与永顺公司就案涉承包款项转化为民间借贷本金进行明确约定的相关证据，其关于本案系民间借贷法律关系的主张因缺乏证据支持而不能成立，案涉法律关系性质应为建设工程施工合同法律关系，一审法院关于本案系承揽合同纠纷的认定不当，本院予以纠正。

【裁判规则】 主张法律关系性质已转化为民间借贷法律关系的，应对双方存在借贷关系的基本事实承担举证责任。

本案中，王某乙主张其与永顺公司之间的法律关系已从建设工程施工合同转化为民间借贷，并要求永顺公司支付借款本金及利息。然而，法院认为，王某乙需对法律关系转化及双方存在借贷关系的基本事实承担举证责任。王某乙提交的证据中，会计报表将投资款记载于"其他应付款"项下；融资报表中未标记利率；会议纪要和确认书形成于股权转让后，原股东无权表决；刑事申诉复查决定书与本案无关。因此，王某乙未能提供充分证据证明双方就承包款项转化为民间借贷本金有明确约定。法院据此认定，案涉法律关系性质仍为建设工程施工合同，而非王某乙主张的民间借贷。

（3）被告对原告的债权人资格提出有事实依据的抗辩，人民法院经审查认为原告不具有债权人资格的，裁定驳回起诉。在民间借贷的实际操作中，有时会遇到债权凭证上并未明确标注债权人姓名的情况。然而，这并不意味着持有该凭证的人就无法提起相应的诉讼来维护自己的权益。鉴于民间借贷多发生在熟人之间，如亲朋好友等，债权凭证上未注明债权人并非罕见现象。因此，从持有债权凭证这一事实出发，法律上初步推定持有该凭证的人为合法的债权人，并赋予其提起诉讼的权利。法院对于此类案件，应当予以受理，以确保当事人的合法权益得到及时有效的保护。

当然，这一推定并非绝对。在诉讼过程中，如果被告对原告作为债权人的资格提出了有根据的质疑，法院将承担起审查的责任。法院会仔细核查相关证据，包括但不限于借贷双方的往来记录、资金流转情况、其他相关证人的证言等,以验证原告是否确实具备债权人的身份。如果经过严格的审查,法院确认原告并不具备债权人的资格,那么为了维护法律的公正性和真正债权人的合法权益,法院将依法裁定驳回原告的起诉。这样的处理既体现了法律的严谨性,也确保了借贷关系的真实性和合法性得到应有的尊重和保护。

2. 关于举证责任的转移

2020年第二次修正的《民间借贷案件规定》第15条和第16条规定了被告抗辩的三种情形,在此三种情况下举证责任转移。

(1)原告仅依据借据、收据、欠条等债权凭证提起民间借贷诉讼,被告抗辩已经偿还借款的,被告应当对其主张提供证据证明。被告提供相应证据证明其主张后,原告仍应就借贷关系的存续承担举证责任。

在民间借贷纠纷中,若原告仅凭借据、收据或欠条等债权凭证向法院提起诉讼,主张被告尚未偿还借款,此时被告若抗辩称已履行还款义务,则应承担举证责任,即被告需向法院提供充分且有效的证据来支持其已还款的主张。这些证据可能包括但不限于银行转账记录、原告出具的收款确认书、双方间的聊天记录或其他能证明还款事实的材料。

一旦被告成功提供了上述证据,举证责任随即转移到原告一方。原告此时需继续承担证明借贷关系依然存续的举证责任,也就是说,原告需要向法院展示更多证据,以证明尽管被告声称已还款,但实际上借款并未得到清偿,或者双方之间存在其他未了结的借贷事项。这些证据可能涉及借款的详细用途、双方对借款的特殊约定、被告还款的具体指向(若被告有多笔借款)等,旨在全面、清晰地展现借贷关系的真实状况。

通过这样的举证责任分配机制，法院能够更准确地判断借贷关系的实际情况，确保判决的公正性和合理性，同时也促使当事人在诉讼中积极举证。

例 2：罗某甲与萧某乙民间借贷纠纷案［重庆市第一中级人民法院（2020）渝 01 民终 7572 号］

【案情】根据 2020 年第一次修正的《民间借贷案件规定》第 16 条的规定，本案中，萧某乙以案涉借条为依据提起民间借贷诉讼，罗某甲抗辩该借条系对双方此前 20 万元借款按照月息八分的标准口头约定的利息，故案涉借贷行为并未实际发生。对此，二审法院认为：一方面，根据审理查明的事实，双方当事人均认可在 20 万元借条中并未约定利息，罗某甲亦未能举示相应的证据证明双方此后又就该借款约定了利息，故罗某甲关于案涉借条系对此前 20 万元借款利息结算的意见，缺乏事实依据，不能成立，不予采纳。

另一方面，审理中，萧某乙陈述案涉借款系通过多次小额支付出借，并对案涉款项的交付过程以及为何通过现金交付等均作出了合理说明。综合本案借贷金额、款项交付、萧某乙的经济能力等因素，可知萧某乙向罗某甲支付 18.9 万元款项的事实具有高度可能性，一审法院据此认定案涉借贷事实已经实际发生，并无不当。

【裁判规则】原告仅依据借据、收据、欠条等债权凭证提起民间借贷诉讼，被告抗辩已经偿还借款的，被告应当对其主张提供证据证明。

本案中，萧某乙依据借条提起民间借贷诉讼，主张罗某甲欠款。罗某甲抗辩称借条系对之前 20 万元借款利息的结算，借贷行为并未实际发生。然而，法院审理查明，双方之前的20万元借条中并未约定利息，且罗某甲未能提供证据证明双方此后就该借款约定了利息。因此，罗某甲的抗辩意见缺乏事实依据，未被法院采纳。同时，萧某乙对案涉款项的交付过程及为何通过现金交付等作出了合理说明。法院综合借贷金额、款项交付、萧某乙的经济能力等因素，认为萧某乙向罗某甲支付款项的事实具有高度可能性，因此认定借贷事实已经实际发生。

（2）被告抗辩借贷行为尚未实际发生并能作出合理说明的，人民法院应当结合借贷金额、款项交付、当事人的经济能力、当地或者当事人之间的交易方式、交易习惯、当事人财产变动情况以及证人证言等事实和因素，综合判断查证借贷事实是否发生。

在民间借贷案件中，如果被告提出抗辩，声称原告所指控的借贷行为并未真实发生，并能够为此提供合理的解释，法院在审理时就不能仅仅依赖于原告提供的债权凭证。为了全面、准确地查证借贷关系是否真实存在，法院需要综合考虑多方面的事实和因素。

第一，法院会审视借贷金额的大小，判断其是否符合当地或当事人之间的常规交易规模，以及是否与双方的经济能力相匹配。大额借贷往往需要更为严格的证据来支撑其真实性。

第二，款项的交付方式也是关键。法院会调查资金是如何交付的，是通过银行转账、现金交付还是其他方式，并评估这种交付方式是否符合当地的交易习惯或双方以往的交易模式。

第三，当事人的经济能力也是判断借贷事实是否发生的重要依据。法院会评估借贷双方的经济状况，包括收入、财产状况等，以判断他们是否有能力进行原告所指控的借贷交易。

第四，法院还会考虑当地或当事人之间的交易方式和习惯。

不同的地区或群体可能有其独特的交易方式和习惯，这些都会影响对借贷行为的真实性和合法性的判断。

第五，在审查过程中，当事人财产的变动情况也是不可忽视的证据。法院会关注借贷发生后，双方财产是否发生了相应的变化，以及这些变化是否与借贷行为相吻合。

第六，证人证言也是判断借贷事实是否发生的重要参考。法院会听取相关证人的陈述，了解他们是否见证了借贷行为的发生，或者是否了解借贷双方的交易情况和关系。

通过综合以上各方面的事实和因素，法院能够更加全面、客观地判断借贷事实是否发生。

例3：孙某与李某民间借贷纠纷案［北京市第一中级人民法院（2014）一中民终字第5563号］

【案情】2012年，周某以李某（乙方）的名义与孙某（甲方）签订委托投资合同，约定甲方将其向三九泛华建设开发有限公司投入的投资款共计人民币300万元，期限12个月，合同项下月利率1.5‰，用于内蒙古煤矿开采，现甲方将该投资款全部委托给乙方管理，以乙方名义持有该股份并代持行使相应投资权利。委托期限为1年，自2012年3月1日起到2013年3月1日止。

孙某称，2012年年初，周某通过委托投资形式向孙某借款人民币300万元，月利率15.5‰，期限1年。因周某提出，鉴于其特殊身份，合同不方便出面签，要以其私人司机李某的名义签署，其作为保证人。后孙某将现金300万元交给周某。借款到期后，周某未按期还款，孙某故起诉至法院，要求：①解除孙某与李某之间的"委托投资合同"；②李某向孙某偿还借款本金300万元、利息33.7万元，共计333.7万元；③判令周某承担连带偿还责任。李某则认为,其从未与孙某签订过委托投资合同,也从来收取过300万元投资款。周某认为,其从未为投资合同承担担保责任,也未收取过300万元投资款。

诉讼中,孙某向法庭提供了保证担保合同一份。该合同的甲方(保证人)为周某,乙方(债权人)为孙某。诉讼中,孙某还向法庭提供了一份"收据",载明:今收到孙某送来的委托投资款300万元。该收据落款的经手人处签有"李某"字样。

关于300万元借款的交付经过,孙某在起诉书中称:2012年3月1日,在周某车内,孙某将现金300万元交给周某。但在2013年12月16日一审第三次开庭审理时,孙某本人出庭称:"2012年2月28日、2012年3月1日分两次将三个各装有100万元现金的箱子给了周某。第一次在2012年2月28日晚上6点半左右,将200万元现金装入两个箱子内(各装100万元),第二次在2012年3月1日晚上七八点左右,将100万元现金装入一个箱子,两次都在航天桥东侧大概几百米的山水时尚酒店前面的一个煤气站的路边。"诉讼中,孙某认可装现金的箱子为26寸(45cm×28cm×69cm)。周某问孙某:"用26寸箱子装100万元,是否刚好满?"孙某答:"是的,我没再多装,怕太重拎不动。"周某询问孙某后,当庭出示一个红皮箱(尺寸约为20cm×40cm×60cm),并提供一箱练功钞(与真币相同,一万元一捆),要求孙某当庭将100万元练功钞装入红皮箱。孙某当庭进行装箱演示,演示结果为,孙某用100万元练功钞装入该红皮箱后,只占红皮箱的一半。

北京市海淀区人民法院经审理认为,关于本案诉争款项的交付过程及委托投资合同、收据、担保合同的签署情况,孙某在起诉书中所陈述的现金交付及合同、收据书写过程与孙某在庭审中所进行的陈述存在较大差异,孙某也未能作出合理解释;

并且周某在庭审中提供练功钞（与真钞图案、尺寸一致）及红皮箱一只（该皮箱的尺寸小于孙某庭审中自认的皮箱的尺寸），要求孙某将100万元练功钞进行装箱演示，演示结果为，孙某用周某提供的练功钞100万元（1万元一捆）装入周某提供的红皮箱后，只占红皮箱近一半，该结果与周某在庭审中询问孙某的100万元现金装箱后是否已满，孙某答复"是的"的结果也存在明显不同，因此，法院不能认定孙某实际向周某、李某交付了300万元现金的事实。综上所述，法院依据2012年《民事诉讼法》第64条第1款之规定判决：驳回孙某的全部诉讼请求。孙某不服提起上诉。

北京市第一中级人民法院于2014年8月5日，作出（2014）一中民终字第5563号民事判决：驳回上诉，维持原判。

【裁判观点】

对于涉案款项是否实际交付，北京市第一中级人民法院认为孙某应当承担举证责任。虽然孙某提交了经鉴定后确认系周某代李某书写的收据，用以证明其款项已经交付，但在周某不予认可的情况下，孙某应当对巨额款项的交付情节承担进一步的举证责任。对于款项的交付情节，孙某在起诉状中对于合同签订的过程、现金交付以及书写收据的相关陈述与其在庭审过程中的陈述存在较大差异，针对孙某描述的款项交付细节，一审法院在庭审过程中进行了当庭演示，演示结果也与孙某的陈述存在明显不同，故一审法院综合上述情节认定孙某未向周某交付款项并无不妥。

【裁判规则】

主张大额现金已交付但对交付细节无法作出合理说明，前后矛盾的，对交付事实不予认定。

本案是一起涉及大额现金交付的民间借贷纠纷，核心争议在于300万元现金是否已现实交付。孙某主张已向周某交付现金300万元，但其在起诉状与庭审中的陈述存在明显差异，且关于现金交付的细节描述模糊，特别是用26寸箱子装满100万元的陈述与当庭演示结果不符，导致其主张缺乏说服力。

在民间借贷纠纷中，现金交付的认定一直是审判的难点。本案凸显了现金交付案件的几个特点：适用范围广、交付类型多、当事人同时出庭率低。这些特点增加了法院查明事实的难度，尤其是在双方当事人对交付事实存在争议时。

法院在审理此类案件时，需严格审查原告提供的证据，包括收据、证人证言等，并要求原告对现金交付的细节作出合理解释。本案中，孙某虽然提供了收据，但其在庭审中的陈述与起诉状中的陈述不一致，且无法对现金交付细节作出合理解释，导致其主张未得到法院支持。

本案再次强调了民间借贷纠纷中现金交付的认定标准，即原告需承担举证责任，不仅需要提供收据等书面证据，还需对现金交付的细节作出合理解释，并接受法院的严格审查。若原告无法对交付细节作出合理解释，或其与被告的陈述存在明显矛盾，法院将对其主张不予支持。它提醒我们，在民间借贷活动中，应尽可能采用转账等可追踪的交付方式，以避免不必要的纠纷。

例4：卢某某与韩某某等民间借贷纠纷案［最高人民法院（2017）最高法民申1780号］

【案情】最高人民法院认为，真实意思表示是民事法律行为的核心要素，民间借贷法律关系的有效成立，必须同时具备借贷双方当事人真实、合法的意思表示一致以及借款的实际交付两个要件。本案中卢某某仅证明涉案款项进入韩某某的银行卡以及和韩某某认识，并未提交如借款合同、借据等其他证据来证明其与韩某某已经形成借贷的合意，双方的借贷关系已经有效成立这一事实。

韩某某对其向卢某某借款的事实予以否认，并非对卢某某的转账系偿还双方之前借款或其他债务的抗辩，不符合2015年《民间借贷案件规定》第17条规定的情形，不适用举证责任的转移。

对比原审中韩某某提交的相关证据，能够证明张某某利用韩某某尾号为2119的银行卡与卢某某实施过民间借贷行为。卢某某主张韩某某提交的借款协议和借据是虚假的并相互矛盾，但并未提交相关证据予以证明。并且，张某某自认是案涉800万元的借款人，提交的资金流向等证据也与其自认的事实相吻合。原审法院综合双方提交的证据的证明力，认定卢某某与韩某某之间不存在民间借贷关系并无不当。卢某某请求韩某某承担还款责任没有事实依据，经一审法院释明后仍不变更诉讼请求，原审法院依法驳回其诉讼请求也无不当。

【裁判规则】对方当事人否认民间借贷事实的，不适用举证责任转移。

本案中，卢某某主张与韩某某存在民间借贷关系，但仅证明了款项进入韩某某账户及双方认识，未提供借款合同、借据等关键证据证明借贷合意。韩某某否认借款事实，并未抗辩转账系偿还其他债务，故不适用举证责任转移。相反，韩某某提供的证据显示张某某利用其名下银行卡与卢某某进行过民间借贷，且张某某自认是借款人，资金流向等证据与之相符。原审法院综合双方证据，认定卢某某与韩某某不存在民间借贷关系，驳回卢某某诉讼请求。此案强调，民间借贷关系的成立需同时具备真实合法意思表示及借款实际交付的要件，仅凭转账记录不足以证明借贷合意。当事人应提供充分证据证明借贷事实，否则可能承担败诉风险。

（3）原告仅依据金融机构的转账凭证提起民间借贷诉讼，被告抗辩转账系偿还双方之前借款或者其他债务的，被告应当对其主张提供证据证明。被告提供相应证据证明其主张后，原告仍应就借贷关系的成立承担举证责任。

在民间借贷纠纷中，若原告仅凭金融机构的转账记录向法院提起诉讼，主张被告欠付借款，而被告则抗辩称该转账实际上是用于偿还双方之前的借款或其他债务，此时，举证责任首先落在被告身上。被告需要向法院提供确凿的证据来支持其抗辩主张，这些证据可能包括但不限于先前的借款合同、收据、双方的聊天记录、其他债权人的证明，或者是能够清晰展示资金往来和债务清偿情况的财务记录。

一旦被告成功地提供了足以支撑其抗辩的证据，举证责任随即转移到原告一方。原告此时需要承担更进一步的举证责任，以证明借贷关系确实成立。这要求原告不仅要提供转账凭证，还需要出示更多能够直接证明双方存在借贷合意和借贷事实的证据。这些证据可能包括借贷双方的书面或口头协议、借款用途的说明、还款计划的约定以及能够反映双方借贷关系的其他相关材料。

法院在审理此类案件时，会全面、客观地审查双方提供的所有证据，并结合当事人的陈述、交易习惯、经济能力等因素，综合判断借贷事实是否真实存在。

例5：王某与蔡某民间借贷纠纷案［北京市第一中级人民法院（2018）京01民终2002号］

【案情】2015年8月26日，蔡某通过银行向王某转款4万元；2016年1月27日，蔡某通过银行向王某转款6万元；2016年3月23日，蔡某通过银行向王某转款215万元。上述款项共计225万元。2016年10月12日，王某与蔡某的通话录音中，王某称："……如果是利息的话，我说实话，我有什么说什么。我现在承担不了6.9万元那么多。"

蔡某认为，其与王某之间系民间借贷法律关系，虽未签订书面借款合同，但口头约定每月利息为6.9万元，故起诉至法院，要求：①判令王某向蔡某返还借款225万元；②判令王某向蔡某支付利息（从2016年7月起至实际支付之日止，按约定的每月利息为6.9万元计算）。王某则认为，其与蔡某之间的资金往来并非民间借贷关系，而系投资关系。王某与蔡某之间未签订过借款合同，也未对借款利息进行约定，且王某向蔡某的打款没有固定的支付金额，符合投资回报款不确定性的特征。王某与蔡某之间从未约定过利息。

北京市海淀区人民法院审理认为，蔡某出具的汇款记录、电话录音、还款记录等证据可以证明蔡某与王某之间的借款关系成立且生效。蔡某主张王某给付借款及利息的诉讼请求，该院予以支持。针对王某有关225万元并非借款而是投资款的答辩意见，经查，王某并未向该院提供相关证据佐证，于法无据，故该院对此点答辩意见不予支持。综上所述，该院依据《合同法》第8条、第200条、第206条、第207条、第210条，2015年《民间借贷案件规定》第17条、第26条、第29条，2017年《民事诉讼法》第144条之规定，判决：王某于判决生效后10日内给付蔡某借款本金2 236 815元及利息（利息以本金2 236 815元为基数，自2016年6月24日至本金2 236 815元实际还清之日止，按年息24%计算）；驳回蔡某的其他诉讼请求。

北京市第一中级人民法院于2018年3月16日作出（2018）

京01民终2002号民事判决：驳回上诉，维持原判。

【裁判观点】

北京市第一中级人民法院认为，本案争议焦点一为王某与蔡某之间是否成立民间借贷法律关系。根据已查明事实，蔡某通过银行汇款方式向王某转款共225万元，王某上诉称该款项系投资款而非借款。对此，法院认为根据2015年《民间借贷案件规定》第17条的规定，"原告仅依据金融机构的转账凭证提起民间借贷诉讼，被告抗辩转账系偿还双方之前借款或其他债务的，被告应当对其主张提供证据证明。被告提供相应证据证明其主张后，原告仍应就借贷关系的成立承担举证证明责任"，因蔡某已完成初步举证责任，此时应由王某就款项性质承担举证证明责任。因王某未提供有效证据予以证明，其应承担举证不能的不利后果，双方之间成立民间借贷法律关系。

本案争议焦点二为王某与蔡某之间是否就案涉款项约定过利息。王某上诉主张其未与蔡某约定过相应的利息，根据本院查明的事实，在与蔡某的通话录音中，王某对每月利息6.9万元的事实予以认可，在无其他证据足以否定其自述的情况下，本院对其该项上诉主张不予支持。此外，一审判决依据2015年《民间借贷案件规定》对本案利息标准进行调整并重新计算欠款数额，无不当之处，本院予以维持。

【裁判规则】

原告依据转账凭证提起民间借贷诉讼，被告能够证明双方之间存在其他债务关系的，原告应就双方之间是否存在民间借贷关系进一步举证证明。被告无法证明的，可以确认双方之间的民间借贷法律关系。

本案的核心争议是民间借贷关系的认定及举证责任分配。蔡某依据银行转账凭证主张与王某存在民间借贷关系，并诉请返还本金及利息，而王某则抗辩称该款项为投资款，非借款。

我们需要明确民间借贷的构成要件：借贷合意与款项交付。本案中，蔡某提供了转账凭证作为款项交付的证据，已完成初步举证责任。根据2015年《民间借贷案件规定》第17条，王某作为被告，需对其主张的转账系投资款而非借款的事实承担举证责任。然而，王某未能提供有效证据支持其抗辩，因此，法院认定双方之间存在民间借贷法律关系。

关于利息的约定，蔡某提供了通话录音作为证据，其中王某对利息金额有所认可，这成为认定双方存在利息约定的关键证据。在王某未能提供相反证据的情况下，法院对其关于未约定利息的上诉主张不予支持。

本案明确了在仅有转账凭证的民间借贷纠纷中，举证责任的分配原则，即原告需初步证明款项交付，而被告则需对其抗辩的款项性质承担举证责任。若被告无法证明，则可确认双方存在民间借贷法律关系。本案也提醒当事人，在民间借贷活动中，应尽可能保留完整的证据，以避免不必要的纠纷。

3. 当事人拒不到庭的处理

2020年第二次修正的《民间借贷案件规定》第17条规定："依据《最高人民法院关于适用〈中华人民共和国民事诉讼法〉的解释》第一百七十四条第二款之规定，负有举证责任的原告无正当理由拒不到庭，经审查现有证据无法确认借贷行为、借贷金额、支付方式等案件主要事实的，人民法院对原告主张的事实不予认定。"

在民事诉讼程序中，原告作为提起诉讼的一方，有义务按时出庭参与审理，以便法院能够全面了解案件情况并作出公正裁决。一般情况下，如果原告拒不到庭或者未经法庭许可任意退庭，法院会视为原告自动放弃诉讼权利，并按照撤诉处理。

然而，在某些特殊情况下，原告必须到庭才能查清案件的基本事实。《民诉法解释》第 174 条第 2 款规定，对于这类必须到庭的原告，如果经过两次传票传唤，仍然无正当理由拒不到庭，法院有权采取拘传措施，以确保案件的顺利审理。

针对民间借贷案件，2020 年第二次修正的《民间借贷案件规定》第 17 条进一步强调了原告举证责任的重要性。如果负有举证责任的原告无正当理由拒不到庭，且经审查现有证据无法确认借贷行为、借贷金额、支付方式等案件主要事实，那么法院将对原告所主张的事实不予认定。这意味着，原告如果无法提供足够证据支持其主张，并且拒不到庭参与审理，法院将不会支持其诉讼请求。

因此，在民间借贷纠纷中，原告应当充分认识到自己举证责任的重要性，并积极配合法院的审理工作。如果确因特殊原因无法到庭，应当及时向法院说明情况并申请延期审理或采取其他相应措施，以避免因拒不到庭而导致的不利后果。

4. 电子证据的认定

例 6：迟某与朱某等民间借贷纠纷案[北京市第一中级人民法院（2017）京 01 民终 7642 号]

【案情】朱某与伊某系夫妻关系，双方于 2001 年 10 月 22 日登记结婚；迟某与汪某系夫妻关系，双方于 2004 年 4 月 26 日登记结婚。迟某系北京华毅力添国际建筑装饰工程有限公司的股东，占股 98%。

2014 年 11 月，朱某与迟某通过邮件商谈向招商银行贷款事宜。2015 年 1 月 17 日，朱某在朱某、伊某、迟某、汪某四人的微信群聊（以下简称"群聊"）中说："老汪和囡囡（迟某），替你们贷的 50 万元的款，昨天招商银行说这两天就放款，50 万元直接汇到你们公司的账户,请注意查收。"迟某表示了感谢。其后,朱某说:"再把你们公司的账户信息告诉我一下,贷款发放时银行可能会打电话与我核对收款的账户。"随后,迟某回复:"北京华毅力添国际建筑装饰工程有限公司某银行天竺支行!再次感谢!回头一个月还多少他会告诉你吧!"朱某回复:"收到!每月还款时银行会有短信提醒。我收到后转给你或老汪,你们按照短信的金额还款就好了。"迟某、汪某随即表示知悉并感谢。

2015年1月22日,在群聊内,朱某表示:"老汪和园园,你们的那批50万元贷款招行刚与我电话核实过,一两个工作日到华毅力添账户,收到后告诉我一下啊。"迟某表示对此知悉。朱某随后将银行关于朱某开通随借功能、贷款款项已发放(收方户名为北京华毅力添国际建筑装饰工程有限公司)短信截图发至群内。迟某表示在外办事,随后查询;随后,汪某表示已收到。

2015年1月30日,朱某、迟某、汪某在群聊内商讨再向银行借款10万元的事项,关于等额本息与等额本金还款方式的选取,迟某表示:"哪个都成你看着办吧!什么时间可以到账呢?还款总计是多少?一个50万元加一个10万元?"朱某要求迟某提供10万元的收款账户,迟某随即将自己的账户发至群中。当日下午朱某收到10万元银行个贷放款,随后向迟某账户汇款10万元。

2015年11月25日,朱某告知汪某、迟某其在招商银行的贷款逾期了,迟某回复:"生病在家,不好意思,已汇。"朱某回复:"好的。"2015年12月21日,朱某向迟某发送银行12月提醒还款的短信(截图),迟某表示知悉。2016年1月29日,朱某告知迟某:"10万的贷款月还款日期是每月1日,请别忘记还款。下面是招行提醒还款的短信。"朱某随后将银行的短信转发给迟某。迟某表示:"我现在实在无力偿还,能先用公司款垫付一下吗?我之前也借给公司不少了,目前客户都没有回款!资金非常紧张。"朱某表示自己想想办法。2016年3月1日,迟某回复朱某2月28日催款的短信:"朱总,麻烦你用我们公司款付一下,谢谢。"朱某回复:"迟总,收到短信。那由深衣阁公司替你先垫付了,垫的月还款是4424元。另外,现在委托记账,看到短信后请确认一下,我好发给代理会计,因为她不明白,汇到我的账户,为什么要记你的借款。"迟某回复:"好。"朱某回复:"园园,下面三笔借款是一样的,汇到了我的招行还贷账户,但实际是你的借款,短信确认一下,我发给代理会计。1月24日代垫迟总月供3436元;2月1日代垫迟总月供4424元;2月24日代垫迟总月供3436元。"迟某未做回复。2016年3月9日,朱某向迟某、汪某发短信:"园园,上面借公司款的事还在等你补个确认?另外,已经过了很多天了,借据的事,你和汪总商量好了吧?何时能给我们?"迟某未做回复。

一审法院判决认为,根据银行交易记录、微信聊天记录,双方当事人均认为其行为系借贷行为,故该院认为朱某、伊某与迟某、汪某之间系民间借贷关系。关于借贷关系的本金,庭审中朱某、伊某称:"就50万元贷款,截至2015年12月25日尚欠银行借款本金488 078.27元,已经还本金11 921.73元,之前的利息都已经清偿;就10万元贷款,截至2015年12月31日已经还本金40 073.35元,尚欠本金59 926.65元,之前的利息都已经清偿。因为在贷款50万元的合同中我方交纳了10万元保证金,所以我方在起诉时已经将该10万元予以扣除。"迟某、汪某表示认可。故该院认为迟某、汪某尚欠朱某、伊某借款本金为443 875.37元。

北京市海淀区人民法院作出(2016)京0108民初15293号

民事判决：迟某、汪某偿还朱某、伊某借款本金443 875.37元并支付利息。判决后，迟某、汪某提起上诉。

北京市第一中级人民法院于2017年11月29日作出（2017）京01民终7642号民事判决：驳回上诉，维持原判。

【裁判观点】

北京市第一中级人民法院认为：朱某与伊某、迟某与汪某均系夫妻关系，通过四人建立的微信群，双方对借款、支付、还款、催收等事项进行了协商和沟通，四人对微信群中所有涉及借款的事项均知晓，夫妻中的一人从未对另一人的行为提出过异议；朱某、伊某出借的60万元系在夫妻关系存续期间取得，其中50万元更是朱某、伊某共同向银行借款，伊某亦在四人微信群中提醒过迟某还款。一审法院认定借款双方是朱某、伊某与迟某、汪某是正确的。

【裁判规则】

由于通信技术的快速发展，很多借贷双方会通过微信、短信、支付宝等方式完成借贷合同的磋商、订立、履行，形成电子数据。在没有书面证据的情况下，电子数据作为一种证据形式，可以成为认定当事人之间构成民间借贷法律关系的依据。

本案是一起涉及电子证据在民间借贷纠纷中认定的典型案例。随着信息技术的快速发展，电子证据在诉讼中的运用日益广泛，其认定也成为司法实践中的重要问题。本案通过微信群聊记录、银行交易记录等电子证据，成功认定了借贷关系的存在及借款金额，对于电子证据在民间借贷纠纷中的认定具有指导意义。

首先，本案强调了电子证据在证明借贷关系中的有效性。微信群聊记录作为电子数据的一种，具有易保存、易复制、易传输等特点。在本案中，双方通过微信群聊对借款、支付、还款、催收等事项进行了详细的协商和沟通，这些记录成为证明借贷关系存在及借款金额的关键证据。法院对微信群聊记录的认可，体现了对电子证据法律效力的肯定，也符合时代发展的需要。

其次，本案展示了电子证据与其他证据相互印证的重要性。在认定借贷关系时，法院不仅依据了微信群聊记录，还结合了银行交易记录等其他证据。这些证据之间相互印证，形成了完整的证据链，增强了法院对借贷事实认定的准确性。这种综合运用多种证据进行认定的方法，值得在司法实践中推广。

最后，本案还体现了对夫妻共同债务认定的审慎态度。在本案中，法院认定借款双方是朱某、伊某与迟某、汪某，这一认定基于双方夫妻关系的存在以及双方在微信群聊中的共同意思表示。这种认定方式既保护了债权人的合法权益，也避免了因夫妻一方单独举债而损害另一方合法权益的情况。

5. 民间借贷案件中的高度盖然性标准

在民间借贷纠纷案件中，要确立借贷事实，必须达到高度盖然性的证明标准。这意味着，当债权人凭借借条及金融机构的转账记录提起民间借贷诉讼时，他们有责任对自己所主张的借贷事实提供充分且有力的证据。这些证据应当能够全面支持债权人的诉讼请求，形成完整的证据链。

特别是在涉及大额现金交付的案件中，债权人的举证责任尤为重大，他们不仅需要提供借条和转账凭证，还必须就现金的来源、流向、具体的交付细节以及任何能够证明现金交付真实性的凭据进行详尽的举证。只有当债权人提供的这些证据能够相互印证，形成强有力的证据链，使得法官对现金交付的事实产生高度的内心确信时，才能认为债权人完成了其证明责任。

此外，如果债务人坚决否认与债权人之间存在借贷合意，债权人的证明范围就不能仅仅局限于支付款项本身，他们还需要提供额外的证据，以证明其与债务人之间是如何达成借贷协议的，包括借贷的具体条件、金额、期限等交易细节。这些证据应当能够清晰地展示双方之间的借贷关系，以及借贷行为发生的真实性和合理性。

如果债权人无法提供足够的证据，使得法官无法对民间借贷这一待证事实形成判断，那么债权人将承担举证不能的法律后果。这意味着，他们的诉讼请求可能会因为缺乏充分的证据支持而被法院驳回。

例7：黄某某与星岛（延边）绿色产业有限公司民间借贷纠纷案 [最高人民法院（2015）民申字第1265号]

【案情】最高人民法院认为，根据2015年《民诉法解释》第90条和第108条的规定，黄某某主张星岛（延边）绿色产业有限公司（以下简称"星岛公司"）欠其借款476万元，并提供了落款日期为2001年1月11日的借款金额为259万元的借款合同、借条，2008年1月11日借款金额为259万元的延期还款合同书，2010年3月3日借款金额为301万元的借款合同、借条等证据。

黄某某自2000年10月9日至2011年3月21日先后任星岛公司的副总经理、总经理，表明其对星岛公司有一定的控制能力，尤其是其有使用星岛公司印章的便利条件，因此，人民法院对黄某某与星岛公司之间是否存在真实的借款关系，应当严格审查。经审查，黄某某关于借款事实及细节的诸多陈述前后不一，存在矛盾之处，无法作出合理解释，主要表现在以下几个方面：第一，借款合同及借条等主要证据存在重大瑕疵；第二，资金来源陈述存在矛盾；第三，款项支付形式违背常理；

第四，借款用途与合同约定不符；第五，还款事实陈述违背常理。

由此可见，黄某某关于案涉借款合同和款项交付的细节所作陈述之间及与在案其他证据之间，存在诸多矛盾及违背常理之处，黄某某对此无法作出合理解释，其提供的证据对待证的借款事实而言，没有达到《民事诉讼法》所要求的高度盖然性的证明标准，应当承担举证不能的法律风险。

【裁判规则】 对待证的借款事实没有达到高度盖然性证明标准的，应当承担举证不能的法律风险。

本案中，黄某某主张星岛公司欠其巨额借款，并提供了多份借款合同及借条作为证据。然而，黄某某曾任星岛公司高管，对公司印章有使用便利，这使得借款关系的真实性存疑。法院在审查中发现，黄某某的陈述存在多处矛盾，证据亦存在重大瑕疵，如资金来源不明、款项支付形式不合常理等。这些矛盾之处使得黄某某所提供的证据未能达到高度盖然性的证明标准，无法充分证明借款事实的存在。因此，法院依据举证责任原则，判定黄某某承担举证不能的法律风险，驳回了其诉讼请求。

例8：刘某与唐某睿民间借贷纠纷案[天津市北辰区人民法院（2016）津0113民初2925号]

【案情】 天津市北辰区人民法院认为，出借人向法院起诉民间借贷，应当提供借据、收据、欠条等债权凭证以及其他能够证明借贷法律关系存在的证据。根据2015年《民间借贷案件规定》第17条的规定，出借人仅依据金融机构的转账凭证提起民间借贷诉讼，被告抗辩该转账系偿还双方之前借款或其他债务的，被告应当对其主张提供证据加以证明。被告已经提出原告离婚协议中并未存在债权一项,以此证明原告、被告不存在借贷关系,应当继续由原告举证。

考虑到被告与原告曾经存在亲属关系,且被告曾在原告经营的公司任职,关于原告转给被告30万元的性质,根据已有证据无法确定为民间借贷关系,故原告主张的借贷关系证据不足,该院不予支持。

【裁判规则】在原告仅提供金融机构转账凭证证明款项支付事实,而不能提供借款合同或借据、收据、欠条等债权凭证的情况下,被告抗辩原告的转账系偿还双方之前的借款或其他债务时,被告对该主张既要作出具体的合理解释,还需提出一定的证据加以证明。因被告所承担的是反证义务,故其提交的证据不必达到高度盖然性标准,只需动摇法官的内心确信,使待证的借贷合意这一事实处于真伪不明状态即可,此时举证责任再次转移至原告,原告仍应就借贷关系的成立承担举证证明责任。

本案中,刘某依据金融机构转账凭证提起民间借贷诉讼,主张唐某睿欠款。然而,唐某睿抗辩称该转账并非借款,而是其他经济往来。法院认为,仅凭转账凭证不足以证明双方存在借贷关系,原告需进一步举证。鉴于原、被告曾存在亲属关系及工作关联,转账性质变得复杂。法院指出,在缺乏借款合同或债权凭证的情况下,被告只需对其抗辩作出合理解释并提供一定证据,使借贷合意处于真伪不明状态,举证责任便转回原告。此案强调,在民间借贷纠纷中,仅凭转账记录不足以确立借贷关系,出借人需提供更充分的证据,如借款合同、借据等,以证明双方的借贷合意。同时,借款人也应对其抗辩主张承担相应举证责任,以动摇法官的内心确信,使案件事实回归真伪不明状态,从而促使出借人继续举证。

例 9：禹某某与刘某某民间借贷纠纷案［北京市第一中级人民法院（2018）京 01 民终 1975 号］

2013 年 2 月 25 日，禹某某向刘某某出具收条，载明"今收到刘某某现金 10 万元"。2013 年 10 月 15 日及 2015 年 2 月 25 日，禹某某共向刘某某账户内转入了 1.3 万元，刘某某对此予以认可。后双方产生纠纷，刘某某向法院起诉，请求：①禹某某返还刘某某 10 万元及利息 2 万元；②禹某某承担本案诉讼费。

经询问，禹某某主张收取了刘某某的上述 10 万元款项后，将款项转给了北京世纪博爱医学研究所股份有限公司天津分公司（以下简称"世纪博爱公司"），并主张与刘某某之间系委托合同关系。经询问，禹某某称与世纪博爱公司签有合同，并向法院提交了其与世纪博爱公司签订的购货合同，及其与鹏爱宫（北京）国际贸易有限公司签订的委托货物出口全程代理合同书等，但并未见过产品实物。

禹某某作为甲方与乙方刘某某签订的货权代理合作协议约定：①甲方代收乙方购货款人民币壹拾万元整，由乙方按约定时间通过银行汇款转入甲方指定账户。②甲方代表乙方参与中医药出口贸易。甲方代表乙方与世纪鹏爱集团鹏爱宫（北京）国际贸易有限公司签订委托代理合同，合同号为 BDD1303-0811，本期合同到期日为 2013 年 9 月 17 日，解付日期为 2013 年 10 月。③乙方结算货款＝乙方购货款×（1+20%）。本期结算全额为 120 000 元。货款解付后，由甲方及时将乙方货款以银行汇款方式转入乙方指定账户。货款到账后，本协议终止。刘某某认为上述货权代理合作协议并未实际履行，认为本案系借款法律关系，并坚持以民间借贷纠纷起诉。

一审法院判决认为，本案双方当事人对于刘某某曾向禹某某交付10万元的事实并无争议,双方争议焦点为上述款项的性质。现刘某某已经提交了禹某某出具的收条,可以认定双方之间存在借贷关系;禹某某提交的合同、银行记录等证据材料,在禹某某未能提供证据证明刘某某对其与案外公司签订合同之事知晓并认可的情况下,无法判断其与本案争议事实的关联性。综合上述情形,该院认为,本案10万元款项系禹某某向刘某某的借款,双方存在民间借贷合同,合同系双方当事人的真实意思表示,合法有效。对借款期限没有约定或者约定不明确,借款人可以随时返还,贷款人可以催告借款人在合理期限内返还。现禹某某已返还了刘某某1.3万元,故禹某某仍应返还剩余借款8.7万元。自然人之间的借款合同对支付利息没有约定或者约定不明确的,视为不支付利息。刘某某未向该院提交证据证明双方就该笔款项约定了还款期限及利息,刘某某有权随时主张,但其要求禹某某支付利息的诉讼请求,没有事实和法律依据,该院不予支持。禹某某主张应中止本案审理,但关于世纪博爱公司等公司的刑事案件不影响本案双方民事纠纷的处理。

北京市昌平区人民法院作出(2017)京0114民初3714号民事判决:①禹某某于判决生效之日起7日内返还刘某某借款本金8.7万元;②驳回刘某某的其他诉讼请求。

北京市第一中级人民法院于2018年4月23日作出(2018)京01民终1975号民事判决:①撤销北京市昌平区人民法院(2017)京0114民初3714号民事判决;②驳回刘某某的全部诉讼请求。

【裁判观点】

北京市第一中级人民法院认为:刘某某依据收条,以民间借贷为诉因提起本案诉讼,主张禹某某偿还借款,禹某某认可收到款项,但抗辩称本案并非民间借贷法律关系,而是委托代理关系,双方各执一词。对此,本院认为,刘某某尚未提供充分证据证明双方具有借贷合意,结合二审期间查明的事实,刘某某的举证尚未达到高度盖然性之证明标准,本院难以确信双方就该笔资金形成了借贷的意思表示。故对于刘某某以民间借贷为由要求禹某某偿还借款的诉讼请求,本院不予支持。

【裁判规则】

关于民间借贷法律关系的认定,采用高度盖然性的证明标准,当事人提交之证据无法达到高度盖然性的证明标准时,对其主张的民间借贷法律关系不予认定。

本案中,刘某某依据禹某某出具的收条,主张双方存在民间借贷关系,要求禹某某偿还借款。禹某某则抗辩称双方系委托代理关系,而非借贷关系。一审法院认为刘某某已提交收条,认定双方存在借贷关系,判决禹某某返还剩余借款。然而,二审法院撤销了一审判决,认为刘某某未提供充分证据证明双方具有借贷合意,其举证未达到高度盖然性之证明标准,故驳回刘某某的诉讼请求。

此案关键在于民间借贷法律关系的认定需采用高度盖然性的证明标准。尽管刘某某持有收条,但仅凭此证据不足以证明双方有借贷合意。禹某某提供的合同等证据,虽未能直接证明委托代理关系,但也使借贷关系变得不那么确定。在双方各执一词的情况下,法院需综合考量证据,判断哪方主张更接近事实真相。

正所谓:

民间借贷证为锋,虚假纠葛一剑空。
古老交易情犹在,金融江湖影重重。
借据收据为凭证,债权关系要分明。
举证责任有转移,法律条文述得清。

参考书目

1. 卞建林、谭世贵主编:《证据法学》(第四版),中国政法大学出版社2019年版。
2. 张保生:《证据法的理念》,法律出版社2021年版。
3. 张卫平主编:《外国民事证据制度研究》,清华大学出版社2003年版。
4. 肖峰:《最高人民法院民事诉讼证据规则条文解析与实务运用》,法律出版社2022年版。
5. 王新平编著:《民事诉讼证据规则编注》,法律出版社2023年版。
6. 最高人民法院民事审判第一庭编:《民事审判实务问答》,法律出版社2021年版。
7. 江必新主编:《新民诉法解释法义精要与实务指引》(上册),法律出版社2015年版。
8. 吴在存、刘玉民、于海侠编著:《民事证据规则适用》,中国民主法制出版社2013年版。
9. 刘春城:《交通事故案件实务:责任认定与符合·刑事辩护·民事赔偿》,法律出版社2023年版。
10. 李明:《最高人民法院〈关于民事诉讼证据的若干规定〉适用与案解》(上下册),法律出版社2021年版。
11. 潘华明:《民事诉讼证据新规实战指南——规则综述与经验提炼》,人民法院出版社2020年版。
12. 毕玉谦:《民事诉讼证据规则研究》,中国法制出版社2023年版。
13. 宋春雨:《民事证据规则适用通解》,人民法院出版社2024年版。
14. 史文婷:《结婚是为了幸福,离婚也是》,中国法制出版社2023年版。
15. 最高人民法院民事审判第一庭编著:《最高人民法院新民间借贷司法解

释理解与适用》，人民法院出版社 2021 年版。
16. 吴在存主编：《民间借贷案件裁判规则与法律适用》，法律出版社 2020 年版。